龄 ● 著

做人与治学

北京师范大学出版集团
北京师范大学出版社

图书在版编目(CIP)数据

做人与治学/彭聃龄著. —北京：北京师范大学出版社，
2015.11
　ISBN 978-7-303-19517-6

　Ⅰ. ①写… Ⅱ. ①彭… Ⅲ. ①研究生教育－中国－文集
Ⅳ. ①G643-53

中国版本图书馆 CIP 数据核字(2015)第 229555 号

营销中心电话	010-58802181　58805532
北师大出版社高等教育分社网	http://gaojiao.bnup.com
电　子　信　箱	gaojiao@bnupg.com

出版发行：北京师范大学出版社　www.bnup.com
　　　　　北京市海淀区新街口外大街 19 号
　　　　　邮政编码：100875

印　　刷：北京中印联印务有限公司
经　　销：全国新华书店
开　　本：787 mm×1 092 mm　1/16
印　　张：20.25
字　　数：480 千字
版　　次：2015 年 11 月第 1 版
印　　次：2015 年 11 月第 1 次印刷
定　　价：68.00 元

策划编辑：周雪梅　　　　　责任编辑：邢自兴　王则灵
美术编辑：焦　丽　　　　　装帧设计：焦　丽
责任校对：陈　民　　　　　责任印制：陈　涛

版权所有　侵权必究
反盗版、侵权举报电话：010－58800697
北京读者服务部电话：010－58808104
外埠邮购电话：010－58808083
本书如有印装质量问题，请与印制管理部联系调换。
印制管理部电话：010－58808284

彭聃龄

北京师范大学认知神经科学与学习国家重点实验室、脑与认知科学研究院教授,曾任北京师范大学心理系系主任,中国心理学会常务理事,普通和实验心理专业委员会主任,心理学报副主编,教育部心理学教学指导委员会副主任。

研究兴趣:汉语认知及其神经机制。包括:背腹侧通路在汉语字词识别中的作用,情绪和注意对词汇识别的调节作用,汉字学习及其迁移的神经基础、语言障碍(口吃、阅读障碍和听力缺失)的神经机制等。

荣誉称号:全国优秀教师,北京市优秀教师

奖励:教育部科学与技术进步重大贡献一等奖,北京市哲学社会科学优秀成果一等奖(5次)。国家级优秀教育教学成果二等奖(2次),北京市教育教学优秀成果一等奖(2次),全国百篇优秀博士论文指导教师奖。享受国务院特殊津贴。

著作:《认知心理学》《汉语认知研究》《汉语认知研究——从认知科学到认知神经科学》《汉语儿童语言发展与促进》《基础心理学书系》《普通心理学》

前　言

　　60岁以后，我越来越喜欢用通信的方式和学生、朋友、同事沟通，交换对学术问题的看法，探讨生活和工作的意义，总结自己的心得、感悟，在人生的道路上，相互支持，相互帮助，努力做出正确的选择。久而久之，这竟成了我交友的一种方式，也是我培养研究生的一条辅助途径。其原因有：①利用网络通信的有利条件，我能把自己想到的问题，不受时间和地域的限制，随时和别人交换意见。当我出国访问或因其他原因不方便见到他们时，也不会中断我们的联系。②文字表达比口语表达更加准确和简练。当我给学生或朋友写信时，我常常意识到自己会有许多不清楚的问题，这迫使自己去查阅文献和资料，把想清楚了的意见和建议写出来告诉他们。这个过程是一个相互学习和"教学相长"的过程。③通过文字写下来的东西便于保存，有利于以后的检查和总结。近年来我对自己工作的反省和总结就得益于这些信件的积累。我的信大部分是写给"学生"的，包括自己招收的学生、别的老师的学生；有的近在身边，有的却相隔千里；有的很熟悉，有的却从未见过面。他们大部分是研究生，也有大学本科生和中学生；还有一部分信是写给同事和朋友的，他们中间有的是我过去的学生，现在已经是高等学校或研究院所的学术带头人、研究骨干，或是一些国家机关和公司的负责人。大家都还习惯地称呼我为"彭老师"，我也就乐意把他们还当成"自己的学生"。退休后，我继续通过信件和学生、朋友、同事联系，从通信中得到了许多安慰和鼓励，同时也让我感到，门关了，不招收学生了，离开了科研、教学的第一线，但我还有许许多多的学生、朋友和同事在关心、帮助和支持我，我也还有用武之地。

　　两年前一个偶然的机会，我在旧书店里买到了一本书信集

《教子书》(Letters to My Son)，作者是18世纪英国一位著名的外交家，国务大臣查斯特菲尔德(1694—1773)，译者是李旭大、黄蓓和吴瑞君(中国发展出版社，2004年)。全书256封信都是作者写给自己儿子菲利普·斯坦霍普的家书。作者从孩子6岁时就关注着他的成长。全书倾注了父亲对儿子成才的渴望和期待，也表现了作者对社会、人性、商业、人际关系和领导能力的深刻洞察。该书出版后曾被誉为一本"培养绅士的教科书"，并成为历史上最有影响力的家书之一。由于时代和地域的局限性，他的一些建议今天看来有些"过时"，但我仍从这本书中得到了一些有益的启示。比如，在个人走向成功的道路上，"勤奋是助你成功最有效的手段""良师益友是有生命的活书"，只有真正懂得时间的价值，并且善于利用它的人，才有希望在事业上获得成功。受到这本书的启发，我才萌发了把自己的信件整理成书的愿望。

文集《做人与治学》汇集了我自1993年以来的部分信件。作为一位生活在21世纪的大学教师和心理学研究工作者，我的目标是希望自己的学生能成长为具有理想和抱负、有坚实知识基础和开阔国际视野、勤奋、诚实、有强烈社会责任感和创新精神的人才。基于这样的目标，信的内容主要围绕两个方面，即做人和治学。在做人方面我提倡"立志""勤奋""坚持"和"合群"。人不能没有志向，立大志可以干大事；立小志只能干小事；没有志向，浑浑噩噩就只会虚度一生，一事无成。实现志向要依靠自己的勤奋努力与坚持精神。一个人最怕的是懒惰，偷懒加上惰性，什么事就都干不好。人生活在社会上，还要学会与人相处，要帮助别人，也要得到别人的帮助；要有人照顾，也要有人被自己照顾。一个人独马行空，孤军奋战，也是不会有成就的。在治学方面，我重视"五要"：要善于选择研究方向，要有好的科学问题，要注意研究逻辑，要注意知识积累，要重视"基本功训练"。

就像植物的生长需要适宜的阳光、空气、水分和土壤一样，人的成长和人才培养也需要有良好的工作平台、优秀的研究团队、内部和外部良好的合作条件。因此营造一个团结、合作、有国际视野和创新精神的研究团队，也成为我在信中非常关心的一个重要问题。

每次收到学生或朋友的来信，我都尽力针对他们关心的问题提出自己的意见和建议。这些意见和建议既没有教师冷漠训斥的威慑，也没有金钱的诱惑和利用，有的只是一位教师在工作和生活中自己积累的感悟、心得和体会。在我办理了退休手续，离开了"导师"这个神圣岗位后，这些信件也许是我送给学生和朋友们的一份最好的礼物。这也是我愿意整理和发表这些信件的原因。

信件内容的时间性很强，不同时期我面临的问题不一样，因此内容是不一样的。信件的内容又具有综合性，一封信常常不是回答一个问题，而是回答多个问题。为了方便读者阅读，我按照内容把信件分成了8编，包括：人生与科研方向选择、治学精神与态度、研究目标和实验设计、文章写作与发表、研究反思与总结、发展国际和国内合作、我关心的科学问题、生活和工作感悟。在每编中，大多数信件是按其发表的时间顺序排列的，但有些信件按照内容做了相对集中的处理，这样读起来会觉得更加清晰些。

在整理这部书信集的同时，我还整理出版了另一部文集《选择和探索——做人与治学感悟》，书中谈到了培养人才的一些体会，这些体会正是从这些信件中总结出来的。我将这两本书同时交给北京师范大学出版社，希望尽可能同时出版发行，就是想让读者能从两本书的对照中，更好地了解我在工作和生活中的感受。改革开放后30年来，在科研和教学中，我做了一些事情，发表了一些论文，出版过一些教材和专著，通过这两本书，我希望能把这些成果背后发生的事情，展现给读者。

整理文集时我对信件进行了删节，特别是删去了专业性较强的一些内容和收信人的姓名，并对个别地方进行了文字润色。为了方便阅读，每封信都加上了一个或短或长的标题。有些标题概括了全信的主要内容，有些标题只是从信中抽取了个别语句。为了保留信的"原汁原味"，而不像"语录"一样的枯涩乏味，我留下了信中的一些细节和写信的时间。希望读起来会觉得亲切些。为了帮助读者了解某些信件的背景，我在信中加上了注释，对信中的一些专业用语也做了适当解释。文集中收入了一些照片，分成：实验室介绍、我和研究生、出访和讲学、国际和国内合作、参加学术会议、实验室日常生活等。照片的内容自成体系，分别插入正文，但与正文的内容没有直接对应关系。这些照片真实地记录了我和学生们共同工作的历程，给我留下了美好和温馨的回忆。

整理文集时，我想到了脑科院刘文利老师的帮助。几年前，刘老师负责我们研究所的研究生工作。一天下午，我向她汇报了自己在研究生工作中的体会，她不但肯定了我的工作，而且帮我把自己的经验和体会整理成一本小册子《我的学术道路和研究生培养》，其中收入了我给学生的部分信件。这个小册子后来成为我出版这两本文集《选择和探索》和《做人与治学》的基础。因此，借着新文集出版的机会，我愿再次表示对刘老师的感谢。

在文集即将付印时，我还想起了单会文老师。她是我忠实的生活伴侣，也是我工作中默默无闻的助手。她不但全力支持我的工作，关心我的健康，还热情关心和帮助我的学生，主动找他们聊天，关心他们的生活、健康、交友和家庭，关心他们的工作和成长，问寒问暖，在某些方面起到了我不能起的作用。一些学生尊敬地称她为师母，说她的关心想慈母一样，这种评价是不过分的。即使在她身染重病的时候，也一直鼓励我做好工作，不要忘记自己对学生的责任。因此在这本文集的背后，也有她不可磨灭的功劳和奉献。

在整理信件的过程中，我征求了课题组内丁国盛老师、郭桃梅老师和刘丽老师的意见，他们的许多建议和意见对我整理文稿有很大帮助。我的工作还得到丁国盛老师的研究生刘兰芳的帮助。她认真仔细通读了全书，对书稿的内容、体例和文字都提出了有益的建议。他们是这本文集的第一批读者。书的出版还得到北京师范大学出版社领导和多位编辑的支持。在这里，一并表示我最衷心的感谢。

彭聃龄　2014 年 10 月于北京

目 录

第一编 人生道路和研究方向选择

做人与治学 …………………………………………… 3
让中国心理学在国际学术界占有一席之地 ………… 4
大学毕业是人生旅途中的一件大事 ………………… 5
希望他们找到发展的最佳道路 ……………………… 5
研究兴趣和知识基础是报考研究生的重要条件 …… 6
选择研究方向既要考虑现在的基础，更要考虑未来的发展 … 6
尽快缩短调整研究方向的时间 ……………………… 8
关心心理学的应用研究 ……………………………… 8
欢迎跨专业的学生 …………………………………… 9
新的选择提供机遇，但也会带来风险和困难 ……… 10
选择要理智一些 ……………………………………… 10
要选择适当的突破口，要有巧妙的设计 …………… 11
发展要有机遇，"机不可失，时不再来" …………… 12
选择会改变未来的发展，也会改变自己的生活道路 …… 12
从基础研究走向应用性基础研究 …………………… 13
高兴你选择了这个方向 ……………………………… 14
调整方向要"洗脑筋" ………………………………… 14
转方向要有充分的思想准备和知识准备 …………… 15
在实验室研究方向的大前提下，发挥个人特长 …… 15
人生的道路是曲折变化的，需要花费一些时间去进行探索 … 17
理智选择目标，用百折不回的精神去实现目标 …… 17
什么才是你最佳的选择 ……………………………… 20
选择研究方向是科研工作者的"生命线" …………… 21
在探索和追求中找到真正属于自己的东西 ………… 22

让研究产生更大的社会影响 …………………………………… 22
跨学科研究团队的优势 …………………………………………… 23
自己管好自己，把握好自己的研究方向 ………………………… 24
你在不知不觉中已经走出了自己的生活轨迹 …………………… 25
选择研究方向要考虑自己的兴趣和知识基础 …………………… 25
在选择和探索中，培养和发展自己的兴趣 ……………………… 26
一个人不可能对所有领域都有兴趣，因此要进行选择 ………… 27
处理好"杂"和"专"的关系 …………………………………… 27
时（时代）、运（机遇）、勤（勤奋）、帮（帮助） ………… 28
要选择更能发挥自己特长的工作 ………………………………… 28
人活着要有目标，要知道怎样朝着自己的目标前进 …………… 29
要找到最适合自己发展的道路 …………………………………… 31
年轻人刚迈向社会，最好有人"带一带" ……………………… 32
这个事业值得一个人坚持做一辈子 ……………………………… 33
不要轻信别人的忽悠，包括一些"朋友"的忽悠 ……………… 33
科研中的种种选择 ………………………………………………… 34
尽到个人对社会的责任是我们这一代人的信仰 ………………… 35

第二编　治学精神与态度

勤奋加智慧，就能实现自己的人生价值 ………………………… 39
困境包含着新的机遇和发展可能性 ……………………………… 40
话说过了头，反而让人不信 ……………………………………… 40
努力争取成功，是一种做人处世的态度 ………………………… 41
应该做一点"标志性"研究 ……………………………………… 41
研究要靠研究者的兴趣来支持 …………………………………… 42
在理论假设和研究范式（方法）上有所创新 …………………… 43
重视科学问题的合理性和前沿性 ………………………………… 44
路要自己走，谁也代替不了 ……………………………………… 45
许多知识是靠自学得到的 ………………………………………… 46
人要自重，才能得到别人尊重　人要自爱，才能得到别人爱戴 …… 47
做学问要踏踏实实，一步一个脚印进行 ………………………… 47
挑战"传统"要有充分根据 ……………………………………… 48
要有"国家队"的"队员"意识 ………………………………… 48
学习不止，探索不已 ……………………………………………… 48
自满会让自己松懈下来，放松对自己的要求 …………………… 49

善于吸收大家的智慧，使之成为个人的财富	49
要注意研究的基本功，要独立解决问题	51
要有点"为人先"的精神	51
基础研究要坐得住，进得去，能忍受"枯燥"和"单调"	51
抓住每一点创新的"火花"	52
长远理想一定要从眼前做起	52
大胆干，从干中积累经验	53
"山重水复疑无路，柳暗花明又一村"	53
要培养健康的心理素质	54
"舜何人也，予何人也，有为者亦若是"	54
冲击高水平刊物，是我的一个目标	55
开拓、创新，创造未来	56
担心我的"宽容"害了大家	57
一次行动胜过一打纲领	58
努力了，功夫下到了，就可能做好	58
做基础研究不能太飘	59
敢做是值得赞扬的一种精神	59
肯干，不懂就问，虚心向周围的人学习	61
内在的动力比外来的压力更重要	61
大处着眼，小处着手，一步一个脚印	61
处理好出国深造和当前学习的关系	62
诚实、勤奋、有探索精神、有较好的基础知识	62
成功与他们的勤奋、努力奋斗分不开	63
不要轻言放弃	64
人很容易有惰性	65
我有责任帮助你走出困境	65
祝贺你闯过了这一关	66
保持科学探索精神，关注科学方法的最新进展	66
忙比闲好	67
该忍让的时候忍让一点	68
做研究要靠自己，自己开窍了，才能一通百通	68
要请教别人，才能让自己聪明起来	69
口吃研究需要有志青年的潜心参与	70
功夫不负有心人	70
要想有收获，就要有付出	71

比赛的最终结果取决于一秒一秒的努力拼搏 …… 72
不迷信权威的结论，不因袭过去的发现 …… 73
创新要基于前人，又高于前人 …… 74
没有一点冒险精神，就不会有新的发现 …… 75
很高兴你有志于口吃研究 …… 75
跟着别人走，永远没出息 …… 76
这种性格要吃亏 …… 76
要干，就要真正干好 …… 77
祝贺你，也谢谢你！ …… 78
一个人只要努力去做，未来的道路就很宽广 …… 78
基础打好了，才能在上面建造高楼大厦 …… 79

第三编 研究目标和实验设计

做一点真正有意义的研究工作 …… 83
研究要选择好突破口，一个、一个地做 …… 84
研究的意义和创新性要体现在问题提出中 …… 85
要认真提炼和探索有价值的科学问题 …… 86
准确地提出问题在研究中非常重要 …… 87
不清楚研究要解决的科学问题是什么，这怎么行 …… 87
没有好思路，方法就不知道用在哪里 …… 88
建构和验证理论是一件非常复杂的事 …… 88
要加强宏观的理论思考 …… 89
做研究，目标一定要清楚 …… 90
要解决学术界没有解决的重要科学问题 …… 91
不仅要知其然，也要知其所以然 …… 92
要重视"问题提出"中的问题 …… 93
把结果放到更大的理论背景上进行思考 …… 94
不要只做一点"不痛不痒"的研究 …… 95
科学问题不清楚是文章的一个大问题 …… 95
前言要提出有意义的"科学问题"，并围绕这个问题展开 …… 97
要用"问题"引导数据分析 …… 98
贪大求全是实验设计的一个大忌 …… 99
不能让一辆车在两条轨道上跑 …… 100
在实验工作中，细节非常重要 …… 102
实验就是要"试"、要"验" …… 102

要有自己的假设，不要被现有的实验结果搞得眼花缭乱 …………… 103
个案分析可能有重要价值 ………………………………………… 104
烙饼经验 …………………………………………………………… 104
实验计划没有调整好，就不要急着做 …………………………… 105
基础打得实一点，问题想得深一点，工作做得好一点 ………… 106
要重视研究的指标体系 …………………………………………… 106
我关心的还是实验逻辑 …………………………………………… 107
手段要为目的服务 ………………………………………………… 108
运用新方法也是论文的重要贡献 ………………………………… 108
头脑中的想法，只有写下来才能变得更加清晰和明确 ………… 109
做研究一定要把问题看准 ………………………………………… 109
有想法容易，实现想法很难 ……………………………………… 110
分散精力做几件事，不如集中精力做好一件事 ………………… 111
要从最简单的事情做起，一点一滴做出成绩 …………………… 111
在一个实验中同时检验几个假设，这种设计不可取 …………… 112
要有自己的假设，研究才更有特色 ……………………………… 113
计划和步骤要切实可行，愿望才不会落空 ……………………… 114
设法把复杂的问题分解成相对简单的问题 ……………………… 114
换一个角度想问题 ………………………………………………… 115
提出一个新的科学问题，让数据"绝处逢生" …………………… 116
在数据面前，我只能修改自己的预期 …………………………… 117
想想事情的本来面目 ……………………………………………… 118
好的被试资源是研究工作的一个重要优势 ……………………… 119

第四编　文章写作与发表

博士论文的三点要求 ……………………………………………… 123
凝练自己的思路，形成自己的特色 ……………………………… 124
再谈论文的独立性、系统性和创造性 …………………………… 124
创新是博士论文的生命 …………………………………………… 125
很高兴你能独立写出这样的英文文章 …………………………… 126
像取"特写镜头"那样，把想要突出的结果展现出来 ………… 127
论文要精细加工 …………………………………………………… 127
要用通顺的汉语写论文，表达自己的想法 ……………………… 128
论文的前言要有深度分析 ………………………………………… 128
删掉数据要有根据 ………………………………………………… 129

敢于对自己的东西"动大手术" ………………………………………… 129
学会从自己的修改中学习 …………………………………………… 130
文章要自己修改 ……………………………………………………… 131
文章不通畅，读起来就像吃了不消化的东西一样 ………………… 131
好文章要"千锤百炼" ………………………………………………… 132
如何讲出一个好的故事 ……………………………………………… 133
亮点要说清，说透 …………………………………………………… 133
要有理论思考，就事论事，就索然寡味了 ………………………… 134
文章没有内在逻辑，就不能引人入胜 ……………………………… 135
做一点"撞线"的工作 ………………………………………………… 136
文章要清楚说明研究的基本逻辑 …………………………………… 136
介绍文献要有归纳和分析 …………………………………………… 137
写作思路常常是在长久思考后突然获得的 ………………………… 138
认真答复评审人的意见 ……………………………………………… 138
数据要为研究目的服务 ……………………………………………… 139
让亮点更加靓丽 ……………………………………………………… 139
处理好了，这正是本研究的一个亮点 ……………………………… 140
知道自己的创新在哪里，然后再进行修改 ………………………… 141
突出特点，避免面面俱到 …………………………………………… 141
做研究一定要牢记自己的目的 ……………………………………… 142
尊重数据，不能随意删节 …………………………………………… 142
要学会提炼和简洁地表达自己的思想 ……………………………… 143
勤于写作，勤于修改 ………………………………………………… 143
要关心"区别"，还要关心什么原因导致了区别 …………………… 143
调整好"错位"，让文章更加自然，更合乎逻辑 …………………… 145
讨论要回答前言中提出的问题 ……………………………………… 146
提出新问题，用问题引导文章的修改 ……………………………… 147
讨论要"上纲上线"，把对结果的认识提升到一个新水平 ………… 148
讨论要进行理论提升和概括 ………………………………………… 149
由博而约，一以贯之 ………………………………………………… 150
希望讨论"研究逻辑"问题 …………………………………………… 150

第五编　研究反思与总结

一定要自己动手做实验 ……………………………………………… 155
要从失败中接受教训 ………………………………………………… 155

走"自救"道路 …………………………………………………… 156
从论文答辩中学习什么 ………………………………………… 157
珍惜第一次成功 ………………………………………………… 157
磨刀不误砍柴工 ………………………………………………… 157
读文献是研究工作的基础 ……………………………………… 158
使用概念要准确 ………………………………………………… 158
讨论要凸显研究的靓点 ………………………………………… 159
我们的研究引起了国际同行的关注 …………………………… 161
敢于肯定自己，也敢于否定自己 ……………………………… 162
要自己完善自己 ………………………………………………… 163
努力弥补自己的缺憾 …………………………………………… 163
大忙之后的轻松非常诱人 ……………………………………… 164
模型要不断检验、反复修改 …………………………………… 165
不要为研究而研究，为数据而数据 …………………………… 166
我们都不关心自己的模型，怎能引起别人的重视 …………… 166
要搞清楚一些基本概念 ………………………………………… 167
培养做学术报告的能力 ………………………………………… 168
心态放平静，情况可能会好许多 ……………………………… 168
要处理好论文标注和署名问题 ………………………………… 168
实验室积压了很多实验数据，我觉得很不安 ………………… 169
要准备延期毕业 ………………………………………………… 170
数据积压，实在太可惜 ………………………………………… 171
如何解决实验数据积压问题 …………………………………… 171
趁热打铁，凉了再捡起来反而浪费时间 ……………………… 174
从一座山峰爬向另一座更高的山峰 …………………………… 175
"基于论文发表"的研究生学习模式 …………………………… 175
转变培养模式 …………………………………………………… 176
先天不足和后天失调 …………………………………………… 176
概念不清楚，会影响论文发表 ………………………………… 177
要让"专家"认可，"非专家"看了有启发、有兴趣 ………… 178
严格把好"出口"关 …………………………………………… 179
我们的模型近于"夭折"，想起来总觉得可惜 ………………… 180
给自己的研究生生活画上一个圆满的句号 …………………… 181
让大家"听懂"才是最重要的 ………………………………… 182

第六编 发展国际、国内合作，建立和健全研究团队

和国外学者交流 ………………………………………………………… 187
联合培养博士研究生 ……………………………………………………… 188
与 Chuck 的合作 …………………………………………………………… 189
访问英国 Newcastle 大学 ………………………………………………… 190
与李嵬教授的合作 ………………………………………………………… 191
实验室的早期建设 ………………………………………………………… 192
组织学术梯队要顶住来自各方面的压力 ………………………………… 193
竞争很剧烈，是好事，不是坏事 ………………………………………… 193
国际合作的基础和条件 …………………………………………………… 194
希望建立国际实质性的合作 ……………………………………………… 195
要主动寻找国际合作伙伴 ………………………………………………… 196
回国进行合作研究的海外学子越来越多 ………………………………… 196
引进人才的不同渠道 ……………………………………………………… 197
吸引国内外学者来北京师范大学开展合作研究 ………………………… 197
实验室人才引进计划 ……………………………………………………… 198
全民抗"非典" …………………………………………………………… 199
SARS 形势下，老师和学生都没有闲着 ………………………………… 200
SARS 期间的实验室建设 ………………………………………………… 200
SARS 期间的科研工作 …………………………………………………… 200
实验室的新发展 …………………………………………………………… 201
现在的考试制度和方法有缺陷，限制了跨学科的选拔人才 …………… 202
科研中需要有国际合作伙伴 ……………………………………………… 202
新起点和新平台 …………………………………………………………… 202
我校第一个完整的国家重点实验室 ……………………………………… 203
吸引不同学科的优秀人才，发展心理学的事业 ………………………… 204
你们功不可没 ……………………………………………………………… 205
实验室为大家的发展提供了一个很好的平台 …………………………… 206
压力也是一种动力 ………………………………………………………… 207
合作要有宽容精神，但不是无原则的退让 ……………………………… 207
希望能保留一支 ERP 的研究队伍 ………………………………………… 208
对实验室负责，对学生负责，也对自己的良心负责 …………………… 208
国家重点实验室是科研的国家队 ………………………………………… 209
突出自己的工作基础，合乎逻辑地提出新的课题 ……………………… 209

把国际合作关系真正建立起来 …………………………………………… 211
组织好课题申请 …………………………………………………………… 211
合作要注意"实效" ………………………………………………………… 212
把大家聚在一起，对共同感兴趣的学术问题交换意见 ………………… 212
我们需要一个充满朝气、富有创新精神、团结融洽的研究团队 ……… 213
总结我们自己特有的培养经验 …………………………………………… 215
发现和选拔人才，组织好自己的研究队伍 ……………………………… 215
全力以赴忙验收 …………………………………………………………… 216
总结好我们的工作 ………………………………………………………… 216
实验室建设的两条基本经验 ……………………………………………… 217
我关心"协同创新中心"的目标 …………………………………………… 217
对课题申请报告的意见和建议 …………………………………………… 219
一切从工作出发，从学生成长出发 ……………………………………… 220

第七编　我关心的科学问题

脑科学研究要落实在教育应用上 ………………………………………… 225
汉字读音和字义的研究 …………………………………………………… 226
口吃的发生机制和矫治 …………………………………………………… 227
我为什么对情绪词的研究发生兴趣 ……………………………………… 229
言语系统的启动时间对言语发展的预测作用 …………………………… 230
把阅读模型推向国际学术界 ……………………………………………… 231
视觉背、腹侧通路在词汇阅读中的作用 ………………………………… 232
跨通道整合究竟"整合了什么" …………………………………………… 235
如何理解"言语产出"和"言语知觉"间的"失同步" ……………………… 236
不同文字的阅读既有特殊性，也有普遍性 ……………………………… 237
电脑如何改变人脑 ………………………………………………………… 237
文化与脑发育的关系 ……………………………………………………… 238
30 年我们究竟做了些什么 ………………………………………………… 239
汉语字词的特点 …………………………………………………………… 240
语言障碍也要"从娃娃抓起" ……………………………………………… 242
老龄人语言功能的退化 …………………………………………………… 242
说话早晚对语言能力发展的影响 ………………………………………… 243

第八编　工作和生活感悟

紧张干活之余，真能体会到静的好处 …………………………………… 247

高校的收获季节 …………………………………………………………… 248
人的一生有许多站台，前一站的结束就是后一段路程的开始 ………… 248
你的作业像一面镜子 …………………………………………………… 249
长江后浪推前浪，世上新人赶旧人 …………………………………… 249
我刚到美国的时候 ……………………………………………………… 250
耽误了哪一头都不行啊 ………………………………………………… 251
未来属于你们 …………………………………………………………… 252
在我为"成果"拼搏时，她却病倒了 ………………………………… 252
她留下了许许多多遗憾 ………………………………………………… 254
人的一生往往忽视健康的投资，这种教训要吸取 …………………… 255
我还能干什么 …………………………………………………………… 255
在人的一生中，"事与愿违"的时候很多 …………………………… 256
国家发展很快，让人感到振奋 ………………………………………… 257
我的事业和研究生紧密联系在一起 …………………………………… 258
生活充实，是最重要的收获 …………………………………………… 258
人的事业总有画句号的时候 …………………………………………… 259
什么决定了我的成就水平 ……………………………………………… 259
人老了，也不要"饱食终日，无所用心" …………………………… 261
有些坏事就发生在意想不到的时候 …………………………………… 261
在"抢救生命"的同时，也在抢救自己的事业 ……………………… 262
"自我保护意识"太差 ………………………………………………… 263
进与退的矛盾 …………………………………………………………… 263
把自己的爱投向实验室和学生 ………………………………………… 264
学术生命多了 10 年，满足了 ………………………………………… 267
年纪大了，只想做点有益的事情 ……………………………………… 268
科学地评价和了解自己，其实是一件很难的事 ……………………… 269
没有学生的老师还算什么老师 ………………………………………… 270
要把健康掌握在自己手中 ……………………………………………… 270
在泰国的感受 …………………………………………………………… 271
为人师和为人父一样，操心是难免的 ………………………………… 272
在新的方式下更好地生活下去 ………………………………………… 273
"退休"的矛盾和苦闷 ………………………………………………… 274
希望把"学术之门"风风光光地关上 ………………………………… 274
尽快适应新的变化 ……………………………………………………… 275
退休也许真是一件好事，是一种新的生活方式的开始 ……………… 275

人的一生总会留下一些遗憾，不是想做的事都能做到 …………… 276
退而不休 …………………………………………………………… 276
希望与更多的人分享自己的感受 ………………………………… 277
计划编一部高端刊物论文集 ……………………………………… 278
希望大组会能坚持下去 …………………………………………… 278
日记成为我继续前进的一种支撑力量 …………………………… 279
生活中会有许多始料不及的事情发生 …………………………… 280
"修理门面"很费时间 ……………………………………………… 280
我的新规划 ………………………………………………………… 281
让更多的人了解心理学 …………………………………………… 282
选择什么文章做科普 ……………………………………………… 282
把已经发现的东西通俗地传播给不做这种研究的人 …………… 283
科普文章要引人入胜 ……………………………………………… 283
做"科普"工作的意义 ……………………………………………… 284
"老之已至"的标志 ………………………………………………… 285
让教材尽可能完善些 ……………………………………………… 285
东西写好后，就有惰性，明知有问题也不想变动 ……………… 286
引导初学者走进心理学的殿堂 …………………………………… 287
姑父离开了人世 …………………………………………………… 288
人要善于从烦闷中解脱出来 ……………………………………… 289
在明白和糊涂之间，也有一个选择问题 ………………………… 290
写科普文章是一个"再创作"的过程 ……………………………… 291
写科普文章的要求对写学术论文也有用 ………………………… 291
"老化"是自然规律，不服不行 …………………………………… 292
把我们这一代人的理想和追求，告诉还在成长的一代 ………… 293
健康问题带来的烦恼 ……………………………………………… 294
后会有期的时候少，而后会无期的时候的确很多 ……………… 295
基于过去，服务现在，面向未来 ………………………………… 296
人活着总要做点事，做点有益于子孙后代的事 ………………… 297
几天内几千人读了自己的博客很受鼓舞 ………………………… 298
我们的研究成果终于登上了 PNAS ……………………………… 299

后　　记 ……………………………………………………………… 300

第一编 人生道路和研究方向选择

做人与治学[①]

18 岁是人生最重要的一年。它说明你们已经成了青年，成了国家的公民。青年人都希望自己成才。这既是你们自己的愿望，也是你们的父母、亲友、老师、国家和人民的愿望。但什么是成才之路呢？

根据个人的体会，我认为最重要的有两条：一是要学会做人；二是要学会治学。

学会做人就是要学会各种社会道德规范，学会待人接物，学会处理各种人际关系，学会自我修养。个人是社会的一员。学会做人就是要懂得个人永远离不开社会，离不开别人。人的价值不在于索取，而在于奉献。

学会治学就是要学习和掌握知识、本领，把人类已有的知识财富变成自己的财富。治学贵在积累。"积土成山""积水成渊"。只要持之以恒，积学不止，就有希望登上知识的顶峰。

做人与治学是相辅相成的。一个会做人的人，往往也会审时度势，善于向别人学习，善于团结大家一道工作。这种人也就会变得更聪明，更有知识和本领。勤能补拙，一个勤奋学习，又懂得虚心求教的人，就能弥补自己智力上的某些不足和弱点。

我的中学时代是在长沙度过的。先在雅礼中学，后在长郡中学。这两所学校都是长沙著名的学校，为国家培养了不少有用的人才。他们的成功经验有一条，就是重视做人的教育。我记得雅礼的校训是，公、诚、勤、朴。公是指心

北京师范大学认知神经科学与学习国家重点实验室

[①] 我的女儿和儿子中学都毕业于北京师范大学第二附属中学。2001 年五四青年节前夕，我应此校一位老师的邀请，给毕业班学生写了这封信。

中有国家、民族，先天下之忧而忧，后天下之乐而乐；诚是指言行一致，表里如一，心怀坦荡；勤是指发奋努力，百折不回；朴是指谦虚谨慎，淳朴厚道。四个方面都是讲做人的道理。有了这四个方面的保证，就不怕自己学不到有用的知识和本领。40年过去了，雅礼的校训仍铭记在每位雅礼学子的心中。

北京师范大学第二附属中学也是一所著名的学校。你们也有自己的校训。希望你们切实遵守，身体力行。希望你们都能成为振兴中华民族的有用之才。

2001年5月3日

让中国心理学在国际学术界占有一席之地

你好！小×今天拿到签证，按期访美应该没有问题。到美国后他会和你取得联系。知道你可能回国，我们都很高兴。我一直认为，个人的发展有两条可供选择的道路，一条是在国外发展，那边的生活环境比较好，工作的条件也比较好，但生活和工作在那里，总有置身异地的感觉，社会地位也相对要低些。另一条是在国内发展，目前生活环境和工作条件相对要差些，但你觉得这是生活和工作在自己的土地上，发展空间比较大。这几年，国内各方面的发展都比较快，住房和工作条件有很大改善，有些过去只在国外才能享有的条件，如住房、汽车等，现在对国内人来说，已经不再是可望不可求的东西。在这种时候，重新规划一下自己的生活道路，我想应该是明智的。几年前，当你还在读研究生时，我多么渴望你能留在北京师范大学工作，把当时刚刚开始进行的脑成像研究切实地开展起来。如果是这样，今天我们的工作将会是另一个样子。但从澳大利亚回来后，我知道你有意到国外干，这种心情我完全理解。因此我支持了你的选择。几年的国外工作经验，对你未来的发展应该很有益。如果你现在打算回国，我想正可以利用前几年的工作基础和国际合作条件，把研究工作真正开展来。这几年，我的目标是建立一支高水平的研究队伍，在语言的脑机制方面做一点有意义的工作，让中国心理学在国际学术界占有一席之地。几年来，我和我的研究集体做了很大的努力，但困难也很大。关键还在于人才，在于人的创新精神和刻苦精神。大家团结在一起，认真干点事情，我想没有干不好的。

2002年5月7日

大学毕业是人生旅途中的一件大事

你好！计算机总算修好了，在十几天的瘫痪之后，迎来了它的新生。昨天发出了一批积压的信件，记得其中有一封是寄给你的。我想应该收到了。

星期一上午10点我有会，没有去参加你们的毕业典礼，也没有看到你们穿上学士服装照相的样子，很遗憾。毕业典礼后，你们算真正毕业了。衷心祝贺你们！

大学毕业是人生旅途中的一件大事，对奠定毕生发展的金字塔有重要意义。同窗数载，不管同学间有多少恩恩怨怨，但这种缘分来之不易，应该珍惜。记得去年10月我的大学同学在分别40多年后重新在母校相聚，聊起大学时的学习生活，大家还觉得就像发生在昨天一样。"文化大革命"以前政治运动很多，同学间磕碰的事不少，但大家似乎都忘了那些不愉快的事情，谈得很开心。

非常欢迎你加入我们的研究团队。有什么困难和要求，希望随时告诉我。

2002年7月3日

希望他们找到发展的最佳道路

你好！很高兴收到你的电子邮件，有点"意外"，以为你回家后就很难联系了，只能等开学后再说。托老天的福，北京最近的天气也比较凉快，虽然是晴天，但总有丝丝微风，驱散了夏日的炎热，使人觉得舒服。我的童年曾在江西安福度过1～2年，但没有去过九江。我的外婆家在南昌，但相隔几代，早已没有联系。这一点我不如儿子，他在研究生毕业前，去过江西，游览了井冈山，吃了许多辣椒，回家时满脸是"火气"，被他妈妈说了一顿。江西和湖南一样，离了辣椒不行，不知道你吃辣椒的本领如何？属于"不怕辣""怕不辣"还是"辣不怕"。"桔生淮南则为桔，桔生淮北则为枳"，经过40多年的北方生活，我对辣椒已经是"敬而远之"了。

大学毕业了，应该休息一下，回家享受一下当"女儿"的乐趣。翻译的事不必那么急。我给你找这个活，是想让你体验一下"独立"工作的滋味，有一点收入，缓解一点"后顾之忧"。样本"模板匹配"译好了，谢谢你，原件就不必寄回了。

这周我请了王静老师来所里报告，题目是：老年痴呆的发病机理和研究进展。下周一美国国家健康研究院(NIMH)的班德提尼(Bandettini)[①]教授来我们这里作报告。他希望做一个"互动"的报告，让大家从他提供的菜单中挑选我们感兴趣的东西来讲。相信内容会不错的。

给香港大学的推荐信三天前已经寄走，望放心。每次给同学写推荐信，心情都很复杂。我希望他们都能找到自己发展的最佳道路，但每一次的成功又使我身边少了一位优秀学生。

2002 年 7 月 26 日

研究兴趣和知识基础是报考研究生的重要条件

谢谢你的来信，并欢迎你报考我的博士研究生。我们实验室从 20 世纪 80 年代初以来，一直从事汉语的认知研究，1996 年以后，转向了认知神经科学的研究，主要手段是功能磁共振成像(fMRI)技术和事件相关电位(ERP)技术，也做过计算机模拟研究。脑成像研究是一项多学科的合作研究，需要心理学家、物理学家、生物学家和数学家的通力合作。近年来我们承担了国家重大基础研究课题(973)和攀登计划课题的研究。目前我的研究室有博士生 9 人、硕士生 7 人、博士后 3 人。博士生的入学考试要考 3 门课程：英语、认知心理学和心理语言学(或神经生理学)。我认为，对报考研究生来说，最重要的条件是研究兴趣，再就是知识基础，包括跨学科的知识基础。希望看到你的硕士论文，并了解你在认知心理学和认知神经科学方面做了什么和可能做什么。希望你重视英语的训练，特别是写作能力的培养。因为它关系到我们的研究成果能不能在国际刊物上发表，得到国际社会的承认。

2002 年 11 月 13 日

选择研究方向既要考虑现在的基础，更要考虑未来的发展

你好！信寄走后多少有点"后悔"，觉得信写得有点过火，怕你受不了。但

---

① 美国国立精神卫生研究所(NIMH)教授，功能影像方法学部门负责人，神经影像学期刊 Neuroimage 主编。他一直致力于改进功能磁共振成像的空间、时间分辨率、敏感性，开发功能磁共振数据分析新方法，在认知神经科学领域产生了广泛、重要的影响。

读完上次的材料后，心情的确比较沉重。我希望你做得更好，也许有点"恨铁不成钢"了！

我同意你的想法，做博士论文，不是为了得到一张文凭，也不是为了职称，而是要确定今后半生业务发展的方向。论文做好了，今后要走的道路也就清楚了。我常常说，选择研究方向是一个研究者的生命线。在选择研究方向时，既要考虑现在的基础，更要考虑未来的发展。

来信说，你想做儿童语言发展的问题，这是一个很好的想法。但如何做，我就不清楚了。我没有系统研究过儿童心理发展问题，特别是幼儿的语言发展。这类研究中遇到的问题，常常是在成人研究中难以想到的。

前两年你研究亲子交往的问题，困难很大，我很清楚。但我有两个感觉：一个是文献比较旧，几乎没有近年来的文献，说明这个问题在学术界的研究积累较少，理论思考不那么成熟，研究手段也不那么先进。另一个就是你说的"孤军奋战"，没有人懂得你做的工作，也没有办法和你一起研究。这个方向是否能成为你今后发展的方向？我没有把握。

我希望你回到认知神经科学的方向上来，发挥你原来学生物学的特长，但我觉得要放弃已经开始的研究方向，在一个不大熟悉的领域深入钻研下去，也是很不容易的！

如果还是回到儿童语言发展的方向上，应该做什么才好呢？在这次的计划中，你提出想做儿童"心理理论"的发展，即儿童是怎样学会理解"自己和他人的心理状态的"。且不说概念厘定的问题，就是这个问题本身，又和语言发展有多大关系？还有一个问题，你现在担任的教学工作是生理心理学，如果你确定要做"儿童心理理论"的发展，你以后是否要完全放弃生理心理学的教学工作，去教发展心理学？

你说了许多自己的内心矛盾，其实我何尝不是这样。说实在话，这么多年来，我在研究生的指导工作中，还很少遇到像你这样不好决策的问题。我从你身上，既看到了选择研究方向的重要性，也看到了选择研究方向是多么困难！

我相信你能从这种困境中走出来，也愿意在力所能及的范围内给你帮助。但时不我待，要抓紧努力才好！

祝今晚睡一个好觉！

2002 年 11 月 13 日

尽快缩短调整研究方向的时间

你好！很高兴收到你的来信，也谢谢你有志于心理学的研究工作。欢迎你报考我明年的博士研究生。从 1997 年以来，我们实验室主要进行了三方面的研究：汉语识别与加工的脑机制、汉—英双语的表征与加工的比较研究、汉语儿童语言发展的研究。基本的研究手段有磁共振成像、事件相关电位和由计算机操作的行为实验。前几年也做过计算机模拟工作。这些工作都需要多学科的合作。需要有较强的计算机编程能力和数据处理能力。这是我欢迎你加入我们研究集体的一个原因。你自学过一些心理学知识，并培养了对心理学的爱好，这对"转行"同样重要。但学科间的差别和距离也是客观存在的，方向的调整对某些人比较容易，对另一些人却比较困难，对此也要有足够的思想准备。要尽快缩短调整方向的时间，才能在有效的时间内，做出较好的研究成果。我们实验室的目标之一是在国际重要学术刊物上发表论文，因此外语也非常重要。希望你做好多方面的准备，争取考出好的成绩。预祝你成功！

2002 年 11 月 28 日

关心心理学的应用研究

你们好！3 月 25 日来信已经收到了。最近事情比较多，复信晚了，望见谅！"郑州明天智慧科技有限公司"是由一批博士和博士生筹建的一个心理学产业公司。发起人和技术负责人是×××博士。他毕业于湖南师范大学心理学系本科和硕士，1999 年来北京在中国科学院心理学研究所攻读博士学位，导师是我国著名生理心理学家魏景汉研究员，主要从事事件相关电位的研究，毕业论文是关于面孔识别的研究，一个非常有趣的研究领域。4 月中将进行论文答辩。我将应邀参加他的论文答辩会。×××博士在研究工作中很刻苦、投入、有才气，对心理学的应用研究很有兴趣，希望能将基础研究的成果应用在儿童智力开发方面，包括智力测定、综合评价、咨询和训练、开发相关的仪器设备等。我本人是搞基础研究的，主要研究语言的脑机制、儿童语言的发展，汉—英双语的表征和加工等，对应用研究不熟悉。但我关心心理学的应用研究，希望心理学能找到服务于社会，服务于生活的种种渠道，进而推动心理学在我国的发展。我答应过支持×××博士的研究工作，并希望他能发挥自己在计算机技术和脑电技术方面的特长和优势，将心理学的应用研究建立在基础研究的基础上。我没有参与公司的具体工作，因此，有关公司的业务工作和人事招聘工作，希望你们直接和公司联系。

2002 年 3 月 30 日

欢迎跨专业的学生

你好！很高兴读到你的来信，从信中我感受到一个青年人对知识、事业和人生的追求。这里有两个问题，一个是你想从园艺专业转向心理学专业，这种转向是否合理？一个是转向的可能性怎样？报考心理学研究生需要哪些准备？

心理学是一门"中间科学"，它兼有自然科学和社会科学的特点。这个特点决定了在心理学的研究方向中，既有偏于自然科学的研究，也有偏于社会科学的研究。在这个意义上，我们欢迎跨专业的学生。事实上，每年也都招收了一些跨专业的学生。在我现有的博士生和硕士生中，就有来自生物学专业、医学专业、计算机专业、教育专业、英语专业的学生，当然也有来自心理学专业的"科班"生。现在许多老师都承担了科研课题，招收研究生的目的除了为国家培养人才外，也为了完成自己承担的课题任务。因此，老师们普遍希望自己招来的研究生能较快地进入课题，能真刀真枪地干工作。在这个意义上，许多老师在选择跨专业的考生时又很谨慎。大家希望选择那些的确对心理学有兴趣，有决心献身心理学事业，而且有可能较快进入心理学领域的学生。

在每年为数众多的考生中，大家的报考目的和动机有很大差别，知识背景也是千差万别的。从选拔的角度看，对心理学的兴趣和一定的知识背景是最重要的。在有些人看来，园艺专业是一个不错的专业，医学和计算机专业也是不错的专业，支配一些人改变专业的一个重要因素是个人的兴趣。自己最了解自

磁共振成像中心

己。如果你的确对心理学有兴趣，不只是肤浅的了解，而是基于较理智的认识，我想你的选择就是合理、有意义、有价值的。

至于说怎样进行准备？我建议：第一，自学是基础，要抓紧时间充实自己的心理学知识；第二，最好能选读几门心理学课程，直接听听老师的讲课，如普通心理学、实验心理学、心理测验、心理统计、心理学研究方法等。听课的最大好处是可以较快较准确地掌握专业知识，在头脑中留下更深刻的印象；第三，在心理学研究方向的选择上，还是要看你个人的兴趣。这个问题最好留到你对心理学有了更多的了解之后再来回答。

2004 年 3 月 24 日

新的选择提供机遇，但也会带来风险和困难

来信收到了。希望你有一个新的起点。国内的相关研究论文主要发表在《心理学报》《心理科学》《儿童发展与教育》《心理学进展》《应用心理学杂志》等刊物上。几年前我们编写过一本书《汉语认知研究》（1996 年）较好地综合介绍了国内外的研究，你可以找来看看。另外建议你看几本国外的心理语言学教材，你问问我的研究生，他们会告诉你的。人生有许多选择，新的选择提供了机遇，但也会带来风险和困难，你要有思想准备。我今天下午去兰州开会，一个星期后回来。先说这些了。

2004 年 7 月 27 日

选择要理智一些

来信收到了，谢谢你热情洋溢的来信。上午经过×主任的介绍，在办公室见到了你的母亲，我完全理解你和你母亲的心情，也会尽力帮助去实现你们的愿望。我女儿也是学医的，毕业于中山医科大学临床医学专业，毕业后在协和医院内分泌科工作了两年，现在在国外改做基础研究。当医生和进行基础研究是性质不同的两件事，你相信"选择基础研究"真正符合你自己的兴趣吗？我相信你的能力和热情，但什么是自己的兴趣，只有你自己最清楚。在人的一生中，会面临许多的选择，正确的选择会带给你新的希望和信心；但选择错了，也会带来苦恼。在这种时候，我总是奉劝别人理智一些。

我们实验室是一个新成立的实验室，我的研究主要关心语言信息加工的脑机制，包括正常人语言产生和理解的脑机制，语言障碍的脑机制，语言学习（含第二语言学习）的脑机制等，使用的手段主要有事件相关电位和功能磁共振成像技术等。实验室的目标是在国际学术刊物上发表高质量的论文，力争解决与基础教育和儿童健康发展相关的一些脑科学问题。我希望你的选择是理智的，经过深思熟虑的，只有这样，你才会在选定的方向上坚定地走下去，不达目的，誓不罢休。

如果你被录取，你愿意将来在这里攻读博士学位吗？做基础研究只有硕士学位是不够的，而且3年时间要想做出高水平的研究成果也很难，因此最好能继续读下去。博士毕业后，你想在国内工作，还是到国外发展，就由你自己选择了。

一个具体问题是，我明年可招收3名硕士生。到目前为止，已经有北京医科大学和我校心理专业的两名应届本科生要保送到我这里读硕士学位，这在9月中旬就已经定下来。如果我再录取你，那么3个名额就都满了，这对明年初志愿报考者似乎不公平。

2004年10月7日

要选择适当的突破口，要有巧妙的设计

你好！同意你的许多想法。学习、训练与脑的可塑性是一个很有意义的课题，也是一个很有发展潜力的课题。但现在研究的人很多，成了热门，容易陷于一般化，没有特色。一定要找到具体的科学问题，选择适当的突破口，要有巧妙的设计。选择课题有两条途径，一条是从文献出发，好处是研究的根据会比较充分，有别人的研究成果可以参考，但不容易有特色，容易局限在别人原有的研究框架内，跳不出来。另一条是从实际生活中的现象出发，它使人容易看到研究的现实意义，但风险大，做不好，可能没有结果，或者解决不了科学研究中的重要问题。因此，最好的研究策略还是将两者结合起来，既有自己对生活的观察和领悟，又有文献根据，就像牛顿观察到苹果从树上掉下进而研究万有引力；巴甫洛夫从观察狗吃食物流唾液研究条件反射一样。希望你在复习功课的同时，先多读一点文献，并且和实际生活中的问题结合起来考虑。

你愿意在组内介绍硕士期间的工作，这很好。最近，我在保送生的复试中曾说过，认知神经科学的研究需要学科交叉，需要从其他的专业中引进优秀人才。来自其他专业的考生，既要尽快熟悉认知神经科学研究的特点，又要发挥原有学科的作用。后来一位博士研究生把它概括成4个字：适应、利用。"适应"是指要尽快熟悉心理学研究的特点，"利用"是指要发挥原有专业知识的优

势,做别人做不了的事情。希望你好好努力,争取尽快"适应",又充分"利用"。

2004 年 10 月 17 日

发展要有机遇,"机不可失,时不再来"

今天早上刚从南京开会回来。去南京前就收到单老师的来电,说你从国内带去的茶叶已经收到了,特别感谢你!她没有别的嗜好,就爱喝点茶,而且要喝好茶。原计划她只在美国待半年,没有带够茶叶。有了你这次带去的茶叶,应该足够了。

知道你要去参加明年 4 月的会议,很好!要紧紧抓住这次出国的机会,好好干出一些成绩来。你毕业后在民族大学做了两年博士后,对你这几年的工作似乎不大有利,主要是偏离了基础研究的方向,在研究课题和手段上没有跟上国际学术发展的前沿。要改变这种比较被动的局面,就得付出代价。发展要有机遇,"机不可失,时不再来",国家、学校、实验室是这样,个人也是这样。抓住了重要的机遇,以后就顺利了!祝你成功!

2004 年 10 月 31 日

选择会改变未来的发展,也会改变自己的生活道路

你好!来信收到了,我仔细查看了你来信的日期,是 2004 年 12 月 4 日,我不敢确信,这封信是你今天写的。那次我和你的谈话已经过去几个月了,为什么你现在还在困惑?人的一生要经历许许多多的选择,有些选择是自己能够支配的,有些选择却很难由自己支配。选择会改变未来的发展,也会改变自己的生活道路。这是上次谈话时,我希望你认真思考的问题。医学毕竟是一个有吸引力的专业,协和医科大学又是一个有吸引力的地方,还有什么让你"放心不下"呢?也许这就是一个人的兴趣,你也许觉得没有真正按你的兴趣来发展。但是,你对心理学的了解真的很多、很深入吗?你的兴趣真的建立在这种深刻了解的基础上吗?如果不是,我想你不必为此而烦恼自己;如果是,我想你以后还会有机会回到这个领域来的。你可以先学好医学,以后在医学的背景和基础上,再来学习和研究心理学(比如读博士)。现代科学普遍存在多个学科的交叉,也许当你有了较深厚的医学背景后,你对人的心理现象的理解,会更深刻

些；你对心理学的研究会比别人有更好的视角。我在读中学时，想过当一名化学家，但在校长和班主任老师的"指导"下，我放弃了自己的兴趣，转到了心理学。有时候我会后悔当时的选择，但路已经走出来了，也就只能坚定地继续走下去。我一直认为，从对化学的爱好中学到的探索精神和实验精神，至今对我的心理学事业仍有很大的好处。这是自己的一点体会，希望对你有帮助。你的信写得很长，但思绪比较乱，让人有些摸不着头脑。建议你好好整理一下自己的思路，就像头发乱了需要好好梳理一下一样。经过梳理之后，你就会更清楚地认识你自己。

今天上午事情不多，有时间和你聊天。祝快乐！

2004 年 12 月 4 日

从基础研究走向应用性基础研究

你好！回家已经 5~6 天了，寒假过得怎样？你爸爸和妈妈都好吗？最近北京的气温一直比较低，风也特别大，我只好"缩"在家里看论文了。单老师的身体还是不好，这也是我没有外出的一个原因。两个孩子都在国外，没有假期，今年的春节对我们来说将是一个比较安静的春节。

关于基金申请材料，我看过了，国内外现状部分，搭了一个架子，但还需要修改，需要更上一层楼。首先是标准问题，要让评审人看了，觉得有新意，有深度和广度，因而认为非给我们资助不可。其次在写法上也要改进。可以突出几个问题，要把我们计划研究的问题在现状介绍中凸显出来。从你提供的材料看，似乎可以突出以下几个问题：①口吃研究中外周机制和中枢机制的关系；②脑功能一侧化与口吃的关系；③哪条神经回路的异常可能与口吃有关？④口吃矫正可能带来什么变化？⑤口吃有脑结构异常吗？它发生在哪里？这些问题集中起来，就是与口吃有关的神经回路问题，也就是本研究计划要解决的科学问题。在介绍现状时，要有分析，而不要只是罗列相关的研究结果，要把评审人一步步引向我们要研究的问题。引用的资料还可以再丰富一些，让人觉得我们对本领域的研究了解得很充分。要简要描述国内的研究现状，既要说明这是一个待开垦的领域，又要说明我们已经有一定基础来开展高水平的研究。从基础研究走向应用性基础研究，是我多年来的一个目标。所谓应用性基础研究，就是研究的性质是基础研究，但它指向某个应用领域，有潜在的或显现的应用价值。这是我选择研究口吃的一个原因。

上述意见供参考。几天后就是春节了，祝节日愉快！

2005 年 2 月 4 日

高兴你选择了这个方向

你好，来信收到了，很高兴看到你在硕士研究生期间已经有了不少研究成果，而且初步形成了自己的研究方向。前者证明你有能力进行科学研究，后者说明你有发展的潜力。这两点对一个有学术追求的年轻人来说，都非常重要，也是我非常看重的两个特质。从 1997 年以来，我的精力和时间主要放在认知神经科学的研究上。经过几年的努力，我越来越确信，这个选择是非常重要的。现在国内有很多单位、很多研究人员开始认识到它的重要性，并投入了越来越多的人力和财力去开展这个方向的研究。这的确是让人很高兴的一件事。因此我想你选择了这个方向应该是很好的。

2005 年 9 月 6 日

调整方向要"洗脑筋"

你好！谢谢你来信问候。9 月 6 日单老师①第二次住院后一直在进行血象各项指标的调整，从输血小板到注射麦克尔、促红细胞生长素、瑞白等，中间几经起伏，到前天（9 月 21 日），各项指标才达到标准。在用药剂量上做了一点调整，"家庭护理"也有了一些经验，希望这次能比上次顺利些。

对你来说，从医学转向认知神经科学，是一次研究方向的重大调整，开始时不大适应是不奇怪的。完成这次调整要靠自己的努力，要多读点文献，"洗洗自己的脑筋"。关键是要了解新方向的特点，并把自己原有的知识结合进去，发挥自己的长处。再有就是要向周围的同学学习。办公室的××原来是学生物的，她不仅很快调整过来，而且在三年内做了几项有意义的工作。她的毕业论

---

① 我的老伴单会文老师，原北京 46 中（现三帆中学）教师，教导主任。2005 年 7 月，她查出了肿瘤，而且已到晚期。这个突如其来的噩耗，对我个人和我的家庭都是重大的打击。在随后两年多的时间内，她接受了手术和多次化疗。化疗是把双刃剑，在攻击癌细胞的同时，对正常细胞也造成了很大伤害。2008 年年初，终因治疗无效，离开了我们。

文前不久已经由 *NeuroImage* 刊物接受了。你可以和她聊聊，看她是怎样转变过来的。

2005 年 11 月 23 日

转方向要有充分的思想准备和知识准备

　　来信收到了，谢谢你有志于心理学的事业，并希望以后有机会从事心理学的研究工作。心理学，特别是认知神经科学的综合性和交叉性很强，非常欢迎不同学科背景的人来进行研究。这种研究也为他们未来的发展留下了较大的空间。但学科和研究方向的转变对个人来说的确是一件大事，要有充分的思想准备和知识准备。你们学校应该有心理学系，应该开设了实验心理学和心理统计学等基础课程。建议你除努力自学外，最好去心理学系选修一些课程。自学有时很难把握教材的重点和难点，系统听课就不一样了，它会使你得到意想不到的收获。希望你试试，并祝你成功！

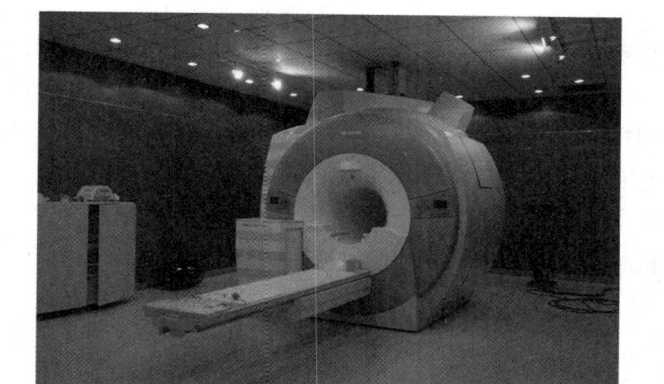

2005 年 12 月 21 日

磁共振实验室

在实验室研究方向的大前提下，发挥个人特长

　　你好！来信收到了。信中提出的问题正是我一直担心的问题：如何选择研究方向。一个好的实验室应该有自己有特色的研究方向，应该集中自己的研究

力量和资源解决一些重大的科学问题。在这个前提下，发挥每个人的特长，照顾不同人的研究兴趣和爱好。

我知道你对运动知觉有兴趣，这个问题也有临床实践意义。但我们实验室是以语言研究为特色的，我必须保持我们研究室的特色，不能谁想研究什么就研究什么。那样会打乱实验室的整体研究方向，对实验室的发展不利。心理学的研究领域广阔无比，有诱惑力的问题实在太多，如果什么都想做，就可能什么都做不好。而且在偏离实验室的方向后，你必须孤军奋战，上缺乏老师指导，下没有同学交换意见，因而对你自己也是不好的。你可能还记得在一位博士研究生在开题报告时罗跃嘉老师[①]所说的那句话，如果你的研究不符合实验室的方向，那你就去医院答辩好了，在我们实验室通不过。因此，在实验室方向的大前提下，发挥个人特长，这是确定研究方向的一个重要原则。希望你在这个前提下做好自己的工作，发挥自己的特长。

前一段时间，你在实验软件的开发上下了不少功夫，也做了一些探索性的实验工作，但我觉得你的工作目标不清楚，可能会浪费时间和精力。按照我的理解，背侧通路[②]的功能障碍可能是阅读障碍的一个原因。因此，如果运动图形或运动文字的识别阈限检测有可能检测到背侧通路的障碍，那么这种检测就可能成为阅读障碍的一种检测手段。只有在这个意义上，你的研究才有意义。否则，做了很多工作就都可能是白辛苦了。

如果你想研究这个问题，建议你应该从阅读障碍入手。先认真研究阅读障碍的文献，然后结合运动知觉的研究，找到问题的切入点，而不是从运动知觉入手，看了一大堆运动知觉的文章，却不知道要解决什么阅读障碍的问题。

希望你利用寒假时间，认真整理自己的思路，总结过去几个月的经验教训，在这个基础上，再确定下一步的工作方向。

下学期开学初，我想召集一个会，专题讨论"背侧通路在阅读中的作用"。××对此也很有兴趣，可以请她一起来参加我们的讨论。

2006年1月19日

---

① 当时任北京师范大学认知神经科学与学习国家重点实验室主任，教授、博士生导师。主要研究情绪与认知的关系及其神经机制。现在是深圳大学情绪与社会认知科学研究所所长。

② 在视觉的神经机制研究中，发现了两条通路。一条是腹侧通路，从枕叶到额下回，主要负责处理物体形状的信息，也叫"what"通路；另一条是背侧通路，从枕叶到顶叶，主要负责处理空间和位置信息，也叫"where"通路。后来研究者发现，这两条通路在阅读中具有不同的功能。腹侧通路主要和字形识别和语义加工有关，而背侧通路主要与语音加工有关。

人生的道路是曲折变化的，需要花费一些时间去进行探索

你好！几次来信都收到了。谢谢你非常坦诚和直率地把自己的想法告诉我。当我在面试时第一次见到你时，我从你的自我介绍和书面材料中看到了一个热情洋溢、充满幻想和激情的、可爱的小伙子。后来在办公室又和你有过一段时间不太短的谈话。我为你高兴，也为你担忧。因为在你的身上有太多的优点和不足，有太多的冲突和矛盾。你学习的专业是生物技术，听起来像是一个非常务实的人，但你的思路却更像一个哲学专业的学生；你有太多的宏观思考，但对如何去实现自己的想法却几乎没有准备；你希望贡献自己的一生去探索心理世界、意识、自我这些困惑人类的重大科学问题，但对现有的一些研究成果却知之甚少；你有"伟大"的目标，却不知道如何去实现它；你希望得到别人的理解和接纳，但却常常叹息"知我者寡"。正因为这样，我在上次的电话中，希望你要认真分析一下自己，要明白自己的优点和不足，要下决心进行一些必要的调整。人生的道路是曲折变化的，在没有找到自己的发展道路前，常需要花费一些时间去进行探索。希望你抓住这次考博的契机，先对自己来一番反思，真正想清楚了，然后再义无反顾地前进。现在考博的成绩还没有出来，我不敢说你这次一定能成功。但我希望你在未来的发展中能够成功！

2006 年 4 月 3 日

理智选择目标，用百折不回的精神去实现目标

你好！收到了你昨天（3 月 14 日）的来信，这已经是你的第六封或第七封来信了。

读了你的几次来信，对你有了更多、更深的了解。从你这次的考分看，今年读博几乎是没有希望了。学校历年都有研究生的录取标准，特别是专业课的考分不得低于 60 分。这样可以避免研究生入学时，基础知识太差，影响到以后的学习和发展。如果有一门课的成绩不及格，而另一门课的成绩非常优秀，可以申请破格，但并不是所有破格报告都能得到批准。我们实验室是国家重点实验室，对研究生的选拔很严格，因此在录取标准上只能更高，而不会更低。这些"游戏规则"可能会把一些确有培养前途的人才"拒之门外"，但既然已经成为"游戏规则"，个人要想随便更改它是不容易的。

这次考试失利，对你和我来说，似乎都在意料之中。我的担心是在和你第一次接触时就有了。有一分耕耘，才会有一分收获。你可能想碰碰运气，而我也希望会有奇迹出现。但事实说明，任何不立足于艰苦努力之上的尝试，都可能是徒劳无功的。如果要从这次考研中吸取什么教训的话，我觉得这是最重要的一点。

现在对你来说，最重要的是要冷静下来总结经验教训，进一步想清楚自己未来要走的道路，如何切实有效地去实现自己的愿望。下面是几点建议，供参考：

①要理智地选择研究方向和目标。在人的一生中会面临许许多多的选择，正确的选择才会带来好的发展。从我自己的工作经验来说，至少有三次选择是很重要的。大学毕业后，系里分配我在心理学史教研室，担任现代心理学流派的教学工作，但兴趣使我选择了视知觉的研究方向。1981年初从国外进修回来，经过了3~4年的思考，我改成了语言的认知研究。1998年以后，鉴于国外认知神经科学的快速发展，而国内这个领域的研究刚刚起步，我毅然决然选择了语言的认知神经科学研究。我自己觉得，每一次新的选择都在自己面前展现了一个新的天地，开辟了更广阔的发展空间。总结这几次选择的经验，我觉得自己的选择是认真的，理智的，因而经得起时间的考验，没有让我后悔。

你现在的专业是生命科学，这是21世纪公认的领先学科。你的研究方向又是生物技术，在一般人看来，这是一个很好的专业，令人向往的研究方向。什么原因使你决定放弃原来的专业而选择一个新的专业方向？你谈了自己对心理学的许多想法和憧憬，但你对它的了解究竟有多少，有多深？

我们每年都要接触许多跨专业的考生，大体上可以分成两类，一类是他对自己原来的专业没有兴趣，经过自学，发现自己更适合进行心理学的研究；另一类是他对心理学完全不了解，只是不满意原来的专业，想换一个专业碰碰运气。例如，有一位研究生，本科是学会计的，硕士考到了天津师大学习认知心理学。今年考到我们这里继续认知神经机制的研究。我问她为什么选择这个专业，而放弃原来的"赚钱"专业。她回答得很好："会计是按常规方式工作的，而我喜欢探求新的知识。"我们让她介绍硕士期间的一些研究，发现她的工作的确做得不错。我想这种"跳槽"学生（应该说是跨专业考生）大家都会欢迎。即使某门课程的成绩不如别人，老师也会愿意录取。因此我希望你一定要基于对自己的深入思考，做出理智的选择，而不要感情用事，不要凭着对心理学的一知半解就断然做出决定。

②要真正懂得心理学，才能为它付出生命。从19世纪70年代以后，心理学就从一门思辨性的学科变成了一门实验科学。它和生物科学一样都主张采用实验的手段和方法去探索脑的秘密，人类心灵的秘密。因此在我们招收研究生

时,都非常注意学生的创造性和动手能力。创造性不等于胡思乱想,而是要能提出好的、有价值的科学问题。动手能力既包括"能动手",也包括"爱动手"。两者缺一不可。希望你用这个标准衡量一下自己,看看哪些地方做到了,哪些地方还有距离。人不能没有自信,但也不能盲目乐观,一定要实事求是地评价自己。

你喜欢宏观思维,这是好的。在我带过的研究生中,这种人才并不多见。但宏观思维一定要和微观的实证研究结合起来,才能产生有实效的研究成果。否则一个人的想法就永远是虚无缥缈的东西,难以实现。我记得科学时报2004年对丁肇中教授有一篇访谈报告,记者问:您能否预测一下我们会在未来什么时间发现新的粒子?丁肇中回答:我无法预测,不做实验任何预测都没有意义;理论再好,没有实验,预测就没有任何实际意义。你常常用一些诺贝尔奖得主自诩,希望你对照丁肇中先生的话,并用它来自律和自励。

科学没有国界。这不仅意味着我们要学习国外的知识,也意味着我们要对国际的科学宝库做出贡献。近年来,我们一直要求自己的研究生要立足国内,放眼世界,要把自己的研究成果推向国际社会,争取产生较大的国际影响。这里除了要有很高的研究水准外,还要有很好的外语表达能力,特别是写作能力。这次考试中你的外语成绩也不理想,我想应该努力跟上和提高。

③要为自己的目标付出艰苦的努力和辛勤的劳动。目标确定以后,就要靠自己的努力来实现目标了。还用我自己的亲身经历来说。1998年当我们开始转向汉语的认知神经科学的研究时,困难非常大。当时北京市只有三台能用于科研工作的功能磁共振仪。我们预约一次实验几乎要等几个月到半年的时间。白天医院要接诊病人,不能安排实验工作,我们只能等到晚上,在大夫下班后求他们加班给我们做实验,因此常常做到深夜才能回到学校。数据有了,不会处理,国内没有人求教,只好"走出去""请进来",求国外的人帮忙。一次不行,来两次,两次不行来三次,一直到学会为止。数据有了,也处理好了,如何写论文,问题还很多,需要反复进行修改。我们在国外发表的一些论文,都是经过无数次的修改才被接受的。

你在自己的研究工作中有没有经历过这样的艰辛?有没有尝过其中的"酸甜苦辣"?如果有,那很好;如果没有,希望你一定要在自己的研究经历中积累这样的经验和体会。因为只有这样,你才真正懂得什么叫研究工作,也才能体会到研究成功后的喜悦和愉快。

为了成功地通过博士生的入学考试,你有没有付出过同样的汗水和心血?如果有,那很好;如果没有,希望你一定要通过自己的努力来达到自己的目标。

在世界上,要想做成一件事情没有长期不懈的努力是不行的,而且这种努力要从现在开始,要有百折不回的精神。我们每年都要接触几位"复考生",有的考过两次,有的考过三次。在每次考试失利之后,他们都吸取了一些经验教训。经过自己多年的努力,最后终于如愿以偿,实现了来北京师范大学读研的愿望。对这些考生的求学精神我很佩服,也非常支持他们的选择。希望你在认真思考、做出决策之后,也能坚持不懈地努力下去。只要这样,相信你一定能够成功。今天就写到这里。

2006 年 4 月 15 日

什么才是你最佳的选择

　　来信收到了,谢谢!在读了你昨天的来信后,我还是不能确定你究竟适合做什么,什么才是你最佳的选择?也许你适合攻读哲学专业的博士,侧重研究自然辩证法;或者攻读政治专业的博士,从"仕途"上发展。你有不错的宏观思维,涉猎的知识领域也比较广泛,对人生有许多自己的看法和领悟,这些都是研究自然辩证法的优越条件;你有过社会工作的锻炼(如团委、学生会、学生社团等),又是"从政"的好条件。你希望转向心理学,看去决心很大,但对心理学似乎还缺乏了解,至少是缺乏较深入的了解。我想,如果你有心转向心理学的研究道路,建议你做好几件事:

　　① 蹋下心来阅读 10 本左右、有代表性的心理学专业书,包括普通心理学、实验心理学、认知心理学、心理语言学、心理学研究方法等,实际感受一下心理学的特点和研究逻辑。最好不要再读精神分析和人本主义的著作。从你的自我介绍中,我觉得你已经受到了精神分析和人本主义的熏陶,但对心理学研究中另一个重要取向——实验心理学的取向似乎了解得很少,或者缺乏基本的了解。

　　② 从 *Nature* 或 *Science* 等刊物上下载 20 篇左右的认知神经科学论文,包括语言脑机制的论文、情感神经科学的论文以及脑发育与可塑性的论文,认真阅读一下,帮助你了解这门学科的发展现状和趋势。

　　③ 在适当时候我会寄给你近年来我们在国际刊物上发表的一些文章,10 篇左右,希望你同样认真阅读,帮助你了解我们正在做什么和打算要做什么。

　　④ 毕业后可以就近去你校心理系选读实验心理学和心理学研究方法两门课程,打好心理学的基础。

　　希望你认真完成你的硕士论文,该做的实验都要认真完成,并且思考你现在的工作与未来想做的工作有什么关系,一步一个脚印,千万不要狗熊掰棒子，掰一个扔一个。在完成以上这几件事之后，我愿意听听你的体会，和你进一步交换意见。

2006 年 4 月 17 日

选择研究方向是科研工作者的"生命线"

你好！很高兴收到你的回信，不仅因为你得到了博士学位，而且因为你有了一个不错的研究方向，为你以后长远的发展奠定了很好的基础。你研究的问题，不仅有很好的学术价值，而且有很重要的实际意义。去年 7 月大家为我祝贺生日时，我曾把自己的研究经历总结为"选择"和"探索"四个字，并且认为选择研究方向是一个科研工作者的"生命线"。选对了，就能为自己的未来发展展现出广阔的空间和长远的时间，路越走越宽，且能坚持 10 年、20 年以致终生。

近 3 年来，我也在思考如何使我们实验室的研究做得更有特色，更有理论和实际意义。今年我们在《中国科学通报》中发表了一篇论文，提出了一个基于情绪调节的词汇阅读模型，模型提出了 4 个理论假设和情绪调节词汇加工的 3 条神经通路。4 个假设是：优势激活区假设、情绪调节假设、加工水平假设和交互作用假设。我们希望通过自己的研究，在行为和神经机制上，探讨认知和情绪的关系，从而深化对词汇加工和阅读的认识，并能对预测阅读障碍提出新的思路。今年我们有 3 篇研究生论文都在研究这个问题，取得了一些有意义的结果。可以说，我们在不同的国度（注：这封信是写给在美国工作的一位"研究生"），不同的实验室，却在同一时间内思考着一个相同的问题：即情绪对人类行为的调节问题。我想，有了这个共同的思考，以后我们的合作就更有基础了。

今年后半年，我们实验室将进口一套西门子公司的 3T 磁共振扫描仪，这是国际上目前最先进的一台扫描仪。这样我们不仅可以进行 ERP 实验，也可以更好地进行 fMRI 实验，还可以考虑把两者结合起来开展研究，这样研究结果既有很高的空间分辨率，也有很高的时间分辨率。

系里的电生理仪还能使用，×××的论文就用它研究了压力对口吃者言语产生的影响。只是设备旧了一点，而且只能记录心电、皮电和心率。如果你的老板同意，欢迎你随时回来进行研究，并介绍你的研究成果。××和你的联系是否中断了？我让她看了你的文章，但近来她好像在读别的文献。一个人搞一个方向，没有师兄、师姐的帮助和研讨，干起来是吃力的。我再问问她的想法，或者物色另一个人来做这件事。

上周单老师去医院检查，发现 CA125（肿瘤的血液指标）又升到 317（正常值＜30）。大夫说，"复发"了。对这个结果，单老师和我都感到意外。我们做了各种努力，没想到这样快就复发了。最近我陪她去医院看了几次，下周一可能要安排住院继续化疗。她的精神状态还好，比去年刚发现得病时的状态要积极了许多。

2006 年 6 月 4 日

在探索和追求中找到真正属于自己的东西

你好！衷心祝贺你喜结良缘，找到了自己理想的生活伴侣！愿你们永远幸福！附件中是你要的推荐信，如还有问题，可随时找我。人的一生需要不断的探索和追求，找到真正属于自己的东西。生活中是这样，工作和事业中也是这样。你毕业了，选择了博士后研究，希望你在未来的几年内能够做出自己有特色的研究成果。有了这个基础，以后你的事业就会更加顺利。

2006 年 9 月 3 日

让研究产生更大的社会影响

你好！来信收到，谢谢你的努力！前天中午所里开会，听丁国盛老师说了，接待活动搞得不错，这对我们未来的工作非常重要。希望基础研究能与应用结合，做出更好、更有价值的成果，产生更大的社会影响，也希望你做好小组的凝聚工作，团结大家，调动大家的积极性，一起做好工作，多动脑筋，多出点子，需要什么支持和帮助，尽管告诉我。在和校外老师的合作中，胆子可以大一点；顾虑太多，局面就打不开。只要我们实实在在地做工作，就不怕别人议论。儿童口吃的研究很有意义。如果能及早诊断哪些儿童的口吃不需矫正也能转向正常，哪些儿童必须矫正，将是一件很有社会价值的事情。国外有这方面的研究吗？可以查一查。单老师在医院又住了 20 天。经过艰难的调理，昨天和前天总算完成了第五次化疗。如果没有意外，明后天有望出院。

2006 年 9 月 10 日

跨学科研究团队的优势

你好！来信中你的名字有两个，希望告诉我哪个是你的真名字？

几次来信都收到了，上周因参加国际会议，会后还要接待外国客人，很忙，没有顾上复信。心理学是一门文理交叉的学科，其中认知心理学和认知神经科学更是一个高度跨学科的研究领域。因此我们一直欢迎有不同学科背景的人加入我们的研究团队。近年来，我们研究组除了少部分来自心理学专业的学生外，大部分学生都来自医学、生物学、数学、物理学、计算机科学、信息科学、教育学和语言学等不同学科。大家聚在一起，取长补短，互相学习，显示了跨学科研究团队的优势。这种优势使我们在过去几年中，在语言的认知神经科学研究方面取得了较好的成绩。

但是，跨学科招生也带来一些问题。从邻近学科转过来的人，存在"转向"和适应新学科特点的问题。有的人转得比较快，不用一年时间就适应了，后面的研究也做得比较主动，比较好；而有的人转得很慢，快毕业了，才真正知道什么是认知神经科学的研究。在这里，对新学科的兴趣是一个重要的决定性的因素。我希望来自其他学科的同学在心理学的基础知识上能够有些准备，这样能缩短"转向"的时间，尽早投入新领域的研究。

对认知神经科学来说，有一些基础知识是很必要的：一是认知心理学的基础知识。建议你系统读读王甦老师和汪安圣老师主编的《认知心理学》（北京大学出版社），或我主编的《认知心理学》（黑龙江教育出版社，1990；台湾东华书局，2000）和高定国等翻译的《认知心理学》（华东师范大学出版社，2004）。二是认知神经科学的基础知识。建议你系统读读罗跃嘉老师主编的《认知神经科学教程》（北京大学出版社，2006），和沈政老师等翻译的《认知神经科学》（上海教育出版社，1998）。三是实验心理学的基础知识，特别要关心心理学的实验设计部分。可阅读郭秀艳老师等翻译的《实验心理学——掌握心理学的研究》（华东师范大学出版社，2001)和杨治良老师编写的《实验心理学》。为了对付研究生的入学考试，取得"入门券"，建议你就近去一所大学的心理系系统听听"普通心理学""实验心理学"和"心理学研究方法"等课程。听课可以帮助你较快地掌握每门学科的重点，这往往是自学难以达到的。认知神经科学是一个新兴学科，我们实验室又是一个国家重点实验室，对研究生的研究水平要求比较高，希望研究生能用英语在国际著名学术刊物上发表自己的研究成果，而外语考试成绩也常常成为录取新生的一个重要条件。因此提高自己的英语水平（阅读和写作水平），争取得到好的外语考分，也就特别重要。

今天就写这些。希望你好好努力，祝你成功！

2006 年 11 月 1 日

电脑实验室

自己管好自己，把握好自己的研究方向

你好！非常感谢你的来信！前一段时间，单老师看上去不错，血象正常、血糖正常、免疫功能的几项指标（CD3、CD4、CD8 和 NK）也都符合要求，我们的确很高兴，期待着能闯过这一关。本周二，当我看到单老师的 CA125 又很快上升时，的确受到一次新的打击。我请教过一些大夫，包括肿瘤医院的大夫，他们都说这种短期复发是病情不好的预兆。但为什么 CA125 会这样大起大落，原因在哪里？似乎谁也说不清楚。几位朋友都劝我一定要给单老师做正电子发射断层扫描（PET）检查，把问题搞清楚，才好考虑下面的对策，但我一直担心检查出什么新的问题会增加单老师的心理负担，反而对治疗不利。经受过两个阶段的化疗后，单老师对化疗的确有些"害怕"了，更不要说再做一次手术。她想看中医，服用中药，进行"保守治疗"，但中药的效果如何，谁也说不清楚。因此目前面临着许多难以决策的问题，这些问题不仅让我很苦恼，也对在国外工作的两个孩子产生了很大影响。他们几乎天天来电话，询问妈妈的情况，但又感到"鞭长莫及"，帮不上忙。这种情况是单老师和我所不愿看到的。两个孩子春节前都要回来看望妈妈，但假期不会太长，单老师希望看到他们，又担心影响他们的工作和进一步的发展。我心中郁闷，但又必须承担这一切，因此有时候会急燥，就像前几次在实验室的大组报告会上所表现的那样。谢谢大家能体谅我，关心我。最近这一段时间我可能又顾不上考虑你们的事了，好在你们都很懂事，又有组内几位年轻老师的帮助，我才安心一点。希望你们自

己管好自己,把握好自己的研究方向,多动脑筋,多想办法,认真学习和掌握好实验技术。你们学好了,研究做好了,就是对我和单老师最大的支持和帮助。再次谢谢你!

2007 年 1 月 20 日

你在不知不觉中已经走出了自己的生活轨迹

你好!两封来信都收到了,其中 4 月 5 日的信迟到了许多天,前两天才收到。坦率地说,你的复试结果让我有点失望。我原来想,经过了这一年的苦读和深思,经过了北京大学和北京师范大学心理系许多老师的帮助和培养,你的面貌一定会大有改变。你会从一个幻想的天堂掉到地上来,变得实在和成熟起来。但是,在面试时我看到的还是你去年的样子,云里雾里地诉说着自己的想法,却不知道你到底要干什么,能干什么。去年我建议你读的文章,送给你的书,你读了多少?理解了多少?对认知神经科学真的有兴趣吗?从你的复试中一点都看不出来。看来,真有点"本性难移"啊。你已经形成了自己的理想和世界观,在不知不觉中走出了自己的生活轨迹。也许我不应该劝你改变什么,你应该按照自己选择的道路走下去。你也许会成为一位"思想家",但可能不是一位很好的基础研究工作者。让你按照后一个方向来塑造自己,有点难为你了。现在笔试成绩还没有出来,但按照你现在的情况,你对认知科学和认知神经科学的一知半解,我担心你的笔试成绩也难以过关,更不要说超过别人了。我从来没有拒绝过你,过去是这样,复试后也还是这样,关键是要看你对认知神经科学有没有兴趣。勉强接收你,对你和对我们大家都不会有什么好处。为了对你负责,我想再问问你,你能证明自己的确对认知神经科学发生了兴趣,并且有能力从事这方面的研究吗?

2007 年 4 月 17 日

选择研究方向要考虑自己的兴趣和知识基础

来信收到,非常高兴看到一个非心理专业的学生如何通过自己的亲身经历逐渐喜欢上心理学,并决心投入心理学的研究。从大的方面讲,心理学可以区分为基础心理学和应用心理学两大部类,实验心理学、认知心理学、生理心理学、神经心理学、发展心理学等属于前者,教育心理学、咨询心理学、管理心理学、医学心理学等属于后者。选择研究方向要考虑自己的兴趣和知识基础。你是从应用的角度了解心理学的。从你的兴趣来看,应该选择应用心理学的研究方向,比方说可以选择咨询心理学。我自己是进行基础研究的,对咨询了解得不多。北京师范大学心理学院的许燕老师、郑日昌老师和王建平老师都是咨询方面很好的老师。建议你通过上网查到他们的网页,了解他们的具体研究方向,并和他们取得联系。

2007 年 6 月 15 日

在选择和探索中,培养和发展自己的兴趣

你好!来信收到了,你给我提出了一个很大的问题,如何培养对心理学的学习兴趣?拿我自己的经历来说,兴趣是可以培养的。我中学时特别喜欢化学,特别是与"爆炸"相关的化学。那是在 20 世纪 50 年代。由于国家开始第一个五年计划建设,学校号召成绩优秀的学生学习师范专业,我因此来到了北京师范大学教育系。也许由于对"理科"的偏好,在教育学和心理学这两门主要学科中,我比较喜欢心理学。刚到大学时,我的专业思想不稳定,曾经想过转系。以后随着学习的深入,特别是受到巴甫洛夫高级神经活动学说的影响,对身心关系、心脑关系等问题逐渐产生了兴趣。以后遇到了"文革",浪费了 10 多年的光阴。1979 年,我被派到美国学习了两年,从 1981 年后才开始正式的心理学教学和研究工作。《普通心理学》教材就是在 80 年代花了 7 到 8 年的时间写成的。90 年代末,在面临退休的时候,我开始了认知神经科学的研究。我常常羡慕现在的一些年轻人,他们生活在一个很好的时代,不会因为政治动荡而浪费光阴了。他们可以有更多的选择,来实现自己的愿望。但是值得我自豪的是,我一直在不断地选择和探索,并在这个过程中培养自己的兴趣,发展自己的兴趣。心理学是一门交叉学科,既有自然科学的特点,也有社会科学的特点。有些人喜欢心理学是因为它能揭示脑的高级功能的奥秘,即脑与意识的关系;有些人喜欢心理学是因为心理学能解释日常生活中许多令人困惑的心理现象,能够运用这种知识为改善人的生活服务。心理学的领域很宽广,一个心理学家的一生只能对其中很小的一些领域进行探索,因此兴趣也就千差万别了。我不知道你是怎样决定要学师范的,也不知道你学过哪些心理学课程,有没有做过心理学实验。心理学是一门实验科学,只有自己做实验,在实验中了解了如何探索人的心智的奥秘,才能真正懂得这门学科的意义,也才会对它发生兴趣。你还是一年级的学生,刚刚踏进心理学的大

门，觉得心理学乏味，是不奇怪的。希望记住我在开始时说过的那句话：兴趣是可以培养的。只有深入进去，才能找到其中的乐趣。今天正好有时间，因此详细说了说我的意见。以后就叫我彭老师，这种称呼最亲切，不要叫"彭老"或"彭先生"的。

2007 年 11 月 16 日

一个人不可能对所有领域都有兴趣，因此要进行选择

你好！11 月 16 日给你的复信，不知收到没有？要培养兴趣，就要系统学习一点东西，包括自学和听课向老师学习。心理学的领域非常广阔，不同领域的特点是不同的。一个人不可能对所有领域都有兴趣，因此要进行选择。这件事只能由你自己去做，别人不能代劳。建议你读几部心理学的经典著作，几部当代心理学著作，几部科普著作，从中发现自己的兴趣倾向，然后以此为起点，再深入学习一点东西。时间长了，就可能把对心理学的兴趣培养起来。意见供参考。

2007 年 12 月 8 日

处理好"杂"和"专"的关系

你好！6 月 29 日和 7 月 10 日的两封来信都收到了，近来因为要准备自然科学基金重点课题的答辩，非常忙，没有及时答复，望见谅！非常高兴你加入我们的研究团队，成为我们这个集体中的一员。我们这个团队是一个团结友爱、朝气勃勃，有理想、有抱负的集体，我倡导的学风是：勤奋、严谨、团结、创新。从你的来信和计划中我了解到，你有自己的生活目标，对未来的学习充满着期望和憧憬，这一点非常重要。问题是如何去实现自己的目标。有几点意见供你参考：

要按照实验室的研究方向和你自己的兴趣，选择好个人的研究方向，尽早介入实验，并开始自己的研究工作。

要多读文献，特别是一流刊物上的研究文献。"熟读唐诗三百首，不会作诗也会吟"。你要想在 *Nature*、*Science* 等顶尖级刊物上留下自己的姓名，就一定要多读发表在这些刊物上的文章。

要打好基础，特别是要学会怎样设计实验，怎样处理数据，怎样写作论文。

要多向周围的所有人学习，实心实意地学；我们的每项科研成果和每篇论文都是集体智慧的结晶。个人只有融入集体中才能变得更加聪明。

要刻苦，顽强，能忍受基础研究中可能的"枯燥"和"乏味"，要能承受因实验失败而带来的挫折和痛苦。

复试时，我说你是"杂家"。"杂"有"杂"的好处，也有"杂"的问题。"杂"了，思路容易宽广，容易在学科交叉的地方发现新的问题，因而有利于创新；但也可能什么都想干，什么都干不好，最后一事无成。因此处理好"杂"与"专"的关系，也是你应该特别注意的一个问题。

2008 年 7 月 11 日

时（时代）、运（机遇）、勤（勤奋）、帮（帮助）

收到你的来信，很高兴。到一个新单位，首先要立住脚，在高校无非是做好两件事，一是教学；二是科研。两件事做好了，别的事都好说。还记得我在70岁生日庆祝会上讲的一点人生体会吗？一个人的成长要靠四个条件：时（时代）、运（机遇）、勤（勤奋）、帮（帮助）。你们生活的时代比我们这一代好，有许多发展机遇，只要注意自身的勤奋，并争取到亲人、朋友、同学、同事和领导的帮助，就一定会发展得很好。祝贺你了！

2009 年 4 月 30 日

要选择更能发挥自己特长的工作

你好！论文收到了。最近要看的文章比较多，为了节省一点时间，尽快给你答复，我主要看了问题的提出和实验部分。总的印象还不错，虽不是都很理想，但毕竟有一些不错的结果，这就够了。一个心理学实验要想得到非常理想的结果是不容易的。论文中还有一些问题，见正文批注，供参考。明天的面试希望能从容面对，祝你成功！西门子公司那边我早就联系过了，但他们也只要有过工作经验的人，不要应届毕业生。因此，你要先解决一个"入门"问题，积累工作经验，好就继续干下去；不好，以后再换单位。树挪死，人挪活，成功的人不是不换工作,而是要选择更能发挥自己特长的工作。硕士研究生阶段的学习主要还是能力的训练和培养,希望这几年的努力对你以后的发展有意义。

2009 年 5 月 10 日

近红外实验室

人活着要有目标,要知道怎样朝着自己的目标前进

你好!从广州回京后,收到了你 5 月 25 日的来信,非常抱歉,拖了这么长的时间才给你回信,一定让你很失望。你刚读心理专业的一年级,就想到和提出了一个重要的问题,可见你是一个动脑筋的学生,不愿意稀里糊涂地过日子,这是非常好的。人活着要有目标,而且要知道怎样朝着自己的目标前进。心理学的研究一般都分成基础研究和应用研究两个方面。基础研究是指那些关系到学科自身发展的研究,而应用研究是指那些能解决社会发展、和人的生存息息相关问题的研究。你的问题是,哪个方面更重要?

其实,一个发展成熟的学科都会有基础研究和应用研究两个大的方面。以生物科学或生命科学为例,它不仅在不同层次上探讨了生命现象的本质、生物的起源进化、遗传变异、生长发育等生命活动的规律,而且还在生物工程、生物信息技术、生物医学、生物食品等方面开展了应用性基础研究和应用研究。生命科学提供了大量就业的机会,如生命科学的研究人员、生物工程技术人员、医生、生物食品开发、质量检测和控制人员等。可见一门成熟的学科就一定有基础研究,也一定有应用研究。医生是一种职业,是广大老百姓离不开的一种职业，这种职业的背后正是有医学甚至整个生命科学的支持。全世界许多国家每年都投入大量经费开展生命科学的研究，其原因就在于社会发展和人类生存都需要这个学科。其他如物理学、化学、天文学、地质学也都是如此。

相对于其他学科来说，心理学是晚近发展起来的一门学科。在19世纪末心理学独立成为一门学科之前，心理学的研究都带有思辨的特点，当时有人称心理学是"安乐椅上的学科"，不关心或很少关心研究的应用价值。一百多年过去了，情况发生了很大的变化。2007年美国心理学会前主席施特恩贝格（Sternberg）教授主编出版了一本书，书名是《心理学的职业生涯》（郭秀艳等译；华东师范大学出版社2008年出版），在这本书中，作者明确提出，心理学为人们"提供了更丰富的就业机会"，"鲜有提供如此大量且种类繁多的就业机会"。这种表述反映了一百多年来心理学的巨大变化。现在心理学不仅是一门学科，而且也成了一种职业。它和别的学科一样，不仅在基础研究上取得显著进步，同时也在应用研究上有了巨大发展。改革开放以来，我国的心理学迎来了发展的最好时机，在基础和应用两个方面都有很大进步，但由于原来的基础比较薄弱，两个方面的进步都还不能让人满意。心理学要发展，应用研究绝不可少，而且要大力提倡，因为没有心理学的应用研究，老百姓看不到心理学的应用价值，心理学在社会上就没有扎根，政府也就不愿意投资心理学的研究，心理学的发展就会受到极大的限制。

那么，心理学的应用研究是否就比基础研究更加重要呢？我认为，不要简单地看待两者的关系。

第一，应用研究需要坚实的基础研究，没有"坚实基础"的应用研究是"浅薄"的、没有生命力的。上次我在报告中提到了我们近年来的口吃研究，希望从脑和神经机制上找到口吃的真正原因，从而为口吃矫正提供科学依据。现在国内的口吃矫正方案很多，但这些方案都基于口吃矫正师的个人经验，没有或缺少基础研究的坚实依据。公说公有理，婆说婆有理，彼此争论不休，这种现状是和基础研究薄弱有直接的关系。在语言障碍和矫正的其他领域（如阅读障碍和失语症等）也存在同样的问题。多年来，我和我的同事们致力于心理学的基础研究，原因就在这里。我们进行了基础研究，但并不希望永远停留在基础研究上，我们希望看到基础研究的成果走向应用，在社会生活中产生作用，对国家发展和人民生活做出重要贡献。

第二，从我国实行改革开放政策以来，市场经济也影响到了人才的流向。基础研究的人才资源不是扩大，而是缩小了。许多年轻人都选择了应用方向作为他们的职业方向。十多年前，教育部提出了建立"理科人才培养基地"的计划，目的就是要在市场经济的冲击下，保住一批基础研究的人才，让基础研究得到健康顺利的发展。十多年过去了，我仍然觉得，心理学的基础研究缺乏一流人才来充实，是心理学未能得到更好发展的一个原因。

第三，从国家发展的长远目标看，一个国家的真正竞争力主要要由基础研究的水平和质量来决定。基础研究的每一个重大突破都可能带来巨大的经济和社会效益。这也是国家重视基础研究的一个重要原因。

第四，基础研究需要国家更多的投入，而不一定马上能看到社会和经济效益，在这个意义上，国家只能让少数人从事基础研究，而大量的人才应该走向直接为社会服务的应用研究。

第五，基础研究更加重视成果的创新，它要求研究者具有某些特殊的能力和人格品质，比方说，要具有更多的探索精神，要有比较广阔的学术视野，要能够忍受"长年坐冷板凳"的寂寞，要有更大承受失败的能力等，因此基础研究也只有少数人才适合去做。

第六，做研究要有明确的目的，要做一点"顶天立地"的事情。顶天就是在基础研究中追求学术上的创新，推动学科的发展；立地就是在应用研究中做一点有益于社会、有益于老百姓的事情。在这个过程中同时要努力提高自己的能力，塑造自己的人格，为一生的发展打好基础。有人说，做论文就是读研的最终目的，我不赞成这种看法。如果离开了上述两个目标，为论文而论文，读研就没有意义了。

以上只是我个人的一些看法，不一定正确，供参考。

2010 年 6 月 27 日

要找到最适合自己发展的道路

你好！来信收到，谢谢你还惦记着我。读信后七分喜，三分忧。喜的是经过几年实际工作的磨炼，你可能成熟了许多；困难没有压倒你，你还是那样"敢为天下先"。忧的是你似乎还在选择和探索，没有找到自己最好的发展道路，去施展你的聪明才智。

一个人要想有意义地度过自己的一生，对社会做出重大或比较重大的贡献，除了有一个崇高的生活目标外，还需要不断进行选择和探索，找到最适合自己的发展道路。几年前，你想来北京师范大学攻读认知神经科学的博士学位，决心很大，付出了巨大的努力，但你在这门学科的基础知识方面还存在欠缺，最后只好放弃了这个选择。两年多以前，你决心从教育入手，去实现自己改造社会、造福人类的目标。2008 年 7 月，我给你写信，一方面表示祝贺，另一方面也提出了我的希望和建议。中国的教育是一个见不到底的深渊，它让人神往、陶醉，也让人恐惧。它成就了不少人成功的美梦，但也让许多人碰得头破血流，最后知难而退。来信中你谈到去"三一"的面试，这是否意味着一次新的选择，而放弃原来的决定？选择和放弃是一对孪生兄弟，有选择就一定会有放弃。因此放弃并不可怕，但放弃一定要有充分的理由，要从旧的经历中认真吸取经验和教训，这样才能让自己的选择越来越合理，越来越接近自己的目标。在这里我还要重新提出我的那个老问题，什么才是最适合你的发展道路？人的成长就像树的生长一样，根深才能叶茂。什么是你的"根"？根就是你的特长和特点，只有让选择适合自己的特长和特点，才算找到了自己发展的最佳道路。"三一"是一家什么公司？是三一重工吗？它需要什么样的人才，你清楚吗？做推销？还是人事管理？根据多年来我对你的了解，你适合做一点宏观管理工作，而不适合做那种具体细致的工作。就像我过去说的，你适合从政或当"哲学家"，而不适合做微观的实证研究。

来信中还谈到你对自己学历的介绍。我的意见是，要实事求是。是什么学历就是什么学历，不要粉饰自己。前些时候媒体上报道了"唐骏的学历门事件"，引起了人们对诚信、能力和学历的关注。学历是重要的，特别在起步时显得重要，以后，不是学历而是能力决定着一个人的成就水平。但是不管在哪个阶段，诚信是评价一个人最重要的条件。一开始，唐骏也许只是想借助"高学历"给自己创造一个高起点，并没有成心欺骗大家，以后一旦成名，想拉下来也下不来了，以至现在遭到大家的骂声。与其以后麻烦，不如现在在起点处就处理好这件事。唐骏的教训是应该吸取的。

以上意见不一定正确，仅供参考。

2010 年 8 月 30 日

年轻人刚迈向社会，最好有人"带一带"

你好！刚刚把信发走，又想起一点意见，补充如下。看来三一重工副老总对你的印象不错，有可能去那边工作吗？如果有可能，我建议你争取一下，理由是：

①年轻人刚迈向社会，最好有人"带一带"。如果副老总能够带你走一程，对你未来的发展可能有好处，这比你自己一人瞎闯要好得多，也容易得多。

②管理需要跨学科的综合知识，这比较适合你现有的知识结构。你当"专家"不合适，但做管理是合适的。

③两年多来你在教育领域的"管理"经验，能帮助你走好开始的一步。

④企业管理是一种重要的管理实践，做好了对你以后做任何其他方面的管

理(如果需要的话),都是一个重要的实践基础。

2010 年 8 月 31 日

这个事业值得一个人坚持做一辈子

你好！来信收到了,今天是周末,没有地方可去,有时间和你交换意见。

我原来不服老,总觉得还有许多未尽的心愿,希望能多做一点事情。但是近年来的一些经历,使我不得不服了。我过去想和你合作做些事情,但没有机会,现在年纪大了,学生也只剩下最后两个了,因此我把合作的愿望寄托在你对师弟、师妹们的指导、提携和帮助上。无论从事业的成就和辈分讲,你都是他们等当之无愧的师兄,他们在许多方面都需要你的支持和帮助。说实在话,你帮助了他们就等于帮助我;你支持了他们就等于支持我。30 年前,当我应邀去 ST. Louis 华盛顿大学访问,并与 J. A. Stern 教授[①]合作研究中美双语者阅读课文的眼动测量,就开始了我在语言认知方面的研究。由于起步太晚,许多条件受到限制,我的成就一般,但我坚信,这个事业是值得一个人坚持做一辈子的。这就是我为什么从未更改自己研究方向的原因。

实验室验收结束后,学校还没有和我谈退休问题。因此我还必须按照北京师范大学的要求履行自己的职责,遵守学校的规定。在出访和探亲的时间选择上,我一直下不了决心,这也是一个重要原因。

你很忙,读信要占用你很多时间,抱歉了！

2011 年 4 月 16 日

不要轻信别人的忽悠,包括一些"朋友"的忽悠

你好！××说,你人很老实,过去的学历和经历也不错,有自己的特长,

---

① 美国著名心理学家,生理心理学的奠基人,曾任圣·路易斯市的华盛顿大学心理系系主任。1981 年 2~3 月,我应邀访问了该校,与他合作研究了汉英双语者阅读汉语和英语不同文本时的眼动模式。这次访问开始了我在语言认知方向的研究。1989 年 9~10 间,他应邀来北京师范大学访问,曾在心理系讲学并和系里的师生共同游览了北京香山公园。2010 年去世,享年 85 岁。

因此愿意帮助你。但觉得你过于老实，有点把握不好自己人生的航向，你早该放弃"做锁头"的工作，找到一份稳定的职业，把生活也安排好。人的一生要有自己的目标，自己的追求，不要轻信别人的忽悠，包括一些"朋友"的忽悠，这样生活才过得有意义，有价值。在我的青少年时代，对我影响很大的一句话，是小说《钢铁是怎样炼成的》中的主人公保尔·柯察金说过的那句话："不因虚度年华而悔恨，不因碌碌无为而羞耻"。你刚刚40岁，未来的日子还很长，不要灰心，不要失望，把握好这次机遇，如果能找到一份新的职业，希望你以它为起点，重新安排好你今后的人生。祝你好运！过几天你主动给他写信或电话问问，交个朋友。他人也很老实，且乐于帮助别人。

2012年1月14日

科研中的种种选择

你好！来信收到了，我还记得2011年4月的那次会议，但你的模样有点模糊了。现在才知道，你作为"院外"研究生已经在我们实验室学习和工作了一年多。你有很高的成就动机，又有不错的知识背景和工作历练，相信一定能够成功。

关于你的毕业论文，我觉得还面临着一系列"选择"问题。这些问题想清楚了，才能下决心开始自己的实验。

①科学问题的选择。你希望做"政治演讲语篇中人际功能的脑成像分析"，这个题目看去很新颖，很有特色，但你想解决的科学问题是什么？语言的神经机制研究和语言的认知研究一样，都可以分成语言产生和语言理解的研究。每个方面都积累了大量的研究文献，形成了一些共识，也存在大量没有解决的问题。你希望对"政治演讲语篇"进行脑成像的分析，打算怎样切入？是研究"政治演讲语篇"的产生，还是研究对这种"语篇"的理解？你有没有看过语言产生和理解方面的文献？哪些问题值得你进一步研究？选择"政治演讲语篇"的好处和特色是什么？你有什么假设？期待得到什么样的结果？这些问题都是你首先应该想清楚的问题。

②被试的选择。"政治演讲语篇"通常都是国家领导人的即席讲话，如果你想研究语言产生的问题，你必须采集国家领导人的脑成像数据。这一点我想你很难做到。如果你研究语言理解，只是拿"政治演讲语篇"为实验材料（语料），而用大学生为被试，那么解决被试的问题就现实得多，容易得多。

③材料的选择。"政治演讲语篇"是语篇的一个大的类别，不同场合说不同

的话，不同场合发表的"政治演讲语篇"，其特点也不一样。你设想一下，竞选时的演讲和视察地震灾情时的演讲会一样吗？因此，什么样的演讲才是典型的政治演讲？在语言学中，有过这样的研究吗？

④你的博士论文和你未来工作的关系。你的生活目标是当外交官或国家领导人的智囊团，而不是从事语言神经机制的基础研究。在这种目标定向下，你研究"政治演讲语篇中人际功能的脑成像分析"，目的为了什么？脑成像的分析研究是很基础的一种研究，它离应用领域还有很大的距离。你的时间很紧，有许多事情要做，能沉下心来学习那些脑成像的技术和方法吗？也许你把研究锁定在行为水平上，研究一下"政治演讲语篇"的理解，完成一系列行为实验，可能更加实际一些，入手也容易一些。

⑤你提出了许多具体问题，都和实验的设计有关。但是我觉得，只有上面这些问题想清楚了，才能进入到实验设计。否则可能徒劳无功啊？郭老师那里保存着许多有关语言产生和理解的文献。你把大方向确定了，我想她是愿意提供文献的。

2012 年 7 月 16 日

尽到个人对社会的责任是我们这一代人的信仰

你好！我有点好奇，你为什么叫"多多"？你还有哥哥或姐姐吗？能认识到自己的问题是"少了一样东西：信仰"，光就这一点来说，说明你已经在思考人生的重要问题了，比现在还在"浑浑噩噩""过一天算一天"的人，要懂事得多，也更有希望得多。缺少信仰，缺少目标，不知道自己活着为了什么，自己这一辈子要干什么，是现在不少人，包括有些年轻人的通病，也是我们年纪大了的人最担心的一件事情。新中国成立前我就上小学和初中了，那时候学校的老师就教育我们要"努力创造你自己"，要"奋发精神，担当宇宙"，学会"经天纬地才能"。新中国成立后，接受了理想教育，更知道自己一生想干什么，应该干什么。我们有过失败，有过教训，也有过后悔，但没有失落。我们在不断进行选择，也在不断探索自己人生的道路。两年前，我退休了，离开了教学和科研的第一线，特别是没有科研和发表论文的压力了，也没有人请我去讲学或做学术报告了，开始时觉得孤独和烦闷，但很快我找到了继续为社会、为学科发展做贡献的机会。我写了180多篇博客，写了自己的"口述历史"，整理了自己多年来给学生的信件，而且完成了《普通心理学》教材第四版的修订工作。我们从小就希望自己"不要虚度年华""不要碌碌无为"，老了还是放不下自己的事业。

如果说信仰，也许尽到个人对社会的责任就是我们这一代人的信仰了。人的能力有大有小，人的职业差别很大，但建立自己的事业观，并且奋发努力去实现自己所期待的事业，从而在某个领域开创一番自己的事业，做出自己独特的贡献，这可能就是所有成功人生的共同特点。我退休了，现在住在新加坡儿子家，闲暇时间比较多，不像你的许多老师，他们现在还年轻，还在为事业，为生活拼搏，顾不上你那么多。凡事都要靠自己，自己想清楚了，未来要走的道路也就清楚了。期望听到你的想法和决定。

2014 年 1 月 19 日

北京师范大学心理学院

第二编 治学精神与态度

勤奋加智慧，就能实现自己的人生价值

告诉你几个重要的消息：第一，前两天，我校一位副校长找我谈申报国家重点实验室的问题。今年由科学院和教育部推荐5个实验室向科技部申报国家重点实验室。我校"认知神经科学与学习"教育部重点实验室是教育部推荐的5个实验室之一，位置居中，因此很有希望。第二，昨天教育部派专家组检查我们的网上合作研究中心，反映很好。专家组希望我们一定要按国家重点实验室的标准来建设网上合作研究中心，扩大中心的成员和学科门类，其中特别提到了香港大学。第三，昨天也提到新的973课题（注：国家重大基础研究项目）的申报问题。教育部仍将推荐董奇老师[1]作为首席专家申请新的973课题。第四，昨天还提到谭力海也要申请973课题，是教育部科技司基础研究处的两位处长说的。相对于我们这一代来说，你们的运气真好，勤奋加智慧，就能实现自己的人生价值。

前些时候，网上合作研究中心资助了十几个合作课题，每个课题1.5万元。我给你报了一个。按要求，必须有一个以上的合作单位。其实做什么都没有关系，只要能"体现"合作就行。

你要想想明年职称的事。一是论文篇数，一是教学工作量。要"提前"准备，否则临时就来不及了。明年要申请的人比较多，不可大意。

张素兰[2]（左一）

---

[1] 董奇，北京师范大学校长，认知神经科学与学习国家重点实验室教授、学术委员会主任，博士生导师。

[2] 我的第一位硕士研究生。1984年入学，1989年出国学习，师从美国匹兹堡大学学习研究与发展中心（LRDC）主任Chuck Perfetti教授。1994年获匹兹堡大学博士学位。随后在美国多家公司担任高级研究员和部门经理。

昨天开会见到浙江大学心理系老师的一篇论文，是用功能磁共振成像(fMRI)研究汉英词汇翻译的，其实验结果和你的结果非常相似。我想你在数据处理上应该加一点新的方法，而且要争取早一点发出去。研究工作只有第一，没有第二，发表晚了就可能被压在手里了。

××出访匹兹堡大学的事，Chuck[①] 一直没有回信，我不好再催他，只好等等。我决定先将他留下来，干半年再说。他联系了某校管理学院。真要去了，只能教教书，而且是教管理学一类的书，学非所用，对他本人、对我们多年的培养工作都是浪费。

2002 年 7 月 12 日

困境包含着新的机遇和发展可能性

你好！昨天晚上我和单老师都去机场送儿子了。我在楼下叫了一辆出租车，一直开到机场，然后立即乘原车返回学校，所以单老师没有觉得累。刚才儿子来电话，他已经安全回到新加坡，我想大家就都放心了。我没有把新加坡国立大学心理系×老师今年没有研究生招生名额的意见告诉他，是想让他再去试试。一位老师那里不行，看看别的老师那里行不行。不管结果如何，你都不要失去信心。人的运气有时很奇怪，也许困境中就包含着新的机遇和发展的可能性。在"山重水复疑无路"的时候，还可能出现"柳暗花明又一村"的美景，你说对吗？

2002 年 9 月 23 日

话说过了头，反而让人不信

你好！如果你能等到我从香港回来后再签字，我会乐意给你推荐的。的确像你所说的那样，你对自己的评价有些过高(或者说用词不当)，这会让推荐你的老师犯难。每位老师都培养了很多学生，其中不乏优秀人才。但不可能人人

---

① Chuck A. Perfetti，美国著名心理语言学家，匹兹堡大学教授，曾任匹兹堡大学学习和发展研究中心(LRDC)主任，心理系主任。从 1993 年到 2003 年的 10 年间，我们课题组应邀出访和合作培养的研究生有张素兰博士、谭力海博士、刘颖博士、杨珲博士、陈宝国博士和丁国盛博士等 6 到 7 人。

都优秀,对自己的评价要实事求是,话说过了头,反而让人不相信。我想替你修改,但确实没有时间。我同意你的意见,你多修改几遍,或者找别人写的推荐信参考一下,要写得朴素些,亲切些,具体些,才有说服力。然后发给我,如果时间不那么紧张,我会具体给你提意见的。我在原信上改了几处,供参考。

2002 年 10 月 25 日

努力争取成功,是一种做人处世的态度

　　谢谢你在"百忙中"给我写这样长的信。听到你能安下心来准备功课,很高兴。但如果渐渐"长胖",似乎意味着你的生活方式出了点问题,至少说明近来没有重视身体锻炼。建议你适当调整一下生活方式,学习越紧张,越要抽时间参加体育锻炼。
　　前天我和这里的几位老师攀登了香港大学的后山,一鼓作气,登上了山顶。我常常用这种方式来检验自己的体能和毅力。每登上一次山顶,就增加了一份克服困难,夺取研究工作新成绩的信心。
　　做什么事情都要有"两手准备",读研也是这样,要努力争取成功。这是一种做人处世的态度。有了这种准备,你就会觉得前途永远是美好的。考研的准备重在基础和自己的发挥,不必把精力过多放在新文献的阅读上,这和做研究不一样。你的当务之急是做好准备,迎接考研,其他事情要让让路。
　　寄给当代语言学的论文,应该和编辑部联系一下,如果还没有送出去评审,最好把修改稿寄给他们,把原稿撤回来;如果已经送出去外审,就只好算了。以后要注意努力提高自己的文字表达水平。

2002 年 11 月 15 日

应该做一点"标志性"研究

　　你好,1 月 14 日的来信早就收到了。学期末的事情特别多,前两天又赶上一篇在国外已接收的论文必须在 48 小时内将修改稿寄回去,几个人着实忙碌了两天。总算有一篇磁共振成像(fMRI)的文章有望在国外发表了,虽忙,但很高兴。

谭力海①（左一）

你寄来的数据处理方案，早已交给几位相关的研究生。大约 10 天前我见到了其中一位，问起这件事，她说已经基本处理完，还有一点收尾的事情要做。

你想做一点双语通达机制的研究，这很好。有了几年来的经验和教训，加上现在实验室的设备和技术条件，再做时也许会好得多。迫于国内的"职称"形势，"应急篇"有时不得不做一点，但在解决"职称"后，就应该做一点有长远价值的、"标志性"的研究。欢迎你和你的师弟、师妹们联手做一点有价值的研究。

你爱人的手术做得很好，这就放心了。手术后需要认真调理，这只有依靠你的努力。望转达我的问候。

2003 年 1 月 19 日

研究要靠研究者的兴趣来支持

你好！我校和你们学校一样，也是 2 月 17 日开学的，到今天已经两个星期了。你原来研究过什么？对以后的研究有什么打算？你提出的计划我看了，很好。在今年 9 月正式入学前，建议你做好三方面的准备：一是充实基础知

---

① 原香港大学认知神经科学实验室教授，2011—2016 年国家 973 课题"中国语文脑机制研究"首席专家，在 Nature 和美国科学院院刊（PNAS）上发表多篇原创性论文。现在是深圳大学教授，千人计划入选者。

识，特别是神经系统和脑的解剖学知识，这对你以后进行事件相关电位（ERP）或功能磁共振成像（fMRI）研究有很大帮助；二是做好一些基本研究技能的准备，如计算机的编程能力、基本的数据处理能力、英语写作能力等；三是思考一下你感兴趣的研究方向。语言的认知研究是一个多层次的研究，可以在行为水平上进行，也可以在神经机制上进行，还可以进行计算机模拟。在每个层次上，又可以分成许多不同的领域，如在行为水平上，可以研究字词识别、句子理解、视觉语言和听觉语言的比较，第一语言和第二语言习得和学习等。近年来，发育神经科学备受研究者的关注，其中特别是脑的可塑性更为人们所重视。研究生学习和本科生学习有很大的不同，最重要的区别就是，研究生要进行研究，要创新。我们实验室承担着国家课题的研究任务，这方面的要求更高一些。但研究要靠研究者的兴趣来支持，因此一定要找到自己感兴趣的课题来做，这样才能真正深入下去。希望你早一点找到自己感兴趣的课题，入学后能早一点投入研究工作。还有什么问题，望随时来信。

2003 年 3 月 2 日

在理论假设和研究范式（方法）上有所创新

你好！你前次寄来的会议发言稿和昨天寄来的信都收到了，来美后一直忙着看几位研究生的毕业论文和几篇待评审的论文，没有顾上给你复信。

你看了不少有关 Stroop 效应[①]的研究文献，包括部分有关儿童、青少年发展的文献，这很好。从你提供的文献看，尽管 Stroop 效应是认知心理学的一个较"古老"的研究问题，但由于它的重要性和可重复性，因此直到最近还有人在研究它。在某种意义上它是一个热门课题。这种情况对继续研究来说既好，也不好。好处是可参考的文献多，已有的研究成果多，解释和理论模型也可能多。不好的是，要在前人的研究基础上前进，突破已有的研究，进行创新就比较困难了。

研究中最忌讳的是简单重复。一个领域已经有 100 篇文献，有 10 种理论，

[①] 1935 年心理学家 Stroop 在研究注意时发现的一种效应。给被试呈现用不同颜色书写的颜色词，有些词书写的颜色与色词的意义一致，如用红色写"red"，用蓝色写"blue"；有些词书写的颜色与色词的意义不一致，如用红色写"blue"，用蓝色写"yellow"，要求被试说出这些词的书写颜色——颜色命名。结果发现，当书写颜色与色词的意义一致时，颜色命名的速度较快；不一致时，颜色命名的速度较慢。从注意的角度说，说明词义干扰了颜色命名；从语言的角度说，说明词的语义是可以自动激活的。

如果我们的研究只是再增加一篇文献，支持一下其中的某个理论，这种研究的意义是不大的。要从这种"简单重复"中跳出来。关键是要系统总结前人的研究，批判性的提出有特色的问题，在理论假设和研究范式（方法）上有所创新，才能做出有价值的研究。你在综述中提出了一些问题，但都显得比较一般化，无论在行为水平还是脑机制方面，都有这种感觉。例如，你提出要研究发展的神经机制，这当然是一个重要的问题。但具体问题是什么？哪些问题解决了，哪些问题还没有解决？你希望研究相关脑区的功能关系，这当然也是一个重要问题。但怎样才能探测到不同脑区的功能关系？目前存在的问题又是什么？你还提出要研究不同干扰任务是否引起不同脑区的活动？问题是，现有的研究显示了这种区别的可能性吗？如果想要研究儿童 Stroop 效应的发展？上述这些问题又应该如何科学地表述呢？另外，近年来国内也有过一些相关的研究，他们的经验和问题在哪里？你的研究如何在他们研究的基础上继续前进？我不能说你的选题不好，但上述问题必须解决，你的研究才真正有价值、有意义。在研究过程中，问题可以不断深化和调整，但不能没有一个明确的假设。否则，实验做完了，问题还不清楚，就被动了。希望你继续在科学问题的提炼上下些功夫，在设计的精巧程度上也下一些功夫。要自己多动脑筋，多和别人交换意见，多想一些点子，多否定自己几次。这样才可能产生比较好的想法。继续努力，祝你成功！

2004 年 5 月 1 日

重视科学问题的合理性和前沿性

你好！花了整整一天时间看完了你的毕业论文。从写作态度看，你是认真的；从结构看，论文已经比较严谨了；从文字看，论文也比较流畅。论文得到了一些有价值的结果，根据结果在理论上进行了必要的总结和思考，这些都是论文的优点，凝聚了你的智慧和心血。现在的问题是，你要认真思考论文在科学问题上究竟有哪些创新，你在论文中提出的科学问题是否真正具有重要的学术价值。这是决定论文是否得到充分肯定的一个关键因素。在过去一年的实验工作和论文的前几稿中，你比较重视实验技术和手段，而不够重视科学问题的合理性和前沿性，这一点在论文写作中时时都表现了出来。另外，由于某些设计上的原因，实验没有得到预期的结果，也影响到科学上的新发现。出现这些问题就只能实事求是地对待。

在今年的几位博士生中，我一直对你抱着很高的希望。你熟悉文献，也熟悉实验技术，因此相信你能交一份很好的答卷，而对你在研究中遇到的问题和可能出现的困难，估计不足，也帮助不够。产生上述问题我也是有责任的。你现在留校工作了，从某个意义上说，我应该支持你通过论文答辩；但是如果论文得不到优秀的评价，是否更不好？从论文的现状看，通过应该没有问题，但能否得到优秀的评价，就不好说了。这个问题我希望你自己考虑一下，看怎样处理更好些。即使延期答辩，也是正常情况，没有什么不好意思的。我对论文的一些意见，见文内的批注。有不合适的地方，你可以改回去。

2004 年 5 月 4 日

路要自己走，谁也代替不了

你好！好不容易读完了你写的前言和文献综述。前言关于自闭症的简要介绍写得不错，是近年来你写的东西中我觉得最通顺的一次。我一边读一边暗自高兴，庆幸你在论文写作中有了如此大的进步。但在读随后的文献综述时，情况就不乐观，心情也改变了。文章中的问题很多。有论文结构问题，也有文字表达问题。论文结构反映了思维的逻辑，从这方面看，你对论文的宏观布局考虑得不够。如在介绍中央统合功能①之前，就想说明研究它的意义，这是说不清楚的。文章中不少内容重复，使论文显得松散，而有时在需要详细解释的地方又一带而过，使人看不明白，觉得没有深度。当文章从一段转向另一段时，缺少必要的衔接和过渡。从文字表达看，有些问题可能是从英文翻译到中文时产生的。有些地方你没有完全明白原文的意思；有些地方你可能明白了，但不能用别人明白、通顺的汉语表达出来。还有一个可能的原因，你对心理学的基础知识还不够了解，因此在翻译时找不到适当的术语来用。由于时间仓促，我只好给你一句一句地修改，就像中小学老师给学生批改作文一样。这个弱点你可能已经意识到了，用不着我强调。对此你做过努力，但应该说成效还不像期待的那样明显。你的文字能力和驾驭资料的能力，不仅比不上系里的一些年轻老师，也比不上实验室的一些学生，这一点我真为你担心。我不想再给你增加压力，但我不能不把事实和我的真实感受告诉你，用这种文字水平写成的博士论文，我担心通不过，更不用说得到很高的评价了。一个人一生也许只有一次完成博士论文的机会，都希望做得

---

① 中央统合功能是指认知系统中一种统合多方面刺激、对广泛背景或情境进行概括的倾向，具有内隐和自动化加工的特点。一些研究发现，自闭症儿童的中央统合功能会减弱或缺失，其表现为在信息加工过程中注意细节，而忽略事物的整体意义和情景。

好一些，成功一些，给自己留下一份美好的回忆。我愿意帮助你尽可能好地完成这篇论文，但时间毕竟有限了。而且今后的路要靠你自己走，谁也代替不了。在高校工作，表达能力，特别是文字表达能力是非常重要的。你工作很努力，也吃得了苦，这是你的优点。正是基于这一点，我过去和现在对你的发展都充满信心。你自己也应该有自信。当务之急，是改好这篇文章。希望你好好总结一下写作论文的经验，包括平日的写作经验，希望你对照我修改的地方，想想我为什么要那样修改，你原来的表达有什么问题。不要只是把改过的地方贴过去就完事。要找到一种切实有效的途径来提高自己。祝你总有一天能够成功，而且希望这一天早些到来！如果我在修改时对你的文章的原意理解得不对，希望随时更改过来。

2004 年 5 月 9 日

许多知识是靠自学得到的

你好！很高兴收到你的来信，也很高兴你有志于认知心理学的研究。心理学是一门交叉学科，我现在进行的语言脑机制研究更显示了跨学科的特点。因此在我这个研究团队中，学生的专业背景比较复杂。有学生物的、学医的、学计算机的、学外语的，当然也有学心理学的。正因为这样，研究才显得更有活力。研究脑机制，我们主要使用的设备是功能磁共振扫描仪和脑电设备，数据处理非常复杂；在行为实验中则主要使用计算机控制的刺激呈现和数据处理。正因为这样，计算机技术在我们的研究工作中显得特别重要。因此，你现有的知识结构对从事心理学的研究，特别是认知心理学的研究，是非常重要的。你的不足可能是在实验设计方面。人的心理现象非常复杂，要想用客观方法探测到人的心理的奥秘，脑活动的奥秘，实验设计就特别重要。这方面你应该好好努力，这不只是为了考试，而是为了以后研究的需要。建议你系统读 1~2 本书，再根据硕士生入学考试的要求，做好相关课程的准备。不知道你有没有可能到心理学院选修一门心理学研究方法的课程，这对你会有很大帮助。根据你介绍的情况看，你应该有比较强的自学能力，这一点很重要。大学的学习，特别是研究生阶段的学习，不同于中学的学习，许多知识是靠自学得到的。有时间欢迎你来实验室聊聊。

2005 年 3 月 3 日

人要自重，才能得到别人尊重
人要自爱，才能得到别人爱戴

你好！来信收到了，读过以后，说不清楚自己是什么感受。你是个男孩子，但又有点像那种心眼比较小的女孩子！小心眼，"拿不起"，也"放不下"。从上次在信中和你交换意见后，你就表示要振作起来，为什么这次你还在说"不能再懈怠下去"，是什么包袱让你振作不起来呢？人要自重，才能得到别人的尊重；人要自爱，才能得到别人的爱戴。读"博"是你自己的选择，老师、家长、亲友都不能勉强你。如果你觉得自己选择错了，我不会怪你。否则，你就应该猛醒过来，抓紧时间好好学习。星期四看了你的 PPT 文件和听了你的"报告"，我的确为你着急。课堂上我的批评可能说得重了点，望原谅！但那是我的心里话，说出来是为了你好。当务之急是，一个月内，希望你交给我一份像样的、有水平的文献综述，把你要做的工作认真、仔细地说清楚。所谓"像样"，就是要符合写文献综述的要求和规范，要一丝不苟地写，不要马马虎虎；所谓"有水平"，就是要有分析、有论证，逻辑清晰，符合博士论文的要求，不能连硕士生的水平都不如。不管你现在有"多忙"，都要把这件事情做好。相信你、也希望你好好完成它！

2005 年 11 月 19 日

做学问要踏踏实实，一步一个脚印进行

今天上午和你谈话后，才了解了你的心态：急于想出国。这件事在你报考研究生时就提出来了。我当时的答复是：支持你出去，但一定要把硕士期间的工作做好。读研究生不是为了"混"张毕业证书，而是要认真完成硕士阶段的学习和训练。这对你今后的发展非常重要。不管你以后是做基础研究，还是应用研究，硕士阶段的某些基本训练都很重要。看得出来，从你读硕士学位以来，由于和别人的"定位"不同，你有点急于求成，不如别的同学扎实，这也许是你多次实验不成功的内在心理原因。做学问要踏踏实实，一步一个脚印地进行，急是不行的。踏实下来，认真奋斗两年多，争取做出像样的成果，到时候我们再欢送你出国学习。以上意见供你参考。

2005 年 11 月 23 日

挑战"传统"要有充分根据

你好！看了一下你的研究方案，觉得还有不少问题。①研究的逻辑说得不清楚，你批评别人的研究，认为实验结果可能受到实验任务和被试策略的影响，但道理没有说清楚，让人看不明白；②你的设计采用了同音字和多音字，实验前经过训练，这样做的根据是什么？会不会影响研究的生态学效度？为什么这样做就能解决任务和策略的影响？③你报告了设计，但没有预期结果，不知道可能的结果是什么，对预期结果将如何解释？④你敢于向"传统"挑战，这是好的，但一定要有充分的根据，否则，不一定会有什么结果。希望你对方案进行修改，修改前和周围同学好好讨论一下，看别人能不能理解和接受你的研究逻辑和思路，然后把修改后的方案发给我，我们另外约时间讨论。

2006 年 3 月 16 日

要有"国家队"的"队员"意识

附件中是实验室近年发表的部分英文论文，你好好看看，先有些印象，以后再结合自己感兴趣的问题进行深入研究。我们实验室是国家重点实验室，要完成国家要求的科研任务。你们来这里读研究生，首先要有"国家队"的"队员"意识，要按国家队的标准要求自己。其次要有"研究"意识，研究生就是要在研究中"学习"，做研究，出成果，要自己有所发现和创新。这和大学生是不同的。希望你珍惜这次读研的机会，在研究中实现自己的人生价值。

2006 年 3 月 31 日

学习不止，探索不已

你们好！昨天和你们讨论后，我一直在思索"部件意识"的问题。早上醒来，突然有了一点想法。现整理如下，供你们进一步讨论。希望你们多动脑筋，多看文献资料，发挥自己的创造力，想出一些新的点子来，修改和完善设计方案；或者以此为起点，推翻旧方案，重新设计出一个新的方案。你们年轻，思绪应该更加活跃，新点子、鬼点子应该更多。千万不要受到我的想法的限制，更不要享受"现成的"，乐得轻闲，偷懒。方案中我留下了两处，让你们补充，就是不想替你们代劳。另外，在鼓励个人思考的基础上，还要注意发挥研究团队的作用。三个臭皮匠顶得上一个诸葛亮。要善于从别人那里，从集体讨论中吸收对自己有益的东西。也许我们从这个角度能走出一条自己的路来。做研究就是要不断地思考，不断地探索。学习不止，探索不已。这就是一个研究工作者的生活。愿共勉！

2006 年 4 月 7 日

自满会让自己松懈下来，放松对自己的要求

你好！昨天抽时间读了你的"开题报告"，这件事本来是在开题之前就应该做的，但那几天事情特别多，你们也没有提前把报告交给我，这样就只能是"马后炮"了。

我听过你的几次"报告"，对你的开题报告我一直比较"放心"，相信你一定能够讲好，报告前几乎没有过问。但出乎我的意料之外的是，那次的"实地"开题并不像我预期的那样好，甚至还不如"预演"时的质量。我上次在开题会上讲过，几个让我担心的报告在开题时有显著进步，而我比较放心的几份报告反而没有得到预期的结果。你们自己有责任，我也有责任。可见任何时候都大意不得，"大意"也许就是一种自满情绪，它会让自己松懈下来，放松了对自己的要求。

读了你昨天的报告，真的很喜欢。你读了许多文献，经过分析、整理和归纳，得出了一些合乎逻辑的预期和假设。希望你保持这种风格和态度，这对你今后的研究，特别是基础研究非常重要。

2006 年 4 月 12 日

善于吸收大家的智慧，使之成为个人的财富

你好！上午陪单老师去三院看病，回来得比较晚，刚刚看到你的来信。选择好正确的研究方向，适时进行研究方向的调整，两者都非常重要。如果能一次选择成功，固然很好；在研究中进行调整，也是很自然的事。有时候，只有

经过多次反复，研究方案才能成熟起来。前年，×××在论文选题和毕业设计中，也是经过几次反复才最后选定的。当时我给她打了个比方，选方向和定方案就像"烙饼"，先烙这一面，翻过来再烙另一面。不能只翻一次，要翻许多次，才能烙熟、烙好。每翻一次，都是"成熟"的前提。正像你自己说的，"这就是研究"。明白了这一点，任何困难就都不可怕了。

张积家[①]（左一）

一个人的成长离不开集体的力量，能够善于吸收大家的智慧，使之成为个人的财富，是一个人成长的必要条件。正因为这样，多年来在研究生工作中，我一直非常重视研究团队的作用。现在实验室有几个研究小组，有的作用发挥得比较好，有的差一些。希望你一定要多和周围的人交换意见，在研究思路和方法上，主动争取别人的帮助，多学习和吸收别人的意见。这样，你就会变得更加聪明，在复杂情况下，更容易做出正确的选择。

由于单老师的病，影响了我和大家共同研究和讨论的时间。前一段时间，单老师的身体恢复得不错，我很高兴，觉得又有时间来思考大家的研究了。没想到她的病很快就复发了，而且来得这样快，让人始料不及。这对病人和我都是一个"打击"。经过两个多星期的调整，情况才重新平静下来。希望大家能够原谅！下周初，一定安排一个时间讨论你的想法。

2006年6月13日

[①] 原华南师范大学教育学院心理系教授，博士生导师，曾任该院心理学系主任。现在是中国人民大学心理系教授，研究领域有认知心理学和心理语言学，研究方向有汉语的认知机制、语言和认知的相互关系、民族语言认知的对比研究等。

要注意研究的基本功，要独立解决问题

你好！今天早上起来，补充了一些意见，供参考。对自己的研究，一定要自己想清楚，下面的工作才好开展。单老师的病影响了我和你们有更多时间在一起讨论，希望你们自己更加努力，开动脑筋，出主意，想办法。要注意研究的基本功。在研究生学习期间，基本功训练是非常重要的。这包括如何阅读和分析文献，写文献综述，如何设计实验和进行数据处理，如何撰写一篇论文，如何做到文献和附录资料编排的规范化、文字的通顺流畅等，还要培养独立解决问题的能力。这些都是你们自己的精神财富。发现你们在基本功上的不足和缺陷，真为你们着急。

2006 年 6 月 14 日

要有点"为人先"的精神

你好！如果稿件还没有投给"应用心理学"，我可以帮你催催。已经投了，就没有意义了。英文稿应该整出来，早些投出去，这是一种锻炼。别人能写出来，你为什么就写不出来？人要有点"为人先"的精神，不能自甘落后。还记得那句话吧：不想当将军的士兵，就不是好士兵。连发英文文章的勇气都没有，还谈什么做基础研究，攀登什么科学高峰？

2006 年 7 月 2 日

基础研究要坐得住，进得去，能忍受"枯燥"和"单调"

你好！很高兴收到你的来信。欢迎你来我这里读研究生。从简历看，你的兴趣很广泛，但不知对语言的认知神经科学研究有多少了解，有没有兴趣？希望你抽时间读点相关的文献，看看这个研究方向能不能吸引你？语言的认知神经科学研究属于基础研究，需要有思路，坐得住，进得去，能忍受读文献的"枯燥"和"单调"。语言的认知神经科学研究又是与新技术手段密切联系的一种研究，研究者要面对大量的实验工作和数据，不仅要动脑，而且要动手，要学会很复杂的数据处理技术。这些也都要有思想准备。但入门不难，深造也是办

得到的。6 年前我从西安交大外语学院招收了一位博士研究生，叫罗倩，不知你是否听说过？她也是跨专业转向认知神经科学的，很出色。三年前以优异成绩获得博士学位，现在是美国国家精神卫生研究所（National Institute of Mental Health）的博士后。我们实验室是新成立的国家重点实验室，各方面的条件都比较好，要求也比较高。我们希望有志于基础研究的青年学子能来我们这里深造。

2006 年 9 月 14 日

抓住每一点创新的"火花"

附件中是两天前我准备的一份报告提纲（草稿），基本思路和上周在"招待所"报告的内容一样。寄一份给你，希望听到你的意见和建议，并参与准备工作。最近我们在《中国科学》上发表了一篇文章，提出了基于情绪调节的词汇阅读模型。模型假定，词汇阅读是由着加工网络和调节网络协同完成的。加工网络由视觉背侧和腹侧通路组成，这个网络受到情绪和注意的调节。两个网络间存在复杂的交互作用。阅读模型的提出，是近年来我们课题组工作的一个成果，但它本身还有许许多多的问题。我想组织几次讨论，让模型更合理些。问题还是要看单老师的病情变化。希望她的病情能稳定下来，这样我才有心情来关心"学术"问题。希望你和实验室的同事们都能理解我的想法。人的生命毕竟是最宝贵的，没有任何东西可以超过它的价值。另外，我和丁老师说过，下学期我想在实验室组织一个"创新"小组，不定期地"侃侃"创新问题，抓住每一点创新的"火花"。研究工作没有"创新的思路"，也就没有意义了。不知你的意见如何？

2006 年 8 月 23 日

长远理想一定要从眼前做起

你好！来信收到了。出国学习和深造是你多年的愿望，这从你入学时我就知道了，我会支持你的。材料看过后，再提意见和建议。上周大组报告后，大家对你的研究提出了许多很好的意见，希望认真考虑，做出切实的修改。该补充的要补充；该重做的，要狠下心来重做。如果一件事已经意识到非做不可，那还是早一点下决心去做，这样会做得好些，主动些。这两天，我读了你在报告前发给我的报告文本，发现不论是内容，还是文字表达都存在不少问题，许多地方交代得不清楚。你想出国，这很好，但我希望你带着很好的研究成果出去，不要因为出国而放松对自己论文的要求。人的一生是由许多阶段组成的，每个阶段都很充实，以后回想起来才能无怨、无悔。具有长远理想一定要和脚踏实地、从眼前做起结合起来，才能创造美好的未来。生活中有一种人，轻视眼前的工作，一心只想着未来如何、如何，其实，这只是幻想，将来可能会像肥皂泡一样破灭的。希望你把上周三的报告（PPT 文件）发给我一份。我想抽时间再看看。

2006 年 11 月 6 日

大胆干，从干中积累经验

同意你的想法和计划，希望成功。人很容易产生惰性，这时候特别需要有一种力量来推动他。有些事情看起来很难，没有信心完成它；实际上，等真正做起来，反而觉得很容易，不过如此。因此，我的体会是，大胆去干，从干中积累经验，调整心态，增加信心。人的成长就是在克服惰性中不断前进的。望共勉！

2006 年 11 月 10 日

"山重水复疑无路，柳暗花明又一村"

你好！来信收到了。论文思路和设计出现反复，是很正常的事情，不要有挫折感。你的想法和已经完成的部分实验，是有意义的，要抽时间整理出来。还要写成文章，算是阶段性的研究成果。对自己的毕业论文应该提出更高的要求，要明白研究的创新在哪里。一个月前，×××的论文思路还不清楚，设计也没有特色，让我很着急。经过几次讨论，最近有很大进展。人对问题的认识，要经过从量变到质变的过程。经过一段时间苦苦的思索之后，可能会突然明朗起来。正所谓"山重水复疑无路，柳暗花明又一村"。相信你有能力自己找到要走的道路！

2006 年 12 月 15 日

要培养健康的心理素质

你好！来信收到了。真不知道应该如何给你复信。谢谢你对实验室的关心和对我的关心！但我认为，你的当务之急是集中精力，高质量地完成毕业论文，而不要花费时间去写什么"感言"，更不要在自己遭遇和体验到"失望"和"失败"时，错误地进行"归因"。否则只会增加你的心理负担，使你不容易从消极情绪状态中摆脱出来。你学习努力，有一定研究能力，愿意把事情做好，这是你的长处。但你给我的印象是，在实验设计的基本功和文字的基本功上，还有许多不足，需要提高。你不大愿意承认自己的不足，常常给自己设置了一道道"防线"，拒绝外来的"侵犯"。你对社会、对他人的看法有些"悲观"，把自己放在了"世人皆睡我独醒"的不适当位置。你的心胸应该豁达些，开朗些，不要被那些消极的东西缠住，摆脱不出来。这对你的为人和处世都很重要。你很快就要毕业，要走向社会了。面对未来的生活道路，培养健康的心理素质就更加重要，甚至比提高能力还重要。你说毕业后"不想继续在学术圈子里生存"了，这是什么话？这种心态会严重影响你对毕业论文的态度，这是我不能不担心，不能不关心的。老师们拿着国家的科研经费，就要对国家负责任。要做出高水平的科研成果，培养高水平的研究人才，不能随意地浪费人力和资源。如果你有决心完成科研任务（包括做好毕业论文和尽早发表论文的成果），我会继续积极地支持你做好研究。相反，如果你对基础研究失去了信心，也不想继续在学术圈子里"混"了，那你为什么还要勉为其难地做你自己不喜欢，而且认为没有前途的事情？现在博士论文还没有开题，还来得及选择。希望你认真思考，给我一个明确、肯定的答复。再次谢谢你对我的坦诚和直言！话能说出来就比闷在心里好。如果还有什么想不通的地方，我会安排时间和你面谈的。复信中如果有不对的地方，希望听到你的批评！

2006 年 12 月 17 日

"舜何人也，予何人也，有为者亦若是"

你好！非常、非常高兴收到你的来信和看到你工作的进展。从你初步的分析看，结果的确非常有意思，非常重要，让人感到振奋。从达尔文的进化论诞生后，许多学者都希望探讨结构和功能的关系，包括近年来采用脑成像进行的研究。但是，在一项研究中直接证明结构和功能的关系还不多见。我想，这正是你的研究的靓点。我同意你的想法，围绕结构和功能的关系，集中探讨V4①的结构和功能。文章可以写得集中一些，这样容易有特色。仅这部分内容就可以发表一篇论文，而且要力争发表在级别高一些的刊物上。应用同样的数据，通过不同的处理方法，还可以从神经网络的角度，探讨不同脑区的功能联结，特别是比较不同认知水平的功能联结，这也是非常有意义的。还可以从方法学的角度写文章。同样一批实验数据，可以发表多篇论文，这在国外许多人的研究中是常见的。"舜何人也，予何人也，有为者亦若是"。外国人能做到的，相信你也能做到。关键是要舍得投入。你可以把这些工作和你回国后的求职结合起来。你既有近两年在国外的研究成果，又有出国前的这些工作，没有理由担心回国后"只能当家庭妇女"。相信大家都会欢迎你加盟我们实验室的工作。需要什么帮助，尽管告诉我！

2006 年 12 月 17 日

冲击高水平刊物，是我的一个目标

你好！几天前你的一位学生来电话，问到今年论文发表情况，因为没有准备，随便说了说，很不准确。这两天抽空做了一点"盘点"，附件中是最新的统计，不包括课题组内其他两位老师的成果。到目前为止，一共完成论文17篇，其中英文12篇，中文5篇。在12篇英文文章中，4篇是重点，希望发在水平高些的刊物上。从人才看，卢春明等是比较出色的学生。在17篇论文中，卢春明有3篇英文的，都是第一作者，还有2~3篇是参与者。冲击高水平刊物，是我的一个目标，但能否成功，决定于许多条件。我只能努力争取，不能保证成功，更不敢提出时间目标。

上星期五我参加了我校一位副校长组织召开的教育学科重点学科建设情况评审讨论会，主要是征求与会者对上报材料的意见，便于相关单位进行修改。一共看到5份材料。我觉得，在人才引进和成果级别方面，几个学科都还有一些问题。我校的建设目标是国内一流，国际有影响。国内一流相对容易些，因为大家的水平都不怎么高，矮子里拔将军是比较容易的，而国际有影响就比较

---

① 大脑视觉皮层上的一个区域，在枕叶腹侧，相当于BA19区，主要负责处理颜色和形状信息。近年来我国学者用猕猴进行的一项研究发现，这个脑区也存在方向选择性的功能柱，因而也对运动方向敏感。

难了。重点学科应该是我们学校的带头学科，如果重点学科都不敢把学校的发展目标当成自己的目标，都不能达到学校的发展目标，别的学科就更难要求了。另一个问题是人才培养问题。985规划已经进行了两年，钱也花了不少，但从几个重点学科看，高层次人才的引进和培养问题，仍然没有解决，或者没有得到较好的解决。人才老化，缺乏"领军"人才和近亲繁殖的现象还比较严重。这是造成学科建设进展不够迅速的一个重要原因。这些意见我在会议上已经表达了。但可能还不够集中和明确。

春节后实验室就要"搬家"了。这是件好事，是大家期望已久的一件事。但新实验室的"环保"状况如何，我一直很担心。我去看过新实验室，其中的油漆味道还很大，呛得人必须捂住鼻子。甲醛超标是许多新建筑室内造成污染的主要问题。许多人在家庭装修后都要"空置"3～6月才敢搬进去，我们应该空置多久才适宜入住呢？我想这是一件大事，直接关系到大家的健康。一定要有环保检测报告，才能相信。

上次会议后，我一直在思考"重点课题"的事，也有了一些初步的设想。我现在担心的还是我的"年龄"问题。近几年，我已经无数次地遇到这个问题了。如果客观上已经没有申报"重点"的可能性，主观上再努力也就没有意义了。

2007年1月14日

开拓、创新，创造未来

你好！来稿收到了，你可能是系统读完《汉语认知研究－从认知科学到认知神经科学》[①]的第一个人，而且理解得这样好，真让我高兴。前年大家提出要出版这本书，我同意了，目的是想让自己的研究生了解自己团队的研究历史和已经取得的成果，在此基础上，开拓、创新，创造新的未来。新书出来后，我送给每位研究生一本，希望大家一定要好好阅读，但从近期几届研究生的开题报告来看，真正系统读过的人还没有。他们没有自己的亲身经历，也就不理解创造过程的艰辛和得到成果后的快慰，这是你有，而他们没有的东西。我的性格决定了我只愿按照自己的兴趣去做一点事情，在不断的选择和探索中前进，做后常常不顾这些事情究竟有什么意义，也不愿意向人称道。你现在帮我

[①] 北京师范大学出版社，2006年9月出版。该书选编了1986—2006年我和我的学生在国内外学术刊物上发表的有关语言认知及其神经机制的研究文章，并对已有的工作进行了较系统的总结。

把这本书的意义清楚地表达出来,并让世人有所了解,真应该好好感谢你!

在文章选编时,我本着求精、不求多的原则,宁愿少些,但要好些。开始时只有 7 个部分,都是基础研究的文章。后来我增加了第八编:汉语认知的应用研究。原因有两个:①这些论文同样是我们实验室在一段时间内的研究成果,而且是有特色的一些研究成果,加上这个部分,就可以照顾到各个时期、各方面的研究工作和参与这些工作的研究生;②追求基础研究和应用研究的结合,也是我努力的一个目标。80 年代末,我曾经想做快速阅读的研究,以后放下了。90 年代初,在自然科学基金的支持下,我们开展了"电视节目语言和图像质量的评价研究",希望以此为突破口,探讨基础研究的应用价值。收集在文集第八编中的文章就是这个时期产生的。近年来,我又进行了口吃的研究,包括基础和应用两个方面,如口吃的神经回路研究属于基础研究,口吃的矫正属于应用研究,同样是希望看到基础研究的应用价值。因此,建议在你的评论文章中,适当反映一点这方面的研究成果。

原来希望在这个文集出版后,我们有机会就汉语认知研究问题,召开一次学术会议,一个是为大家提供一个相聚一堂的机会,另一个是想进一步推动这个领域的研究工作。后来因为文集出版时间多次后推,单老师的病又几次反复,失去了召开会议的时间,只好作罢。好在文集已经出版,看上去也还可以,我也就心满意足了。

上周单老师复查的结果,指标又上升了,可能又意味着"复发"。不到 8 个月,出现了两次复发,情况很不好。这对我压力很大。但我们还有信心坚持治疗,要与命运抗争到底,直到胜利!

衷心祝贺你和你全家春节快乐、幸福!

2007 年 1 月 29 日

担心我的"宽容"害了大家

我多次说过,做博士论文的第一条要求就是"独立性",这是前提。要能够独立设计、独立实施实验,独立处理数据和独立进行解释和理论概括。没有这几个"独立",就还不是一个合格的博士生,更不要说高水平的了,希望恕我直言,因为你在这些方面都还有不足,许多事情还需要依赖别人。在一个研究团队中,大家要相互学习、相互帮助,但同时也要培养自己的独立工作能力。没有独立性,工作的系统性和创新性也就谈不上了。实验室有的老师说我是"老好人",对学生要求不严格。别的老师的学生寒假都没有提前回家,而我们这里的研究生已经走了不少。我真担心我的"宽容"害了大家。

2007 年 2 月 1 日

一次行动胜过一打纲领

来信看过了，看得比较粗，现在没有时间答复你。你能不能在近期内（如一个星期到十天）根据你看过的文献和你想要研究的问题，提出一个设计，要自己想，不要抄人家的；要符合认知神经科学的设计要求。这样才能看出你对认知神经科学究竟了解了多少，有没有能力从事这个领域的研究。你热情很高，希望攻读认知神经科学的博士，但没有必要的基础，不行啊！我们要看你的实际行动，一次行动胜过一打纲领！能做到吗？

2007 年 4 月 20 日

努力了，功夫下到了，就可能做好

你好！读了你的两份总结，一份是社会实践总结，另一份是学术活动总结。相比之下，我更喜欢你的社会实践总结。短短一个月时间，你就有那么多的感受，而且这些感受是出自你亲身的经历，因而显得真实、可信、感人。而你的学术活动总结，却没有真正写出你自己的感受。你反复地说，在这些活动中，你的收获很大，但属于你自己的真切的体会不多。这些体会放在别人身上似乎也可以。这样读起来就觉得不亲切，不生动，感染力不够。一年多来，我听过你多次大小组会议上的发言和报告，觉得你还缺少思想深度，这个问题可能与你在学术活动总结报告中反映出来的问题，有相似的地方。值得高兴的是，你这次的开题报告修改稿，写得不错，说明只要努力了，功夫下到了，就可能写好。希望你抓紧自己的论文设计和实验工作，能早做的工作尽量早些做，数据拿到了，才好写文章，也才能写出更好的文章。争取在攻读硕士学位的后一段时间内，有更大的进步。开题报告及其相关资料，都放在办公室的桌子上，你自己去取。最近因单老师在做介入疗法，我整天守护在医院，觉得有些累，没有时间直接和你交谈，希望这封信能对你有些帮助。

2007 年 4 月 21 日

做基础研究不能太飘

　　读了你的来信，我和你一样，心里也很难受。为了让你实现自己的愿望，我做过多次努力，包括面试时给你的成绩，都给你保留了录取的机会。但你面试时显得太飘，几位老师都不满意，认为不适合做基础研究，因而我们目前无法接受你。你本科和硕士研究生都学习了生命科学，本应该与认知神经科学只有"一指之遥"，任何一位从事认知神经科学研究的教授都会欢迎你。但在特定环境下，你却形成了另外一种风格，走上了另外一条道路，缺乏进行基础研究的训练和素质。这一点使大家担心，自然也就不敢贸然"破格"录取了。我同意你爸爸的想法，你先回家去，总结一下近年来的经验和教训，认真反思一下，自己的选择是否真的现实和合理，头脑冷静后再做出下一步的决定。尽管你今年没有成为我的博士生，但如果愿意保持和我的联系，我会愿意的。希望看到你能走出现在的困境。祝心情尽快好起来！

2007 年 5 月 11 日

敢做是值得赞扬的一种精神

　　你好！答辩文件看过了，总的感觉还可以。昨天×××邀请了实验室的几位研究生给她的论文提意见，又做了一次修改，说明她积极主动，希望把研究做得尽可能好一些。在 5 月 10 日初稿出来后，我提出希望她做生理心理交互作用（PPI）分析①，结果她做了。也许质量并不那么好，但她敢做，而且做成了。敢做是一种精神，值得赞扬的一种精神。有些事情看去觉得不可能做到，但只要自己有决心去做，又依靠大家的帮助，就有可能做，而且可能做好。为什么她能做到的事，你没有做到？差距在哪里？

　　你在报告的最后部分，讲到了你的研究和我们模型的关系，这很好，谢谢你！但因为没有在数据上进行适当处理，这种"验证"是间接的，没有力量。让人听了觉得是"贴"上去的，因此建议你在今天报告时删去那张片子，先不要讲

---

① 这是脑成像研究中常用的一种功能连通分析。当实验中使用不同的认知任务时，如果观察到不同脑区之间在激活水平上出现了相应的变化，则可以认为这些脑区与实验任务存在某种交互作用，或者说某种心理变量对生理变量产生了调制作用。使用交互作用模型通常只选取少数感兴趣的脑区，因此它只适合比较粗略的、局部的功能连接分析。

它。等什么时候你能用自己的数据直接说明模型提出的假设，再补充上去。我希望有那么一天！

关于报告还有两点建议：①做报告时要拿出精神来，要带着研究的热情和激情报告自己的工作，千万不要懒洋洋的，让人听了发困；②要讲解，不要念稿子。该说明的地方一定要解释清楚。做报告在某种意义上是要说服自己的听众，让他们相信自己的结论，而不是走过场，完成不得已而为之的一件事。

今天下午通过答辩后，你就算毕业了，成了博士。作为你的导师，这也许是我写给你的最后一份"导师"意见！我不希望你"解释"什么，我要看行动。

2007 年 6 月 9 日

鲁忠义①(前左一)、杨珲②(前左三)、陈华峰(后左一)、姜涛(后左二)、张令振③(后左三)、刘志忠(后左四)

---

① 河北师范大学教育学院教授，博士生导师，河北省心理学会理事长。主要研究方向有语言认知、语言知识、概念隐喻、社会认知等。

② 我和 Chuck Perfetti 教授联合培养的第一位博士研究生。毕业后担任我校心理学院本科普通心理学教学工作，曾获得北京市教育教学成果奖一等奖。之后在西门子等多家外企公司担任人事部经理。现在是施奈德电气(中国)企业大学学习与发展总监。

③ 实验室第一位研究电视收视率、电视与儿童认知发展的研究生。毕业后一直在中央电视台工作。2008 年获得博士学位。现在是央视国际移动传媒有限公司总经理。CCTV 移动传媒为民航、公交、列车、地铁、广场等户外公共视听电视终端提供节目集成和播出，每天为六千多万流动人群提供视听节目服务。

肯干，不懂就问，虚心向周围的人学习

你好！知道你现在工作很努力，非常高兴。希望看到你的成绩和成功。你过去发表过一些文章，但真正的学术论文不多，没有经验，可以理解。现在我们希望把成果推向国际学术界，更增加了工作的难度。从你做论文的过程来看，你肯干，不懂就问，虚心向周围的人学习，这些都是研究者非常重要的品质。这种品质会让一个人从不聪明变得聪明，从没有经验变得有经验。祝你成功！

2007 年 8 月 29 日

内在的动力比外来的压力更重要

你好！关于统计和实验设计，除自学外，最好能到××师范大学心理系统听点课，这比自学效果好。你待发的两篇文章是哪方面的研究？将来的研究与这两篇文章有什么关系？能将文章的电子版寄给我一份吗？由于准备考试的时间很紧，新的研究恐怕来不及做了。但已经发表的东西，应该有意义才好。复试时主要看你对问题的阐述，能不能把研究的意义和逻辑讲清楚。对一个研究者来说，内在的动力比外来的压力更重要。没有内在动力的人，是走不远的。对基础研究来说，更是如此。

2007 年 8 月 29 日

大处着眼，小处着手，一步一个脚印

你好！来信收到了，高兴看到你有了一些重要的转变，也高兴看到你的毅力和恒心。但我觉得，这些转变还只是开始，离真正实行起来还有一段距离。对一个研究者来说，宏观的思维是非常必要的，没有宏观思维，就容易犯"近视"毛病，只见树木，不见森林，做不出有重大创新价值的研究成果。但这种思考必须与踏实、艰苦的实验工作结合起来，才能产生真正的力量。要大处着眼，小处着手，一步一个脚印，否则就会夸夸其谈，言不中的，金玉其外，败絮其中。建议你选择好一个切入点，浏览该领域的各种文献资料，提出自己的实验思路和设计，熟练掌握一两种实验技术，尝试做些实验，一点一滴积累自己的研究经验，彻底改变自己的"浮夸"学风。矫枉必须过正。这些做到了，自

然会有老师欢迎你攻读博士学位。来北京后，你住在哪里？有什么打算？生活上有没有困难？我们实验室的例会是每周三下午，从两点开始，欢迎你来参加。单老师的病还不稳定，要继续接受治疗，这影响了我有更多时间投放在学生身上，心里总觉得不安。

2007年9月11日

处理好出国深造和当前学习的关系

你好！硕博连读的确是现在许多老师在招收研究生时的一个较好的选择。我们实验室是国家重点实验室，对研究生的科研成果要求比较高，因此希望招收到一流水平的研究生，出一流的研究成果。从这个意义上说，三年的硕士学习显然是不够的，"半路出身"的博士生也难以达到要求。因此我们希望有一部分硕士生继续攻读博士学位，或者提前读博，或者硕博连读，但并不是只招收硕博连读的研究生。你想硕士毕业后出国读博，这个目标是好的。但是你有没有决心把三年的硕士阶段的研究真正做好？这是我最关心的问题。过去在我招收的硕士生中，个别人一心只想出国，三年内花了太多的时间用在外语学习和联系出国上，实验室的工作完成得不理想，难以达到实验室对科研工作的要求。如果你能处理好出国深造和当前学习的关系，我欢迎你来我这里读研究生。我的主要研究方向是语言（阅读）的认知神经机制，包括视觉腹侧和背侧通路在词汇阅读中的作用，汉语阅读和拼音文字阅读脑机制的差异，情绪对词汇阅读神经网络的调节作用，词汇学习与脑的可塑性变化等。此外我们在口吃的神经机制方面也做了一些有趣的工作。做研究一定要对自己所研究的问题有兴趣，没有这种内在的动力就什么也做不好。其次要有责任心，一旦决定做什么，就一定要把它做好。希望听到你对这些问题的想法和看法。

2007年9月18日

诚实、勤奋、有探索精神、有较好的基础知识

你好！来信收到了，很高兴听说你对心理学有兴趣，并愿意从事心理学的研究。心理学是跨越自然科学和社会科学的一门交叉学科，或中间学科，

它可以从行为、内部过程、脑机制和行为遗传学等不同层面进行研究，还可以用计算机模拟人类的各种行为和内部心理过程，因此在研究生阶段，我们吸收了来自不同学科背景的学生，如心理学、生物学、医学、教育学、社会学、数学和计算机科学等。在你进行选择时，首先要真正了解自己的兴趣，要学习自己真正感兴趣的东西，要做自己真正感兴趣的工作。这个决定只能由你自己来做，父母、朋友、家长和老师只能给你提供建议和帮助。至于说到北京师范大学，它的确是国内一所著名的重点大学，在国际上也有影响。但它是"有教无类"，对一切有志者都敞开大门，欢迎大家来报考，来学习。做学问没有高低贵贱，不要妄自菲薄，要有自信，这样才能达到自己追求的目标。我们每年都从全国各地招收学生，而且是不同专业的。我们实验室是国家重点实验室，要求自然比别的单位高一些。正因为这样，才更具有挑战性，你说是吗？至于说到"需要什么素质"，我想，第一是勤奋，第二是诚实，第三是有探索精神，对基础心理学研究有兴趣，第四是有较好的基础知识，特别是研究设计和方法的训练。

2007 年 9 月 19 日

成功与他们的勤奋、努力奋斗分不开

你好！上次去信提到"情绪学习与情绪调节通路的形成"，不知道你是否对这个课题有兴趣。上一届毕业生在行为实验中做了很好的工作，如果你能继续她的工作，用脑成像技术把这项工作深入下去，并协助她把毕业论文改写成文章，投给学术刊物，这对你和实验室都是一件好事，希望你考虑。由于你原来的基础与目前的工作差距较大，需要付出更多的时间和精力。但"入门不难，深造也办得到"，只要自己努力去做，就有可能做出好的成果来。卢春明[1]和罗倩[2]都是榜样，他们的成功与他们的勤奋、努力奋斗分不开。还是那句话：舜何人也，予何人也，有为者亦若是。如果你认为这样做难度太大，只希望做一点行为方面的研究，我可以接受，但一定要选择好科学问题进行研究，要争取让自己的工作更有意义。你可以先读读文献，有了体会后，我们再交换

---

[1] 北京师范大学脑与认知科学研究院副教授，2008 年获得博士学位。他在口吃和言语交往脑机制方面的研究，发表在国际著名学术刊物上，受到学术界的好评价。他的一项新近研究成果发表在美国科学院院刊（PNAS）上。

[2] 2003 年毕业于北京师范大学心理学院，全国 100 篇优秀博士论文获得者。

意见。

2007 年 9 月 30 日

不要轻言放弃

你好！来信看过了，我也想到几个问题和可能的改进办法，供你参考。

①坚信实验的逻辑。我同意你的意见，我们的实验逻辑应该能够成立。计算机的打字训练属于长期经验对认知功能和脑功能的影响。在日常生活中，我们看到了这种影响。有些人由于长期使用计算机，影响到对汉字字形和字音的加工。我们应该能够通过实验设计把这种影响检测出来。如果说，短期的强化训练都能够引起脑的可塑性变化，没有理由不相信这种长期学习和训练的作用。

②要选择敏感的实验任务。实验任务不够敏感可能是实验结果不好的一个主要原因，因此要研究和考虑实验任务的选择。声母启动和韵母启动任务可能过于困难，不容易将拼音组和字形组区分开。能否改成声母和韵母的一致性判断，如判断同时呈现的两个汉字是否具有相同的声母（高，够）或韵母（高，绍）。任务的选择可以参考语音意识的测量任务。

要减少实验过程中的实验任务数。同一次实验中任务过多，交互出现，可能产生干扰。因此，要减少每次实验中的任务数，选择最有把握的任务做 2~3 个就可以了。

③严格挑选被试，减少被试类型。能否按"拼音输入法"选择"高熟练"和"低熟练"的两个组，注意被试方言对读音的影响，暂时不研究五笔字型组。这样比较容易找到足够数量的被试，也容易得到较好的实验结果。

④不要放弃可能有意义的数据。原来的实验结果的确不理想，但也不是一无是处。如果不考虑语音组和字形组的差异，只看语音组和无经验组的差异，我们会发现，在实验四的语音搜索任务中，无论是声母搜索还是韵母搜索，语音组都显著快于无经验组（声母搜索相差 127ms；韵母搜索相差 214ms）。如果两组被试不存在按键反应上的差异，那么上述差异完全可以说明，语音组的输入方式训练有助于提高被试对语音（包括声母和韵母）的敏感程度；对韵母的作用似乎大于声母。令人不解的是，为什么字形组也产生了类似的效应？如何解释？

⑤要学会分析问题，既要从成功中学习，也要从失败中学习。由于失败会给人留下更深的印象，后一种学习显得更加重要。我记得在上次的数据中，实验一的数据存在某种交互作用，这次的数据在实验四中又存在某些主效应。要从这些数据中找到继续研究的方向和途径。

⑥要注意文字修养。在你发来的"原因分析"中，文字不长，但不通顺的地

方不少，要引起注意。我进行了一点修改（见附件），供参考。

做研究要有坚持精神，不轻言放弃。今年我们申报了国家自然科学基金和北京市自然科学基金课题，尽管申报没有成功，但我相信，阅读能力（含阅读学习如何促进阅读能力的发展）是一个很有意义的研究领域。明年我们还会继续申请这个课题。现在你做的工作，应该和我们的课题关系较密切。我们想研究"电脑如何改变人脑"，具体说，就是研究电脑的学习、使用如何改变人们的阅读习惯，进而影响到大脑处理文字信息的能力。我们使用的测量手段是电脑输入法，但考察的问题还是对文字信息的处理能力。要继续坚持这个方向的研究，你有信心吗？这个问题可以从许多角度进行研究。如何选择一个最好的切入点，是你需要思考的一个重要问题。可以把思路放开阔些，找到一个更好的切入点，继续下去。不知你以为如何？做研究是要有毅力的，经过了一段艰难、困苦的路程，后面也许就"胜利在望"了。不到万不得已的时候，不要轻言放弃。

2007 年 11 月 13 日

人很容易有惰性

您好！很久没有联系了。在荆其诚老师的告别会上，见到你，很高兴。近况怎样，甚念。昨天我给××写信谈到论文发表问题，转给你一份供参考。你的毕业论文有许多有趣的结果，我在外面做学术报告时多次引用过你的论文，听众都很有兴趣。应该整理出来全文发表出去。你的结果用摘要的形式发表在《自然科学进展》上，其影响很小，很可惜。还不如发表在《心理学报》上，算是一个正式成果。论文的内容很多，放在同一篇文章中不容易说清楚。建议把词汇加工和产出分开来，不要放在一起，这样清楚些。人很容易有惰性，一件事抓紧干，也许就干成、干好了；拖下去时间长了，就没有积极性了。

2008 年 12 月 28 日

我有责任帮助你走出困境

你好！从办公室回来，心里总觉得有些不安，你一直很希望读博，在基础研究中继续前进，为什么在考试即将来临之时，你突然放弃读博，而想考公务员？听说几天前你还说要考博，今天大家都是第一次听到你的这个决定。在过去这几年，你很努力，注意从各方面充实自己，在基本知识和实验技术上，也有很大进步，这些都是你的优点。但我也发现，你在工作中，常常显得信心不足，你的思路不够活跃，有时停留在表面，不能深入下去，没有从多个角度考虑问题，因而把自己局限在某些问题上，跳不出去。这样费了许多时间，效果不好。这里也有我的责任，知道你有困难，但没有具体帮助你走出困境。你说话声音小，许多话我听不清楚，时间长了，影响到我们更好地交流。拿我们今天的谈话来说，你对自己要做的事情，显得有些被动，没有主动思考，提出问题和解决问题。我是周三找你谈的，希望你把研究方案想清楚，拿出来讨论，但你却没有提出自己比较成熟的想法。今天的表现也许与你想放弃考博有关，我不怪你。但你要想清楚，自己的决定是否正确。你说考博和考公务员正好赶在同一天，必须有所取舍，而且听同学说，你没有报考科学院心理所的博士生，这样选择的余地就更少了。这是我很担心的地方。由于考试在即，你需要好好准备，下周三的论文设计报告，先不要着急准备，等考完了再说。做什么都必须有信心，考博是这样，考公务员也是这样，完成毕业论文同样要有信心。希望拿出勇气来，面对即将来临的考试和毕业论文。如果你决定要做好今天我们讨论过的研究方案，我会支持你做的，也算实现你的一个愿望。至于发表文章的问题，以后再说。如果还有什么问题，望随时找我。

2009 年 2 月 28 日

祝贺你闯过了这一关

你好！看到了 Cortex 编辑部的复信，非常高兴，衷心祝贺你闯过了这一关，把自己的研究成果第一次发表在国际著名学术刊物上！人的第一次成功是很重要的。有了第一次的成功，就可能有第二次和第三次的成功。这些成果积累起来，就会铺垫好你未来成功的道路。希望总结这次的经验，继续努力，争取新的胜利！要注意劳逸结合，该休息的时候还是要休息！午饭前你给我来过电话，是不是就这件事，值得庆贺一下！

2009 年 2 月 28 日

保持科学探索精神，关注科学方法的最新进展

您好！来信收到。你的意见很好。正如你所说，每个人在学术发展道路上

可能都要经历一个艰难的过程，在某种意义上也可以说个人学术生命的社会化过程，即得到社会承认，在社会上产生影响。非常高兴看到你从这个艰难的探索过程中开始走出来了，迈开了最初但非常重要的几步，尝到了成果发表后的喜悦。以后可能还会有困难和问题，但只要踏踏实实地往前走，未来肯定是无限美好和光明的。如何继续前进？有几点建议：①保持科学探索精神，从生活中提炼原始创新的研究思路，从文献中找到进行研究的科学依据，两者缺一不可；②关注科学方法的最新进展，只有掌握最前沿的研究方法，才更容易做出最有价值的研究成果；③要重视合作研究，特别是与国际科学家的合作。我年纪大了，不想到处跑了，但你们一定要争取机会多出去看看，最好有固定的合作伙伴，这样就能如虎添翼，迅速提高自己；④要一步一个脚印往前走，注意总结自己的工作，把工作做系统、做深入，水到渠成。近年来，我们共同提出了阅读的多重交互激活模型，强调了情绪和注意对阅读的调节作用。这个模型不仅能够解释正常阅读，也应该能够解释阅读障碍，因而具有重要的理论和实践意义。我们提出的优势激活区假设也得到越来越多的实验结果的支持。可惜的是，我们没有来得及对模型进行更准确的表述，没有用自己更多的实验数据来支持模型，我们的工作没有得到国际同行的认可，也没有受到实验室应有的重视和支持。因此我特别寄希望于你们，在这件事情上多动动脑筋。事情是干出来的，谁干好了谁就能站住，就能发展。抱怨别人不重视是没有用的，后退就更没有出路。用得着邓小平的一句话：发展才是硬道理。来信中你还提到内部合作问题，这个意见也很好，我一直希望这样，但做起来问题很多，需要研究如何落实。再次谢谢你！

2009 年 4 月 21 日

忙比闲好

你好！看到你这样忙，真不好意思再催促你了，量力而行吧！要注意劳逸结合，该休息、放松的时候，就要休息和放松一下。当然这方面是你的"第二专长"，历来都注意有劳有逸，用不着别人提醒。话说回来，忙比闲好！闲着会使人懒散，不求进取。一分耕耘一分收获，忙一点总会有成绩的。从 5 月中旬开始，学校就进入"最繁忙的时节"了，今年有 7 个人毕业，6 月 5 日前要完成全部答辩，到今天还没有一篇论文定稿啊！我也挺忙的。

2009 年 5 月 18 日

该忍让的时候忍让一点

你好！很高兴收到你的来信，论文评审有结果就好。"修改后用"已经是编辑部不错的答复了，可能还要花1～2天时间吧！早一点返回，才不致延误刊登的时间。根据形势的发展，支持这个课题的基金请修改为：本课题得到教育部长江学者和创新团队基金（IRT0710）的资助。你是第一作者，第一单位可以用你现在的单位，第二单位应该写上北京师范大学认知神经科学与学习国家重点实验室，通信作者写上我。你那里的人际关系看去很复杂，要学会处理，该忍让的时候忍让一点，没有坏处。把自己的基础打好才最重要，最后还是要看"实力"说话啊！现在全国已经有很多学校采用了我主编的《普通心理学》教材，有人想用别的教材，那是他们的选择，完全可以理解。用不着怄气！

2009年11月23日

做研究要靠自己，自己开窍了，才能一通百通

你好！看了你的研究方案，文字不长，问题可真不少啊！主要有：①对科学概念的把握不准确；②缺少心理学实验设计的基本知识；③文字比较粗糙，不通顺的地方和重复的地方很多，显得不精炼。这些说明你的研究基本功还有很大问题。快三年了，看也看得不少，听也听得不少了，为什么提高不大啊！在已经毕业的研究生中，罗倩是外语系毕业的，卢春明是文科出身，丁国盛也不是心理学科班出身，但他们都能走进心理学，做出了不错的成绩。可见，"出身"并不重要，刻苦努力，方法正确才是最重要的。你工作很努力，但专业学习上却进步缓慢，障碍你的东西是什么？对你来说，心理学的概念和设计思想真的那样难以掌握和理解吗？我常常和别的研究生谈到自己的一种愧疚心情，是不是对你的关心和具体帮助少了一些，没有更早给你敲起警钟，分析问题的原因，帮你从现在这种"不开窍"的状态下走出来。希望告诉我，你的想法是怎样的？需要我怎样帮助你？对方案的具体意见，见附件的正文。我修改了一部分，提供了一个样子，剩下的希望你自己修改。做研究要靠自己，自己开窍了，才能一通百通。改好了明天下午先在小组上讲讲，争取尽量讲得好一些，"专业"一些。

具体问题主要有：

①你提出要研究复杂情绪，但什么叫复杂情绪？在一般意义上，复杂情绪

是相对于基本情绪来说的。基本情绪通常指喜、怒、哀、乐等,而复杂情绪通常指后悔、怨恨、嫉妒等。你这里要研究的复杂情绪是指积极和消极混合在一起的情绪,似乎不宜用"复杂情绪"来描述。有人采用了"复合情绪"的提法,看去就比你的要好得多。

②你提出的研究设计是:背景刺激1(积极和消极)×背景刺激2(积极和消极)×目标刺激(词形判断)。从前后意思看,词形判断是实验任务,不是要考察的实验变量,怎能构成三因素设计中的一个因素?对一位三年级的研究生来说,这是不应该有的错误!从这里看出,你对心理学实验的设计知识知道得实在太少。

③你还提到,启动刺激的 SOA[①] 分别是 300ms 和 150ms,为什么要选择两种时间?如果要比较两个时间的差异,它应该也是一个变量啊!为什么在设计中没有提到?

2009 年 11 月 23 日

要请教别人,才能让自己聪明起来

你好!有自尊心是对的,但这和虚心向别人学习,一点也不矛盾。三人行必有我师焉,这是孔夫子的话,你能说孔夫子没有自尊心吗?孔夫子还提倡"每事问",遇到不清楚的问题,要请教别人,这样才能让自己聪明起来。你的心理学基础不好,又羞于问人,实际上是怕暴露自己的弱点,这怎能得到提高!你说自己的思维不开阔,为什么?其中原因之一与你不愿和别人交流有关。一个人想问题总会有局限性,和别人在一起讨论,思维就开阔了。我喜欢参加我们实验室的大组会和小组会,特别是会上大家七嘴八舌,能使我想到许多原来根本没有想过的问题。有些时候,讨论前还是模模糊糊的问题,讨论后就清楚了;原来没有答案的问题也找到解决的办法。我曾经多次说过,实验室每个人的成果都是集体智慧的结晶,而成果孰好孰不好,就取决于他们学习的水平了。有些同学愿意学习,也善于吸取大家的意见,成果自然就更好些。学问、学问,问是学的前提,不愿意问,不会提问,就什么也学不到了。希望你多问、多学、善问、善学,这样你就能从现在的困境中走出来。

2009 年 11 月 24 日

[①] 认知心理学实验中常用的一个概念。指从第一个刺激开始呈现到第二个刺激开始呈现的时间,也叫刺激不同步时间,通过控制 SOA 的长短,可以有效地研究在不同任务中人脑信息加工的时间,进而探索认知的内部结构。

口吃研究需要有志青年的潜心参与

你好！很高兴收到你的来信，从信中了解了你的志向和愿望。我对口吃的研究，源于 1999 年我去英国纽卡斯尔大学的一次访问，为时半年。该校的语言系以语言矫正闻名于世，培养了许多著名的语言障碍研究人员和语言矫正师。他们的系主任就是一位口吃者。2000 年，在教育部的资助下，我主持了一个"语言的神经机制与语言障碍"高级研讨班，办班的主要目的是培养语言障碍的高级研究人才。当年我们邀请了纽卡斯尔大学语言系的两位老师来研讨班讲学，其中就有那位口吃的系主任。以后，我从心理系的一位搞咨询研究的老师那里，接触到一些口吃者，才开始了这个领域的研究，对口吃者的困惑和口吃研究的难度才有所了解。正像你所说的，只有口吃者才最了解口吃。口吃研究需要一批又一批有志青年（口吃者）的潜心参与。在这个意义上，我们的确很欢迎像你这样的有志者。问题是，你如何从现在的专业转向口吃研究？如何取得进门的条件？你知道，要想加入我们的研究队伍，从事口吃的研究，你就要放弃现在的专业，在大学毕业后，报考我们研究所的研究生。相对于我校的其他许多专业来说，进入我们专业的门槛比较高。你需要做好准备，付出很大的努力。口吃研究涉及的问题很多。我们现在的研究主要以脑成像技术（包括磁共振成像技术和近红外成像）研究口吃的认知神经机制。这方面有许多专业知识需要学习和掌握，还有许多基础知识需要补充。另一个问题是，我今年已经 74 岁了，按照学校的规定，从去年开始，不再招收硕士研究生。两年后，如果你想报考我们所的研究生，你只能报考卢春明老师的研究生，不能报考我的研究生。卢老师是我们组研究口吃的主力，有许多很好的发现。报考他的研究生应该是一个不错的选择。但这件事也应该事先告诉你。你自己应该考虑清楚，再做出决定。

2010 年 1 月 31 日

功夫不负有心人

你好！经过无数次的修改，终于盼到了文章的这一稿，看上去很舒服的一稿，很高兴。这叫功夫不负有心人啊！好好总结一下经验，对以后继续进行论文写作肯定大有帮助。还有两处我没有完全看懂，不一定就是什么问题：①在

黄合水①(左二)

前言中你讲到文化对手语的影响，用了两个例子，一个是 brother，一个是 eat。中国手势语(CSL)是用相同手势表现"哥哥"和"弟弟"，还是像口语的区别一样，用了不同的手势；②如果在中国的 deaf school 中，教学原则是"oral dominant, sign assisting"，那么究竟是哪种语言更加 well-established? 用手势表示汉字，的确存在翻译问题，不像用手势表示图片那样直接，但这和两种语言的熟练程度有关系吗？听听丁老师的意见，如果没有什么问题，就可以投出去了。

2010 年 3 月 26 日

要想有收获，就要有付出

你好！昨天几次拿起文章想看，但只觉得"头晕眼花"，看不进去。去广州前就已经觉得有些累。本想去那边调整一下，没想到他们把活动安排得很满，3 天内安排了在 4 个学校（华南师范大学，广州大学、广州外语大学和我校珠海分校）的四场报告，一场答辩和一次座谈，加上每晚都有"宴请"，几乎没有

---

① 实验室第一位研究广告心理学的研究生，2005 年获得博士学位。现在是厦门大学新闻与传播学院常务副院长，教授，博士生导师，主要从事广告心理学的研究工作。

真正的休息时间。当时感觉不错，似乎比平日更好，但到家后就觉得累了。接着又赶上接二连三的答辩，因为没有时间看学生的论文，只能凭借当时听到的东西发表意见，更需要集中注意。前天答辩告一段落，猛一放松下来，反而觉得处处不舒服。由于年龄和精力的原因，这几年总有一些消极情绪，挥之不去。这次的广州之行倒让我找回了一些积极的感觉。这是最大的收获。看到你们努力工作，水平日益提高，心里真的很高兴，希望自己还能尽一份力量。要收获就要有付出，但干多了也不行。这也许就是近来身体总觉得很累的原因。今天我再试着看看，希望状态有所改善。同意将稿件投给国际学术刊物 Brain，你们先改着再说。在广州时见到了你上大学本科时的指导老师，他现在到了广州科技大学，我们又谈到你的本科毕业论文，大家印象很深，都没有忘记你。

2010 年 6 月 6 日

比赛的最终结果取决于一秒一秒的努力拼搏

你好！前两天有老师和同学反映，在实验室总见不到你，不知你在干什么。我每次去实验室，也很少有机会见到你。你自己怎么看？每一天的生活对得起快速流逝的时间吗？你有理想，有愿望，希望自己将来有机会继续从事心理学的基础研究，但你现在的努力是在朝着这个方向前进，是在为实现目标和理想做好准备吗？我多次讲过，入学时大家都在同一起跑线上，但跑着跑着，有的冲到前面去了，有的却落后了，掉队了，输掉了比赛。比赛的最终结果取决于比赛进程中一秒一秒的努力拼搏！我年龄大了，不能像年轻老师那样，整天守在你身边，督促你，鞭策你，这就更加需要你的自觉努力。还有一年时间你也要毕业了，对未来一年你有什么打算？何时开始实验？何时取得数据？何时开始论文写作？每次开会讨论，别人的话很多，思路很活跃，而你却常常沉默不语，不知你在想什么？工作中有没有困难？困难在哪里？老师和同学都想帮你，但不知从何入手？以上意见望你考虑，并把你考虑后的意见告诉我。

2010 年 6 月 20 日

不迷信权威的结论,不因袭过去的发现

你好!谢谢你帮我们起草了"精品课结题报告"[①],你像过去一样,干事情很认真,工作也完成得不错,给大家节省了不少时间。这次的总结是在去年总结的基础上完成的,但与去年的相比,你进行了新的概括。比方说,提出了激励教师的4种方法,分析了教学内容的4个层次等,虽然说不上很大的创新,但让我觉得有新意。人的创造性或创新能力是可以通过锻炼和培养得到提高的。所谓创新能力,简单说就是发现事物的新关系和新联系的能力。比方说,人们原来不知道大脑左侧尾核(left caudate nucloeus,简称 LCN)与双语切换的关系[②],第一个发现这种关系的人就是具有创新能力的人。因此,从每一件事情做起,不迷信权威的结论,不因袭过去的发现,不断进行新的探索、新的概括,就能让自己的创新能力不断得到提高。

读过你写的"总结",我在文字上进行了修改。语言文字是用来表达思想的。没有新的思想就没有创新,这是很显然的;但没有好的文字表达能力,不能把自己的思想有效地转达给别人,同样也不行。这里存在内容和形式统一的问题。从修改中,我发现了以下一些问题:①写东西的角度问题。精品课总结报告是代表课题组起草的,更特殊一点说,是代表我起草的,不是代表学生写的。而你起草的报告处处显示出"学生"报告的痕迹。我把原报告中多处使用的"老师"改成"教师",原因就在这里。你试着再读一遍修改后的报告,并与原报告比较一下,是否体会到角度的区别?②用词不当问题。教师担任某门课程通常都说"任课",而不说"授课",主要的任课教师通常都称"主讲教师",而不称"核心授课老师"。语言文字的使用是约定俗成的,大家指称的东西一样才能互相理解。③文字不简洁。该用"代词"的地方不用"代词",造成某些主语反复出现,读起来不轻快。④文章写好后,自己不看,更不修改。现在大家写东西有个毛病,写完就完了,自己都不愿多看几遍,结果留下许多问题。不知你有没有这个毛病。如果有,一定要改。要学会自己修改自己的东西,甚至是"推倒重来",这样才能真正学到东西,真正有所进步。现在鼓励大家用英文写作,用英文发表文章,这是好的。但汉语是我们的母语,如果一个人连母语都用不

[①] 2009~2010 年,我主持了为硕士研究生开设的精品课《认知神经科学》。当时收信人正在读博士学位。她自告奋勇担任了这门课的助教。这里的总结是指这门课的教学活动总结。

[②] 双语者在言语交流中常常会出现两种语言交替使用的情况,如我很喜欢这个小 girl,叫双语切换。在进行双语切换时,既需要激活一种语言,同时要抑制另一种语言。因此研究双语切换对揭示言语产生过程中的中枢抑制机制有重要意义。已有研究发现,双语的切换与大脑左侧尾核等脑区的功能有关。

好，能相信他用二语写出地道、漂亮的文章吗？

以上意见不一定正确，供你参考！

2010 年 7 月 7 日

创新要基于前人，又高于前人

你好！来信看过了，的确是洋洋洒洒，说了许多想法和看法，但是我突然悟出了你的一个重要问题，如何处理继承和创新的关系问题。创新要基于前人，又高于前人，而不是自己一人胡思乱想。你志气很高，希望在理论上有自己的建树，但你的经历和知识基础都让你还没有条件去完成这种建树。你读了许多书，但不求甚解，对书中的东西消化得不好；你的知识看去很丰富，但显得杂乱，理不出头绪；你希望批判"旧"的思想体系，但不知道旧体系的弊病在哪里，有点像跟风车作战的唐吉诃德一样；你希望提出自己的新见解，但不能把自己的思想表述得很清楚，不能说明它的来龙去脉，有根有据，让人看得明白；你的一些想法可能离实际生活太远，不能用来解决具体问题，因而只能停留在空洞的议论上。所有这一切都是你缺少"根"的表现，使你至今还显得不成熟。你什么都想干，但却没有真正把一件事情干好，干得漂漂亮亮的。为了走出这个困境，我建议你：

①在批判旧思想、旧体系时，首先要批判自己，批判你那个"可爱"但显得还很幼稚的自我，只有走出旧的"自我"，才能诞生一个新的自我。

②要下决心认真、系统读点东西，不论是哲学，心理学、管理学还是教育学，要从这些学科的肤浅层面深入下去，真正理解它。我过去建议你读 10 部书、20 篇高档刊物的论文，后来又建议你系统读点教育学的名著，现在三一重工的老总也建议你三个月内系统读点心理测量学和管理学方面的著作，目的都是想把你从现在这种杂乱无章的状态中拉出来。记得前苏联一位著名政治家和教育家加里宁曾经说过，一定要系统读点东西，否则缺乏系统知识带来的问题就会像自己的影子一样跟随你一辈子。

③要踏踏实实做好 1~2 件事情，在实践中积累经验，检验自己的假设和思想，从实际生活中总结和提炼理论，用它去解决实践中遇到的问题。

④要和朋友多交流，互相切磋琢磨，集思广益，从"群众"中吸取理论的营养。每次我给你写信，都希望尽可能把自己的想法表达得清楚一些，系统一些，希望你也尽量这样做。

2010 年 8 月 31 日

没有一点冒险精神，就不会有新的发现

你好！新疆之行真的很惊险、很刺激，能平安回来就比什么都好。18000公里的长途跋涉，如果不是自己开车，那简直难以想象。人有时候需要一点惊险和刺激，这样才使生活更加丰满和有意义。旅游是这样，科学研究其实也是这样。如果没有一点冒险精神，只是四平八稳地做点事情，也就不会有什么新的发现了。回想近10年来我们在认知神经科学方面的辛苦耕耘，也有点像你们的新疆之行。我们品尝过研究中的酸甜苦辣，有过困难、失败和痛苦，也有过希望和欢欣。想起你们的新疆之行，借题发挥，才有了这点感受。

今年6月下旬，积家请我去广州主持他的学生的论文答辩，也就是希望我去看看外边的世界，呼吸一点外边的新鲜空气。虽然只有5天，感觉蛮好。我去过广州大学城，去过我校的珠海分校。那里的"空气"和北京迥然不同。看到那边老师们丰富多彩的生活，有时也的确感叹我们这边许多人的生活太单调乏味了。

谢谢你多次邀请我去福建，这次也许是个机会。我和宝国商量一下，看他有什么想法。如果定在上海会议之后，从上海直接过去，是否会节省一些时间。方便的话，我想也去厦门那边走走。这几年，合水一直和我有联系，时不时寄一些"内部资料"给我，对开阔眼界很有好处。

明年3月科技部要组织专家组对我们实验室进行评比验收。最近大家都在忙这件事。这是一件关系实验室存亡的大事，大家自然很重视。

2010 年 10 月 27 日

很高兴你有志于口吃研究

你好！很高兴收到你的来信，也很高兴你有志于口吃的研究工作！你有自己的切身体会，加上这种决心，相信你一定会实现自己的理想和愿望。你现在在什么学校读书？几年级了？有没有系统或自学过心理学的知识？我们这里关于口吃的研究是从2002年才开始的。先做了行为方面的实验，后来转向口吃的脑机制研究。我们关心的问题有：①口吃的原因是什么，哪些脑功能和结构的损伤或异常有可能导致口吃？②编制基于脑的认知测验，对口吃进行科学的诊断和检测；③通过训练改进口吃的行为表现，进而探讨脑的可塑性。我由于年龄原因，从去年开始就不再招收研究生了。但是，我过去的一位学生卢春明老师，现在可以招生。他的研究工作做得很不错，已有多篇研究文章发表在国

际著名学术期刊上。如果你愿意，我可以向他推荐你。

2010 年 10 月 27 日

跟着别人走，永远没出息

你好！对学报评审人的几次答复意见和文章修改稿都收到了。每到年底，事情都比较多，今年也不例外，有的项目要结题，有的项目要写进展报告，实验室明年要验收，这是一次"生死攸关"的验收，更有许多资料要准备。前几天，不小心被人绊着摔了一跤，更是乱中添乱，许多事情都来不及处理。今天突然想起《心理学报》规定的交稿期限可能到了，打开你的来信，才知就是今天，只好匆忙看了一下。你的答复和修改都不错，我只做了很少的文字修改。在复信和正文中，你有时把阈下（上）写成了"域下（上）"，需要再检查一遍。在评审人面前，我们一定要据理力争，不能被他们吓倒了。修改过程也是一个提高自己论文写作水平的过程。有些问题我们自己发现不了，别人尖锐提出批评后，逼着我们仔细看文献，想问题，其实这才是最好的学习。期限到了，就这样发走吧。这篇文章和你的毕业论文对论证我们的模型都有重要的意义。最近经过整理实验室的"标志性成果"，更加感觉到我们模型的意义。我们不要妄自菲薄，认为一切都是别人的东西好，看不起自己提出的理论模型。以后等别人提出来了，我们才去跟着别人走，这样就永远没有出息。问题是，这几年我们围绕这个课题发表的东西不多，许多结果都没有很好利用起来，这样我们就没有说话的权利。明年我的研究生都毕业走了，不会再有人来关心这个问题，但我相信，模型的生命力并不会就此结束。明年在西安召开心理学全国学术会议，我想争取在会上介绍我们的模型。

2010 年 12 月 25 日

这种性格要吃亏

你好！圣诞节已经过去了，再说圣诞快乐似乎已经没有意义，还是祝福你新年快乐吧！11 月底，我和宝国、国盛等一行 7 人，去上海参加了第十三届全国心理学学术大会。本来我想在会上组织一个专题讨论，对 20 多年来汉语认知的研究做一个回顾和展望，希望能吸引更多年轻人投身这个领域的研究。

但"鬼使神差",我的申请报告在得到学会批准后,竟在传送过程中被搞丢了。结果没有列入大会日程,让人"哭笑不得"。没有事干,我只好去上海玩了一趟。票买好了,注册费也提前交了,不去不行啊。会后,应荣宝和合水的邀请,去了一趟福州和厦门,10 天左右,自然是讲学结合游玩,一天下来,觉得也很累,有点和你回国的情形差不多。回北京后,重新投入了比较紧张的工作。明年二三月实验室要接受科技部组织的验收,因为事关实验室的"生死存亡",大家(特别是领导)很紧张。我现在已经比较彻底从"杂事"中解脱出来,但还有些事还要帮着出主意,当好"顾问"。我还有 4 个研究生。去年立下的科研"军令状",包括主任基金和合作基金,要不时接受检查。我们都属于脸皮"薄"的人,不好意思拿钱不干活,总想出一些成果,能对实验室、对学科发展继续有所贡献。××运气不好,没有机会出国,我觉得有些遗憾。希望你和她的合作能保持下去,即使我退休了,也希望你继续帮助她。她适合做研究,能力也不错,就是不善交际,不愿意在人前显示自己。在今天这种社会,这种性格是要吃亏的。这次回国,你还能继续练功,参加全国性竞赛并拿到两块金牌,真的太不容易了。希望你在研究上也再努力一把,争取至少拿到一块"金牌"。

2010 年 12 月 28 日

要干,就要真正干好

你好!谢谢你昨天给大家发的通知,让全组研究生完成一份"寒假作业"——本学期大组会文献报告感悟分享,做了一件我想做而没有做的大好事。下学期开学后希望你把这个活动组织好,总结一下文献阅读和文献报告的经验,这对提高大家的研究能力,特别是论文写作水平,肯定有很大帮助。我很喜欢你这种主动工作的精神。干工作就要有一点主动精神和负责精神,要么就不干,要干就真正干好。在今天全院的联欢会上,你表演的双簧也很精彩,看来你身上的艺术细胞还真多!希望在艺术上的创新也能迁移到学术研究上。记得爱因斯坦说过,科研需要想象力,而艺术对培养想象力是非常有用的。你们合演的童年回忆也很好,是自编的,还是受到了别人的启发?我相信这两个节目都在老师和同学中留下了很深的印象,并且会长久留在大家的记忆中。祝贺你们,也谢谢你们!

2011 年 1 月 21 日

祝贺你，也谢谢你！

没有你的辛苦，这些很好的数据可能会"石沉大海"，形同垃圾。同意你把陕西师大加成论文的第二完成单位。第一单位标注为北京师范大学认知神经科学与学习国家重点实验。几年来，我们实验室围绕"情绪对词汇加工和学习的调节作用"做了多项研究，这些研究符合实验室的整体目标，也有我们自己的特色，只要我们的文章发表了，就能讲成一个不错的故事，把2006年我们提出的模型推向国际。由于我不再招收研究生，这个心愿只能依靠你们已经毕业的同学来完成。前几天，我约×××来学校讨论了他的数据，文章已有初稿，但还存在一些问题，需要继续修改。××刚刚来过电话，答应寒假中把他的数据整理成文章。×××交了初稿，还需要修改。到了新的单位，大家的工作都很忙，不像在母校时那样有足够的时间用在科研上。最近所里刚刚研究过，搞基础研究的博士生一般都要4年毕业，毕业前要完成文章的写作，免得毕业后心系两头，对实验室、对自己都不好。第一年你的教学任务重不重？有时间把自己的数据整理出来吗？甚念！

2011年1月20日

一个人只要努力去做，未来的道路就很宽广

你好！这两天一直在同仁医院看病。眼睛不舒服已经有一段时间了，先是觉得疲倦，后来右眼皮上又长了一个小疙瘩，总摩擦角膜。去三院看过，大夫让我右眼做激光治疗，左眼做白内障手术，眼皮上也要开刀。为了慎重，我托人挂了北京同仁医院的号。这里的大夫和三院大夫的看法不同，认为做激光改善不了视力，可以不做，左眼白内障也可以再等等。除眼睛外，5月份体检还发现另外一些毛病，但都不要紧。我7月中旬想去新加坡住一个月，走以前，我想问问大夫，这些问题要不要进行治疗。明天去三院，检查血糖和甲状腺，下周还要去看消化科。总之，年龄大了，身体的许多零件都要检修。最近看东西很少，许多信件也没有回复。希望休息一段时间，让状况好一些。你工作的事，的确让人担心。就像我女儿的工作一样，现在还没有解决。她辞去斯坦福大学医学院的博士后工作已经一年多了，正在考临床医生，刚考完第二次，还要考一次才可能拿到医生执照，难度非常大。将来究竟在哪里工作，也还是未知数。人生的经历的确很复杂，许多选择事先都很难预测。后悔无济于事，于

事无补，一个人只要努力去做，未来的道路就很宽广。星期六我要外出，如果星期天下午有时间，欢迎你来学校找我聊天。

2011 年 6 月 30 日

基础打好了，才能在上面建造高楼大厦

你好！看别人已经写好的文章，觉得不过如此，而要自己写出一篇好文章其实是很不容易的，要经过反复修改，有时甚至是颠覆性的改动，即推倒重来。这个过程经常让人苦恼、无奈，但又只有经过这样的锻炼，一个人的研究能力才能真正提高，一个人也才能真正成长起来。我理解你的心情，但不要因此沮丧，这是很正常的事情。

按照你的建议，我看了你写的初稿前言，总的感觉是比较简单，许多问题没有交代清楚。有几点意见供参考：

你为什么要选择语言的特异性作为自己要解决的科学问题？文章提到特异性和一般性的关系，使我很容易就想起 Marslen-wilson 等人（2010）在 PNAS 上发表的那篇文章：Bi-hemispheric foundations for human speech comprehension（人类言语理解的双半球基础）。文章用一个实验清晰地显示了在语言加工中，既有选择和决策等"一般性加工"，也有特异于语言的"特异性加工"。其实，早在这篇文章前，已经有不少文章说明了视觉和听觉等"一般加工过程"在语言加工中的作用。在这种背景上，你希望用自己的数据来支持语言特异性加工的假设，这个选择会把自己放在一个比较困难的位置。从你对问题的提出来看，显然把这个问题看得太简单了。

如果想研究语言的特异性网络，为什么要选择手势语来研究这个问题，并比较懂手势语的被试和不懂手势语的被试？这样做的好处是什么？比用口语做有什么不同？这也就是老师们经常提到的研究逻辑问题。手语虽然具有语言的属性，但毕竟不同于口语。即使用手语得到了某些支持"特异性"的结果，就能回答"语言的特异性网络"这个问题吗？研究的逻辑不清楚，就不知道你为什么要做这个实验。在这点上，你的前言也没有写好。

你们课题组一直希望研究语言经验对脑的语言网络的调节作用。这个想法符合实验室的"大方向"。只有大家的研究凝聚在这个方向上，才能做出有实验室自己特色的工作。你刚开始自己的研究生涯，许多地方都还缺乏经验，在这种情况下，我觉得你应该多听听自己导师的想法和建议，在他建议的方向上，做一点深入的思考。还记得我在一封信上说的吗："年轻人刚迈向社会，最好

有人带一带"。这对你自己真正走上独立研究的道路会有很大好处。

你提到了不同刊物中"前言"的特点问题。在 *Science*、PNAS 等刊物上，文章的前言确实很短或比较短。这里可能有两方面的原因，一个原因是文章的作者在某个领域已经发表过很多有价值的文章，他们在学术界已经很有名气了，因此他们在前言中所说的每句话，背后都有很丰富的内容，刊物编辑和评审人一看就明白，用不着他们再啰唆，另一个原因就是他们提出了一个特别重要的问题，但相关的文献还很少。我们的情况不同，在手语和脑的可塑性问题上，我们积累的成果还不多，学术影响力也不够。手语问题又是一个比较特殊的问题，作者自己不说清楚，别人很难理解我们为什么要做这些研究，为什么要这样做研究？

我们的研究团队

在研究中你有自己的想法，有自己感兴趣的问题，是值得鼓励的。但人的成长是一个过程，不要着急，不要急于求成。只要自己注意积累，包括知识的积累、能力的积累和学术影响力的积累，让你充分发挥自己创造才能的时候迟早会到来的。现在还是打基础的时候，基础打好了，上面才能建造高楼大厦。

这几年我看文献少了，对来信中提到一些方法问题，我懂得很少，一些具体问题我说不清楚，因此只能从宏观上对你的文章提一点想法和建议，对不对，都供你参考。

2014 年 9 月 7 日

第三编 研究目标和实验设计[①]

[①] 本编分成前后两部分。前一部分主要讨论"研究目标",主要关注研究要解决的科学问题;后一部分主要讨论"实验设计",即如何实现和达到"研究目标"。信件的时间是分开排列的。

做一点真正有意义的研究工作

你好！研究计划收到了，大致看了一遍。也许是因为"隔行如隔山"，我实在难以理解你写的东西，也搞不清楚你要做什么。你说是一个"研究设想"，但除了题目外，没有看到你要研究的问题是什么？有什么重要的理论假设？研究有什么意义？怎样进行研究？文章中提出的许多概念，也让我们这些在认知心理学中工作了多年的人摸不着头脑。如"错误信念""装扮模块""奉献模型"等，你没有交代这些概念的含义，因此不清楚它们究竟是什么意思。在这种情况下，我实在无法确定你想做的工作究竟有没有意义，应不应该做。通过几次看你写的东西，我还觉得，你的文字表达能力真应该努力提高才行。我们在高校工作，文字表达能力和口头表达能力都很重要，而对研究工作者来说，文字表达能力就显得更重要。这一点你是清楚的。我多次提醒过你，希望你注意，但从最近几次交给我的材料看，改进不明显，这让我很担心。文字是表达思想和情感的。想清楚了的东西不一定能表达清楚；但没有想清楚的东西，就一定难以表达清楚。我觉得你的文字表达问题，并不是文字水平上的问题。我看过你写的通俗读物，文字很流畅，可读性不错，为什么在学术论文中，文字就变得如此晦涩难懂？因此，问题可能还出在对要研究的问题的理解上。你看了许多东西，但目标分散，急于求成，对相关的东西理解得不够好，或不够清楚，这样写出东西来，不仅苦了自己，也苦了别人。当然也可能有知识背景的问题。你以前是学生物学的，对心理学的实验研究不适应。我曾多次想把你拉出来，但发现非常困难。当务之急是，我觉得你应该找准一个研究方向，选择好要解决的科学问题，深入钻研下去，对问题真正理解清楚、真正搞明白，所看的文献，一定要有相当数量是 20 世纪 90 年代后期的。然后提出 2～3 个有创见的学术问题和相关的理论假设，这一点非常重要，做不到这一点，论文做了也不会有什么意义。在此基础上再编制一份研究计划。在这些环节上，要一步一个脚印地走，不能急于求成，不能跳跃，这样才能做一点真正有意义的工作，也才真正对得起几年来你自己的努力工作。从你这篇文章中，我看你引用了心理学院几位老师的论文。你也可以主动征求一下他们的意见和建议，看你所选的问题是不是值得做。在这点上，我实在难以表态。今天的信，写得比较直率，希望不会让你失去信心，而是调动你内在的积极性，使你能从现有的困境中真正走出来。

祝好！

2002 年 11 月 12 日

研究要选择好突破口，一个、一个地做

"儿童 Stroop 效应的时间进程研究"一文，已经看过了。文章的结构不错，数据处理部分也比较好。如果不用母语水平来要求，英文的文字表达也是容易理解的。这些都是优点。问题出在研究的出发点不清楚，因此研究结果有什么重要意义也就没有说清楚。具体些说，文章在前言部分，回顾了 Stroop 效应的研究现状，主要是 ERP 的研究，从这些研究中看到，争论似乎集中在加工这种任务时有没有 P300 和 N400 成分[①]，以及这些成分发生在哪个脑区。从磁共振成像的研究中也看到，前额叶和扣带回在 Stroop 任务中的作用也有争论。问题是我们的研究究竟要解决什么问题？从文章的题目看，似乎要探讨时间进程问题，但它和文献综述中提出的问题有什么关系？这里指的"时间进程"的具体含义又是什么？文献综述中没有介绍有关儿童的研究，为什么我们要采用儿童被试？它的必要性在哪里？我记得，在我们开始讨论这个问题时曾提出，与成人相比，儿童抗干扰的能力可能不如成人；他们的语义自动激活也不如成人。这些差别可能对 Stroop 任务的行为结果和脑电成分产生什么影响？

由于研究的目标不很清楚，在被试选择上，也没有说明我们为什么要采用 11~12 岁的儿童被试。这让人觉得，我们在选择被试时有很大的随意性。

在对结果的讨论中，我们几乎看不到用儿童进行这项研究的必要性。如果读者不看前面的文章，只看后面的讨论，他可能认为，这个研究是用成年人做的。由于前人的研究都是用成年人做的，我们在讨论时不作任何说明就直接比较结果的差别，并做出某些结论，也是不适当的。

我非常支持你多做一点实验，可能的话，多出一点文章，要争取发表在国外刊物上。应该说，你有条件这样做。研究要选择好突破口，要一个、一个地做，力争做一个成功一个。"伤十指不如断一指"。你想想这个实验改进的可能性如何？如果能提出改进方案，我建议继续做下去，一直做到有理想的结果出来。如果不能有所改进，那就只有当作练手了。

2003 年 3 月 22 日

[①] 用事件相关电位技术测到的一些脑电成分。P300 主要和注意有关；N400 主要与语义违反有关。

刘颖①(左一)

研究的意义和创新性要体现在问题提出中

你好！论文看完了。整体印象是：论文的大架子搭起来了，引言写得不错，文字比较通顺，问题提出部分多数内容也不错，前两个实验整理得比较好，实验结果还好。这些都是进一步修改和提高的基础。但是问题也不少，还需要花大力气进行修改。主要问题有：

①在没有讲清楚什么是"中央统合功能"之前，引言中不要讨论"研究自闭症患者的中央统合功能的意义"。这个问题应该放到后面的适当地方进行讨论。

②文献综述部分的问题比较大，有结构问题，也有文字表达问题。论文中要区别"中央统合功能"和"中央统合不足理论"。前者是指某种认知功能，后者是指对自闭症的一种理论解释，不要混在一起。同样的问题也出现在"心理理论"和"心理理论假设"之间，前者是指一种社会化的能力，而后者是指对自闭症的另一种理论解释。你在论文中常常把两者混在一起，让人看不清楚。

③对论文写作来说，问题提出部分是非常重要的。工作的意义和创新性，都要体现在"问题提出"中。到目前为止，你对自己要研究的问题还缺少严格的、合乎逻辑的论证，从"问题提出"中不能清楚地看出你的研究在哪些方面不同于别人的研究，它的价值和意义在哪里？现在实验工作已经基本结束了，你

---

① 我的第一位博士研究生，20世纪末，曾随我一同访问澳大利亚新南威尔士大学。后来在美国和加拿大的高等学校从事研究和教学工作，并受聘为辽宁师范大学特聘教授，主要进行语言认知的脑成像研究。

的认识应该跟上自己的研究,要把自己的认识调整到新的水平上,原来的一些假设是可以而且应该进行修改的。

④要规范实验数据的整理和分析。有显著差异的数据固然要报告,没有显著差异的数据也要报告。研究结论要来自自己的数据,不要做一些空泛的结论。

⑤要认真想想本研究的学术价值和意义是什么。自己有一个自评,做到心中有数。也要分析论文中存在的问题和缺点,以及今后改进的方向。

⑥综合讨论是一篇论文的"点睛之笔",希望你一定要写好。

⑦论文中的具体问题,见我在文章中的批注,并对照你的原文,想一想我为什么要那样修改。时间的确很紧了,希望你还是要以质量为重。

2004 年 5 月 9 日

要认真提炼和探索有价值的科学问题

几次来信都收到了,望放心!从美国回来后,事情实在太多了。有些好心的同事和学生见面后的第一句话就是"时差调过来没有?"我只好微微一笑说:"根本没有时间来调时差呀!"高校的 5~6 月是一年中收获的季节,就像农村的三夏(夏收、夏种、夏管)一样,很忙,但总会有一种收获后的喜悦。你还在读研究生,正在忙着"收成"哩,体会一定比我更深些。

口吃研究正在进行,遇到了一些困难,包括实验设计和找被试的困难。五一节前后,我在国外,两个研究生对一名小脑有缺陷的口吃患者进行了 fMRI 和 ERP 测试,但因为学生缺乏研究经验,数据不能用,研究方案还需要修改。如果你愿意 7 月份来北京,我会给你在实验室安排的。你可以先熟悉一下文献,再选择你感兴趣的问题开展研究。基础很重要,除了掌握必要的研究手段外,关键是要熟悉文献,要认真提炼和探索有价值的科学问题,要找到最有意义的切入点。听董老师说,明年我们所可能要单独招生,这对吸引跨学科的人才肯定有好处。希望你能实现自己的愿望。来北京后你住在哪里?有安排吗?

2004 年 5 月 26 日

准确地提出问题在研究中非常重要

你好！开题报告收到了。没有时间通读报告的全文，只读了第二部分"问题的提出"。"窥一斑而知全貌"，从这个部分就能看出报告中的许多问题，这些问题一定要解决才能进行论文开题。

报告提出了 5 个问题，但这些问题不是相对独立的，而是互相包含的，因而不是"5"个问题。从逻辑上讲，你可以提出一个问题，即时间压力的影响出现在言语产出的哪个阶段。这是一个相对独立的问题，只可惜你没有研究这个问题。还有一个问题可能是：口吃者与言语流畅者在言语产出上是否存在差异。还有没有别的问题，我就不清楚了。准确地提出科学问题在研究工作中非常重要。你的研究走了弯路，在很大程度上都和你没有准确地把握问题有关。口吃频率和生理差异都是口吃研究所用的指标，不是一个科学问题，不要当成一个问题来提。如果你只研究了一个问题，就只要提一个问题，不要生硬地拉扯成 3 个或 5 个问题，这样会让人反感。

从今年 8 月到现在，两个月早就过去了，不知道你把时间和精力花在了哪些方面。上次我说过，开题和答辩不分开，准备好了就一次完成。11 月底一定要交给我一份论文定稿，从现在的情况看，我没有时间帮助你修改论文了，一切要靠你自己的努力。收到论文后，我会立即和院里商量论文评审的事，答辩时间定在 12 月中旬，能不能通过答辩，要看你自己的努力。你已经延期毕业，不能再无限期地延下去。

2005 年 1 月 11 日

不清楚研究要解决的科学问题是什么，这怎么行

你好！论文看了一遍，总的感觉比原来的论文有进步，综述部分的内容比较充实，文字比较流畅；在增加了"正常组"的人数后，研究结果显得也比原来好了一些。但是，论文还有许多问题。主要问题是，你不清楚研究要解决的科学问题是什么，这怎么行。在介绍实验设计和整理结果时，重点不突出，讨论没有结合自己的实验数据有针对性的进行。

"问题提出"应该说明"研究要解决的科学问题"，而不只是介绍自己的实验设计。从时间压力对口吃影响的角度看，可以提出的科学问题可能有：①时间压力是否影响口吃，或者是否是诱发口吃的原因？②时间压力的影响发生在言

语产出的哪个阶段？③在时间压力的影响下，认知因素和情绪因素的关系怎样？④时间压力效应的认知神经机制。显然，在已有的文献中，对第一个问题已经有了一些答案，而其他问题都还没有解决。在这些问题中，你希望解决的问题是什么？你假定，口吃可能是由于"言语运动控制失调"，但如何才能探测到"言语运动控制失调"？你设计了复杂程度不同的两种言语产生任务，设计这些任务是为了研究"时间压力的影响"，还是研究"言语运动控制失调"？你还安排了朗读和自述两种方式，又为了研究什么？研究"言语运动控制失调"，还是"时间压力的影响"？从实验结果看，正常人和口吃者都受到时间压力的影响。可见，时间压力对口吃者没有特殊的意义。这些问题都值得你深思。在论文写作时，要从"个别设计"中跳出来，反复审视自己要解决的科学问题。解决了的问题要好好论证；没有解决的问题，要实事求是进行分析。这样论文才有深度。

建议你把打印好的论文再请几个人看看，可以安排一次小型讨论。需要集中精力，抓紧时间好好修改。千万不要再分心干别的事情了。

2006 年 4 月 24 日

没有好思路，方法就不知道用在哪里

你好！很高兴收到你的来信，也很高兴你报考了我的博士研究生。看到前半截信时，我以为你还在学校，可以约个时间聊聊你的想法，包括你工作和学习的基础。可是看到后面，才知道你已经回家度假了。不要紧，等开学后再约时间聊。希望抽时间看一些脑成像方面的文献，如果让你来做研究，你想做什么？解决什么科学问题？能设计出哪方面的实验？脑成像是一种方法，方法是为研究问题服务的。在这个意义上，好的研究思路更加重要。没有好的思路，方法也就不知道用在哪里。

2006 年 1 月 22 日

建构和验证理论是一件非常复杂的事

你的开题报告有许多优点，最主要的一点是，你从文献综述中概括出了一个重要的科学问题：口吃患者言语缓慢的真正机制是什么，而且提出了探讨这个问题的一条可能的途径——准备波。我在大组会上多次提过，做学问要"由博而约，一以贯之"。能够在博采众家观点的基础上，提出自己的看法，甚至理论，这就是由博而约的表现，而且能用一个思路把它贯穿起来。

但是，建构理论和验证理论都是非常复杂的一件事，在战略上我们要有胆量，要敢于提出自己的理论见解，但在战术上又要特别细心和谨慎，要把问题想得尽量完备一些。下面是我的几点意见和建议，供参考：

1. 提出一种新的理论，一定要注意它和传统理论的关系，要仔细分析传统理论的不足和弊端，然后引申出自己的理论，不可以简单草率，把别人的理论都设置为自己的对立面，然后一棍子打死。我这样说是因为在你的报告中，对前人的理论介绍得过于简单，看不出为什么要用一种新的理论去取代它们。

2. 提出一种新的理论，一定要对这个理论的基本概念交代得很清楚。例如，你在报告中提出了言语准备和言语能力矛盾假说。在阐述这个理论时，你一定要把什么是言语准备和言语能力交代清楚。在说明这些概念时，要引用已有的研究文献，要使自己的概念有很好的文献基础，这样才有说服力。否则别人会说，这些概念是凭空想出来的，不能使人信服。

3. 要得到自己的实验数据或临床证据的支持。你的理论基于对口吃患者的分类研究，这种想法是好的。但按"拖音"和"重复、难发"把口吃分为两类，有没有临床上的根据？前者是否不受或少受情绪和外界环境的影响？在视觉和动作反应中研究者发现了一侧化准备波（LRP），我们用它来研究"言语准备"有没有方法学上根据？前人有没有人做过相关或类似的研究？

2006 年 4 月 12 日

要加强宏观的理论思考

你好！浏览了一遍论文，时间很紧，来不及仔细思考。整体印象还不错，结构经过调整，给人的感觉好多了。增加了生理心理交互作用（PPI）分析，尽管是一次尝试，但意义重要。几年来，我们在有关情绪词的研究中，一直没有得到杏仁核的激活，常常引为憾事。你的实验在注意条件下不但发现了杏仁核的激活，而且探讨了它和梭状回、扣带回的关系，这个发现很有意义。我看到的稿子还没有写完，但你的思路已经可以把握到了。你工作认真细致，这是优点，但还需要加强宏观的理论思考和提高基于某种理论假设的实验设计能力。希望你一鼓作气，趁着现在大脑还处在"高度激活"的状态，认真完成好论文，紧接着把它整理成文章发表出去。去年过生日的时候，我把自己的研究道路总结为"选择"和"探索"四个字，这和你在论文后记中谈到的体会是类似的。希望你在论文完成后能理直气壮地告诉你的朋友和亲戚："我不后悔，我选择了认知神经科学的研究道路，而且将在这条道路上一直走下去。"

还有一些文字错误，下午见面签字时再告诉你。

2006 年 5 月 10 日

陈宝国①（左一）

做研究，目标一定要清楚

你好！你昨天的报告比上几次有进步，但还有不少问题，这也是我昨天安排一次小型会议的原因。你学习很努力，花了不少时间阅读文献，但你似乎抓不住问题的要害和关键，不能把自己的思路整理得很清楚。这方面需要学习，这是比知识学习更重要的一种学习，对你未来的发展非常重要。看到你那种近似"不开窍"的样子，我有时心里很着急，想狠狠地推你一把，说话可能比较直，没有顾及你的情面，希望你谅解。做研究，目标一定要清楚，不能含糊，不能大概其，设计要为实现目标服务，要看是不是真正能实现自己的目标。文献综述要注意选择文章，分清哪些有关，哪些无关，不要把无关的东西都放上，否则会干扰你的目标，让你陷进去，拔不出来。写文章一定要规范，要从

---

① 北京师范大学心理学院教授，博士生导师。长期担任心理学专业普通心理学教学工作，主要研究双语认知、第二语言词汇习得、句法加工等。

这些貌似的"小事情"上严格要求自己。别人的意见(包括我的意见)只能供你参考，你接受了的东西才能真正成为你自己的东西。这是别人无法代替的。昨天提到经颅磁刺激(TMS)实验①，通过"阻断"方法来检验背侧和腹侧两条通路的关系，这个想法很好。但 TMS 是一种有"损伤"的实验技术，和 ERP、fMRI 不同，不知找被试是否有困难？附件中是我介绍过的一篇古文"钴鉧潭西小丘记"，我非常喜欢这篇文章，希望你认真读读。有什么心得，望告诉我。相信你下一次的报告会比这次好。

2006 年 12 月 2 日

要解决学术界没有解决的重要科学问题

你好！前后寄来的几个文件都收到了，包括三次报告的 PPT 文件，一个关于双语加工的文字材料，内容和相应的 PPT 文件差不多，一个关于同源词的实验材料和初步结果，一份问卷和一份被试安全须知。几份报告都显得比较简单，似乎看不出你的真正水平和出国后专业水平的提高。你来信说，老外对你的工作"满意"，你自己满意吗？反正我是不满意的。同源词②研究应该很有意义，国外的研究已经比较多了，我们实验室在 20 世纪 90 年代后期也有过几项研究，你读过吗？由于寄来的材料比较简单，我不清楚你研究的目的是什么？想解决什么问题？研究这些问题的意义在哪里？从行为实验的初步结果看，几个条件的比较，差异都不显著。基于这样的数据，下面该怎样做？如果把双语的因素放进去，想解决的问题又是什么？我们不能为研究而研究，而是要解决问题，特别是要解决学术界没有解决的重要科学问题。现在我们实验室已经是国家重点实验室，对研究生的要求也越来越高，博士生在毕业前一定要有 SCI 的文章发表(至少已被刊物接收)。你能达到这样的要求吗？我不愿意看到自己培养的研究生是"凑合"的。现在实验室的大环境也不允许从这里出去的研究生是"凑合"的。两年前，××也在国外待了一年多，她的收获看去比你大

---

① 在颅骨外安装电极，对大脑皮层的特定区域实施电磁刺激，暂时阻断正在进行的皮层活动，从而研究脑功能的一种实验技术。

② 由同一语源派生出来、具有历史渊源关系因而音近义通的一组词叫同源词。例如：在汉语中，"张"是张开弓；"涨"是水涨；"胀"是腹胀。这三个词就是同源词。英语中的"shirt"(衬衫)和"skirt"(裙子)也是同源词，它们都是从原始印欧语的词汇"*sker-"演变而来的。在不同语言间，也有同源词。研究不同语言的同源词有助于揭示双语者词汇与语义加工的复杂关系。

得多。你想想，为什么？在这点上，我也有责任，对你太放手。你原来的研究基础就不好，特别是在基础研究方面，需要补充的知识和技术太多，一下子把你放出去，你根本适应不了。从现在的进展看，按期毕业的可能性已经很小。为今之计，你只有赶快结束那边的工作，三月初一定要回来，回国后，从头开始。回国前，好好考虑一下我提出的问题；如果能在那边做一点行为实验，当然可以完成它，但不要因为这个原因就推迟回国的时间。因为我不清楚，这些行为实验是否能成为你的毕业论文的一部分。总之，时间拖得越长，以后的事情就可能越被动。希望你认真考虑！

2007 年 1 月 2 日

不仅要知其然，也要知其所以然

你好！来信收到了，你提出了许多想法，对自己的设计进行了反思，这很好，说明你动了脑筋。下面我想到几个问题，供你参考：

根据已有的研究，在汉字加工中，BA9[①]有显著激活，而且在许多任务中都得到同样结果，这种激活显然与实验任务没有很大关系。原因究竟是什么？这是很自然的一个问题，也是很有意义的一个问题。就像我们在研究情绪词时所遇到的问题一样。如果说，只证明情绪词与非情绪词在加工中存在差异，那么它只回答了"是什么"的问题，或"知其然"的问题。为了让研究深入下去，还必须探讨情绪词与非情绪词出现差异的原因，即回答"为什么"的问题，或"知其所以然"的问题。因此，分析"额中回激活的原因"应该是一个有意义的科学问题，但如果只停留在现象的分析上，不深究其原因，就没有价值了。

我同意你的看法，额中回可能是"多功能"的，它的激活可能与汉字的多个特性有关系。因此想要找到某个单一的原因，或"唯一原因"，可能会把问题简单化了。由于同音字判断和同义字判断任务中都存在 BA9 的激活，你原来设计的实验，希望通过两类被试的比较，看到"音义的分离"。这个预期可能难以达到；即使达到了，意义究竟有多大？

你提出汉语词汇是"合成性"的，因而与英语不同。这个说法不够准确。汉语存在大量复合词，这是对的。但也存在不少单语素词，或单纯词，如蟋蟀、马虎

[①] 大脑左半球额中回的一个脑区。谭力海等人的研究发现，在汉字加工中，BA9 有显著激活，而拼音文字在相同的实验任务下，没有发现该脑区的激活。进一步的研究还发现，该脑区的激活不足是汉字阅读障碍可能的原因。

等。同样，英语也有不少复合词，如 boyfriend、blackboard 等。你还说，BA9 可能与音节的整合有关，而颞顶区更多与音位整合有关，这个看法可能也有问题。拼音文字同样存在音节的整合，如 nation 是两个音节，national 是三个音节。为什么加工这种单词没有激活额中回？音节都是音位整合的结果，为什么英文中由音位整合成音节较少引起顶叶的激活？这些都难以用你的假设来解释。

你的意见使我想到，是否可以进一步分析汉英两种语言在构词法上的差异，如英文有大量词缀词（前缀和后缀），复合词较少，而汉语有大量复合词，而词缀词较少。构词法上的这些差异是否会造成脑功能的某些差异，如 BA9 的差异？国外关于词缀的研究已经很多，他们的主要发现是什么？对我们理解前额叶的功能，有没有参考价值？

你反思了自己的设计思路，提出了问题，但如何解决这些问题？希望你进一步思考，提出新的研究思路来。

2008 年 1 月 20 日

要重视"问题提出"中的问题

你好！刚刚给你发了一封信，谈"问题提出"中的问题，这是写文章应该注意的一个重要问题，也是我一直希望你们重视的一个问题。家里来了客人，没有说清楚就把意见发走了。你的论文主要是关心情绪调节，问题提出的第一段也是从"情绪调节"开始的。可是后面接下来的几段就偏离"情绪调节"了，头绪太多，这样读起来前后不连贯，不知你的论文究竟要研究什么。我说"问题提出"要大改，就是从这个意义上来说的。从情绪调节出发，接下来应该怎样说明你的研究思路呢？这是你要认真思考的问题。有几点意见供你参考：①已有研究主要关注情绪词的不同情绪价的影响，而你的研究要关注情绪状态的影响。要说明相对于情绪词的情绪价研究，研究情绪状态的影响有什么意义？②已有研究主要关心情绪对词汇加工的影响，而你的研究希望探讨情绪对词汇学习过程的影响，包括对学习编码阶段和提取阶段的影响，希望揭示情绪调节的动态变化及其相应的脑机制。③词汇学习主要包括形音和形义学习。已有研究很少将两者进行直接对比，揭示两者的认知神经机制，而你的研究采用行为实验和脑成像技术，既研究了形音学习的机制，又研究了形义学习的机制，并对两者进行了直接的比较。以上三点能否概括了你的想法？我讲的这几点都没有展开，如何展开，就要靠你自己了。

2010 年 5 月 13 日

把结果放到更大的理论背景上进行思考

你好！寄来的材料看过了。问题的提出不错，所得结果也很有意思，但还有许多地方需要细化，现想到几点意见，供参考。

在×××的毕业论文中，我们就讨论过背腹侧两条通路的关系，主要有两种，一种是腹侧先于背侧；另一种是背侧先于腹侧并指导腹侧。当时我们根据TMS的结果，得出了背腹侧"并行加工"的结论。对文字识别来说，两条通路是同时起作用的。希望你查阅一下相关的文献，并对照我们的结果，看可能支持了哪种主张。是支持了前人的结论，还是有新的发现？把我们的结果放到更大的理论背景上进行思考，才能凸显出我们研究的价值和意义。如果只是支持了前人的结论，投送的刊物就不能太高；如果有新的发现和结论，就应该投给好一些的刊物。

前言中提到了文字识别中"成分"和"空间分析"的关系。提出这个问题就很有意思。这使我想起了Biederman(1987)提出的成分识别理论（Recognition by Components Theory）和黄荣村(1992)基于上述理论对汉字识别的一个设想。Biederman不仅提出了构成物体识别基础的24种"几何离子"[①]而且提出了将这些成分结合起来的108种关系。对物体识别来说，"成分"和"关系"都很重要。以后，在我们和Macus Taft[②]合作提出的汉字识别模型中，也都同时关注了"特征"和"位置"在汉字识别中的作用。陈鹰[③]和我(1994)提出的汉字命名和识别的联接主义模型，也把"部件"和"关系"当成了建构汉字识别模型的基本要素。我想，在你的这篇文章中，如果能涉及上述研究，并从脑机制的角度提出新的问题，应该是很有意义的。

在实验设计部分提到了"一致性运动"的检测，但没有讲为什么要进行这种检测。在实验结果部分，也没有涉及检测结果与脑激活水平的关系，因此这部分看去是多余的。

---

① 该理论认为，一个物体的二维视觉图像是由一些简单的成分组成的，如圆柱、锥体等，这些简单成分就被称为几何离子。

② 澳大利亚著名心理学家，新南威尔士大学心理系教授。主要研究词汇识别和言语学习。因提出词汇识别中"词缀剥夺"理论而闻名于世。我们相识于1993年。在中国自然科学基金会和澳大利亚研究基金会的支持下，我和实验室的刘颖博士、杨珲博士、丁国盛博士等都先后应邀去新南威尔士大学学习访问，进行合作研究。

③ 我们实验室第一位用计算机模拟技术研究汉字识别的研究生，建立了汉字识别与命名的联结主义模型，模拟了汉字识别的频率效应和形声字读音的规则效应。

文章初稿出来后,要不要组织几个人在一起讨论一下,这样可以集思广益,提高文章的质量。

2010 年 8 月 26 日

不要只做一点"不痛不痒"的研究

你好!来信收到了。韵律在语言理解中的作用,应该是一个有趣而重要的问题。近年来中科院心理所杨玉芳老师及其课题组进行了一些有趣的研究,包括行为实验和脑成像研究,北京大学心理学系周晓林老师也做了一些研究。但这些研究都没有涉及儿童语言发展和阅读发展的问题,从这个意义上来看,选择这个问题应该是有意义的。但韵律敏感性和阅读是怎样的关系?其间的重要科学问题是什么?哪些问题解决了,哪些问题没有解决?汉语阅读与韵律敏感性有没有特殊的问题?我没有做过这方面的研究,不熟悉相关的文献,因此对上述问题没有明确的认识。建议你做三方面的调查:①调查国外相关文献,学习别人提问题的角度和方式,他们采用哪些实验方法或范式研究这个问题?特别要关心韵律敏感性和阅读的关系,而不是与语言理解的关系;②找小学老师做一点调查,实地看看韵律敏感性和阅读究竟有什么关系?这种调查非常重要,它可能给你提供文献中难以得到的重要启示,找到更有"生态学"意义的研究课题,而不要因袭前人,只做一点"不痛不痒"的研究。③直接和杨玉芳老师和周晓林老师联系,把问题提得具体一些。相信他们会给你一些具体的建议。另外,建议你考虑一个问题,韵律敏感性与阅读的关系是否受到阅读材料的影响。把问题限制在某种材料范围内,研究是否更容易一些。今天就说这些。

2010 年 10 月 27 日

科学问题不清楚是文章的一个大问题

你好!寄来的文章早就收到了,谢谢你的努力!收到后浏览了一下,觉得问题还很多,放下了。今年 2 月下旬,实验室要接受科技部的验收。从元旦以来,我和丁老师都忙于实验室验收工作,特别是丁老师,多次承担了验收报告的起草和修改,常常是"通宵达旦"地工作,忙得顾不上回家,组内和自己的研究工作只好"暂时"放一放。春节前,我也因会议较多,较忙,得了感冒,并发展为肺炎，休息了近半个月，最近才好一些。昨天又看了你的文章，把问题整理了一下，现在发给你供修改参考。

①万事开头难，写文章也是这样，如何写好文章的开篇，对一篇文章是至关重要的。通常一篇文章的"前言"要包括几方面的内容：一是提出一个好的科学问题，其标准是有重要的学术价值和（或）应用价值；二是基于科学问题，介绍研究的背景，即已有的研究基础是哪些；三是阐明本研究的基本逻辑，即按照一种什么样的思路来回答这个科学问题，研究的创新意义在哪里？

②这篇文章的主要科学问题是什么？几年来我们一直有两种考虑：一是研究"打字中枢（typing center）"，即哪些脑区可能与写字有关；一是研究计算机的使用如何引起脑功能的变化。本文是按第一种思路来写的。从打字中枢提出问题，再将打字中枢和手写中枢进行比较，将两种打字方式进行比较，进而说明计算机的使用对脑功能的影响。这样写的好处是：问题比较具体，也比较集中；从具体问题入手，再推广到一般问题上。缺点是，文章从一开始就把读者引向一个非常具体的问题：打字中枢，而这个问题的意义，可能不是大家很关心的。

③前言的问题还很多，很平淡，没有广度和深度，因而也就没有吸引力。其原因可能有：一是关注的科学问题不清楚。从题目看，本文关心的主要科学问题是"打字中枢"，即是否存在这个中枢，它和手写中枢有没有区别。但在文章中我们又关心脑的可塑性问题，即不同打字方式对脑功能可能存在的可塑性影响。这是两个不同的科学问题，如何在一篇文章中同时回答好这两个问题，并说清楚它们的关系，有很大难度。处理得不好，看去就很乱。文章的题目讲到汉字的打字中枢，正文中也讲到汉字的特点，是要研究汉字打字的特异性脑区吗？如果要研究不同文字使用者打字中枢的差异，则是另一个科学问题了。科学问题不清楚，是文章的一个大问题。二是立足点不够高：为什么要研究"打字中枢"？重大意义在哪里？文章先讲了书写中枢，接下来介绍打字中枢，但为什么要研究打字中枢，却没有说清楚，就事论事的成分比较多，没有高度。三是相关的研究背景介绍得不够：文章介绍了失写症的一些早期研究和近年来关于书写中枢的研究，其间文献的跨度太大，而且这些文献只能回答"有没有"书写中枢的问题，对回答是否存在"打字中枢"，没有直接的意义。文章还讲了计算机的出现对人类社会和文明的巨大意义，但都是一带而过，没有文献依据，没有把它与本文要回答的科学问题有效地联系起来，读完没有印象。四是研究逻辑阐述得不清楚。由于科学问题的表述不清楚（见问题一），本文打算通过怎样的设计来回答我们提出的科学问题，也就不够清楚。前言的最后一段提出了三个问题，这三个问题和"打字中枢""脑的可塑性"是什么关系？也不清楚。

④如何处理数据，也是本文面临的一个问题。一是结果的整理要基于文章要解决的科学问题。前文提出了两种打字输入的区别，并且希望从其比较中研究计算机打字输入的影响，而结果中完全没有这方面的数据，也没有说明为什么不用这些数据。这样，前后就不一致了。这是一个大问题；二是采用不同输入方式的两类被试有没有共同的书写中枢（writing center）？由于输入方式不同，他们具有不同的书写中枢吗？如果书写中枢是统一的，为什么要分别进行两类被试的打字与手写的比较；如果书写中枢不同，他们受到了输入方式的影响，为什么不进行两种书写方式的直接比较？

具体问题，见正文批注。

2011 年 2 月 14 日

丁国盛[①]（左二）

前言要提出有意义的"科学问题"，并围绕这个问题展开

你好！前言虽然经过几次修改，但看去仍然不好，主要是没有提出一个好的"科学问题"，逻辑也不清楚，有些就事论事，没有拔高一点，让人感受不到研究的重要价值。文章是从正常儿童的阅读开始的，提出了语音在阅读中的重要意义。这个问题本来是一个好问题。但是文章接着就转入与阅读相关的脑区，包括文献中经常提到过的一些脑区，如梭状回（FG），颞上回（STG）、颞中回（MTG）、额下回（IFG）等，这些脑区有些与语音有关，有些与语音无关，

[①] 北京师范大学脑与认知科学研究院教授，博士生导师。主要研究口语与手势语的比较，语言经验与脑的可塑性，阅读障碍的脑机制。曾应邀出访美国国立健康研究院——NIH、美国西北大学、英国剑桥大学、澳大利亚新南威尔士大学。

这样就离开了原来提出的语音问题，让人不知道本文想回答的主要科学问题是什么。文章往下转入失聪人的阅读研究，引用的文献很多，但主题不突出，没有围绕"一个科学问题"来展开，线索不清楚，读完没有印象。

为了凝练一个好的科学问题，我觉得应该从分析失聪人与听力正常人的主要区别入手。失聪人丧失了听觉，这是和正常人的基本区别。这个区别会对阅读带来什么样的影响呢？当一个人失去听觉后，还能不能进行正常的阅读？已经失去的功能能不能由别的功能进行代偿？这些问题应该说都很有兴趣。如果这样提出问题，可能比现在这样提出问题，更有吸引力，也更加集中。

也可以考虑另外一个角度，就像原文所说的那样，从语音在阅读中的重要作用切入。有非常多的文献（行为的和脑机制的）可以支持这个观点。然后直接提出，当失聪人丧失听觉，全部或部分失去语音的支持，他们的阅读活动将怎样进行？与正常人的阅读会有什么区别？前言应紧紧围绕语音丧失后的阅读活动将怎样进行来展开，让文章更加紧凑。

还有一个想法，从更宏观的角度来想问题。脑的可塑性变化，可以在两种情况下进行研究。一种是从增加某些经验（训练）的角度来研究，看它对脑功能和结构的影响。许多有关阅读训练的研究，就是基于这样的逻辑来进行的。另一个是从丧失（障碍）的角度来研究，如盲人和失聪人的阅读。本文采用了多种失聪人被试，比较了他们的阅读与正常人阅读的差异，因而可以更有效地揭示阅读活动的认知神经机制，以及脑可塑性变化的一系列重要问题。

总之，前言应该提出一个有意义的科学问题，而且围绕这个科学问题来展开，这样读起来才会眉目清楚，研究的意义也会更加突出。

最近去医院比较多，眼睛不舒服，不想看东西。现在只看了前言，先说这些，供参考。

2011 年 7 月 1 日

要用"问题"引导数据分析

我把下午会上的意见整理了一下发给你，这样可能更加准确些，供你参考。

报告的引言部分要做一些调整。建议把邓园和吴齐元的文章放在"文字特点的影响"中，并且把你的工作和他们的研究联系起来。邓、吴只研究了汉字字形加工的脑机制，而你的研究直接对比了汉英两种文字的特点，这正是你的研究的创新点。在引言部分，还要明确指出，我们的研究聚焦在字形特点上，因此只关心后阅读系统中背侧和腹侧通路的作用。背侧和腹侧前额叶不在我们关注的范围内。

你的文章的重头戏是实验二。要想清楚它能解决什么问题，并且用问题来引导数据分析。与问题有关的数据要重点进行分析，要仔细挖掘数据的意义；与问题无关的数据要舍弃掉。不是数据越多越好，只有能回答问题的数据才有意义。你的实验已经做完了，没有必要修改设计，简化设计，而要思考这个设计能回答什么问题。根据今天大家的讨论，我觉得可以回答三个问题：①通过汉英和英汉双语者对汉、英母语加工的比较，可以揭示文字特点的影响。两类被试在语言的熟练程度上是"相等的"，他们的差异可以合理地用语言特点来解释；②通过比较汉英双语者加工汉字和英汉双语者加工汉字，或者通过比较汉英双语者加工英文和英汉双语者加工英文，可以揭示语言熟练程度的影响。两类被试加工的目标语言是一样的，其差异可以用熟练程度的差异来解释。也许它们的联合分析在一定程度上也能说明文字特点的影响；③通过比较汉英双语者加工英文和英汉双语者加工汉字，可以揭示母语对第二语言加工的影响。其结果可以用"同化"或"顺应"的观点来解释。数据分析重点放在第一个问题。

为了更深入地揭示文字特点的影响，需要分析两种语言与三种字距（呈现方式）的交互作用。我们希望看到，字距的变化对汉英两种文字有不同的影响。它对汉字的影响更大，对英文的影响可能小一些。这种差异正好反映了文字的特点。

在英语母语者加工正常英文词汇时，颞上回没有任何激活，这个结果如何解释？不要回避。

一定要花些时间把问题真正想清楚。自己想清楚了，才能准确地表达出来。自己昏昏，是不能让人昭昭的。时间很紧了，不仅要修改好报告，还要修改好论文稿。要注意论文的逻辑和结构，多校对几遍，争取没有严重的文字问题和低级错误。

2012 年 5 月 16 日

贪大求全是实验设计的一个大忌

你好！这已经是第三次读你的论文了。但在读完实验一之后，我得到的印象仍然不大清晰。我努力设法了解你的设计及其结果，但总觉得问题太复杂，一时说不清楚。究其原因，除了文字表达上的毛病外，我看主要原因还是出在实验设计上。在实验一中你考察了四个问题，本来你可以根据前三个问题设计三个独立的实验。这样不但眉目清楚，材料好匹配，而且结果也可能更理想。但是你把这四个问题放在同一个实验中来考察，在设计上就犯了一个大毛病——贪大求全，这是实验设计上的一个大忌。作为一个有经验的设计者是应该尽量避免的。

我仔细分析了你的设计，首先，在考察启动字的类型时，你既要比较形声字和非形声字，又要研究形声字中整字读音、声旁读音与目标字读音的一致性。你把这两个问题放在同一个实验中进行考察，就不如将它们分别加以考查更容易把问题搞清楚。

其次，由于在同一个实验中要研究的问题太多，自然在材料的匹配上有许多困难，进而迫使你只能用被试间设计，这样各组被试间的同质问题就产生了，其结果可能掩盖了许多本来可能显著的效应。在你的实验数据中，许多差异都不显著，是否与被试间的设计有关系？

你读过许多好的实验报告，这些报告是不是读起来都觉得很轻松？研究的结论是不是很自然地就能从结果中得到？可是读了你的实验一，我觉得很累，我相信你自己也会觉得很累，为什么？要想想这是为什么？实验一是论文的"开场戏"，对整篇论文的影响很大，因此一定要设计好。

一个人一辈子可能只做一次博士论文，而且不是人人都有这样的机会。因此应该尽量把论文做得好一些，给别人留下一份珍贵的精神食粮，给自己留下一份美好的回忆，不知你意见如何。你在国外干了一年，大家对你的期望自然要高一些，你也应该给自己立下一个更高的标准。整个论文究竟如何修改，请你先提一个想法，我们再交换意见。论文中的一些文字问题我已经改在原稿上，供你参考。祝好！

1998 年 11 月 18 日

不能让一辆车在两条轨道上跑

你好！论文全部看完，也修改完了。前后算起来花了快一个星期。Taft 教授每次来实验室，都见到我在计算机上看论文，但不知道我在干什么。他现在感兴趣的是部件的位置效应，对语音问题不甚关心。

从整篇文章看，我很欣赏你的讨论，特别是综合讨论。你从实验结果中推论出那么多的道理，该"上纲上线"的，你都尽量做了。有些地方虽让人觉得有点过头，但不使人反感，也就是说，你讲的道理是让人能接受的。从讨论中看出，在过去一年中，你在理论思维上的确大有长进。

在五个实验中，我比较喜欢实验三和实验四。实验一的问题比较多。第一遍看完，有点稀里糊涂。第二遍看清楚了一些。看完第三和第四遍，才比较清楚。原因是你在这个实验中，想解决的问题太多了。加上文字表达又不甚清楚，让人读起来比较吃力。你希望在这个实验中会出现许多让人振奋的交互作用，但实际上，大部分的交互作用不显著；你可能期望出现的一些主效应，也只接近显著。面对纷繁复杂的数据，要想把它理出头绪来，的确不容易。许多人的研究经验告诉我们，在一个实验中不要奢望解决太多的问题，设计的实验不能太复杂。1981 年我到华盛顿大学心理系进行合作研究时，JA. Stern 教授曾对我说过，不能让一部车在两条轨道上跑，否则就要翻车。道理好说，做起来不很容易。我想你可能尝到了这样做的苦头。是否苦尽甜来，我不清楚。

我寄回去的论文，有两个本子，一个是修改后不留原文的本子，你读起来比较方便。一个是保留了原文的本子，你知道我在哪些地方改动了，便于你修改，希望你在两三天内按我提出的问题把文章再认真改一遍，并将修改后的论文寄回给我。你可以先送一份初稿给研究生院办理手续，等定稿后再把初稿换回来。但千万注意，送出去评审的论文一定要是修改后定稿的，不要稀里糊涂地把初稿送出去评审。人的第一印象很重要。第一印象弄砸了，以后改过来很难。有我签字的材料我将在明天 Fax 给你。

1998 年 11 月 24 日

李荣宝[①](左二)、郭桃梅(左一)

[①] 我们实验室第一位用近红外(NIRs)和脑电(ERP)研究汉英双语认知机制的博士研究生。福建师范大学外语学院教授，副院长，博士生导师，中国英汉语比较研究会心理语言学专业委员会副会长，研究方向是双语者第二语言的认知表征、加工和发展。

在实验工作中，细节非常重要

很高兴收到你的来信。工作中遇到一点问题是难免的，不必着急。现在北京做事件相关电位（ERP）研究的人比较多。如果说"三人行必有我师"，那么在 ERP 研究中，你就有很多老师。宣武医院脑电实验室的王主任在 ERP 研究中很有成绩，是他把 N270 确定为冲突波的。几年前我和他有过交往，需要时可以找他。中科院认知实验室的范思陆老师也很热心，只要你去找他，他也会帮你。问题还是你自己要想清楚，到底希望得到什么，为什么预期的结果没有得到；而不是预期的结果却出现了，要仔细分析原因。在实验工作中，细节非常重要，有时候实验的成功与否，就决定于这些细节是否解决得好。这些细节只有直接做实验的人才清楚，别人是不得而知的。记得几年前，我校生物系张之同老师设计了一个电生理仪，解决了多年来让人困惑的市电干扰问题。我参加了为他召开的仪器鉴定会。会上张老师了介绍自己的经验，原来关键的技术就是把一根银针由直的弯成马蹄形的。这件事给我留下了很深的印象，说明有些关键性的技术其实并不复杂，只是人们忽略了它，没有注意它就是了。我 10 月 20 日临时回北京几天，可以详细聊聊。预备实验需要多几名被试，我想应该没有问题。只要是研究工作需要，我都会支持你。你做事比较谨慎，相信你不会故意浪费。

2002 年 10 月 16 日

实验就是要"试"、要"验"

你好！中午发信后，又看了一遍你的来信，才把问题看明白了。你用了两个刺激系列："乱码——真字"与"真字——乱码"。前者（"乱码——真字"）是用来验证前人的结果，按道理应该能诱发识别波（RP）[①]；后者是我们真正关心的问题，希望在"真字——乱码"的条件下，也能诱发识别波。在两个系列中都要

[①] 由熟悉的或可识别的刺激诱发的一种脑电波。实验中通常采用两种刺激，一种是真字，如天、晨、视等，另一种是乱码，由汉字分割而成。用脑电设备记录由此诱发的脑电并进行比较，结果发现在刺激呈现后 200~250 毫秒，会出现一个负波，这就是识别波。研究还发现，人在面临熟悉的场景时也会诱发出这种脑电波。当把小偷带到他曾经作案的场景，就会出现这种脑电波，而没有到过这个场景的人就不会有这种脑电波，因此研究识别波对侦断案情有一定应用价值。

加入"目标刺激",类似于"target",目的是维持被试的注意,使被试能更有效地加工背景刺激(真字或乱码)和实验刺激(乱码或真字)。问题是:加入的目标刺激既不能是真字,又不能是乱码,因为用真字为"目标刺激"会增加"以真字为背景的"背景刺激的数量;而用乱码为"目标刺激",又会增加"以乱码为背景的"背景刺激的数量。因此正确的选择应该是一种"中性刺激",它只起到"target"的作用,既不偏向真字,也不偏向乱码。这就是你们建议采用某种刺激图形(如四个口字组成的图形或带颜色的图形)的理由。这里我想起我们在 *Human Brain Mapping*(2003)上的那篇文章,其中我们用了一个非汉字图形为掩蔽图形,如"粜"。它是 Perfetti(1988、1992、1994)设计的一种图形。它不是汉字,但又由汉字的一些笔画组成,且有汉字的结构特点。也许可以用它为目标刺激,要求被试进行反应,以维持被试的注意。希望你们商量一下再确定。先做两个人的预备实验,特别关心一下"真字——乱码"条件下的结果,如果不错,就可以大胆去做了。实验就是要"试"、要"验",才能取得好的结果。你们可以再大胆想想,也许还有更好的选择。祝你成功!

2004 年 4 月 23 日

要有自己的假设,不要被现有的实验结果搞得眼花缭乱

谢谢你的答复,我提的问题其实也是我没有搞清楚的问题。你的答复对我也有帮助。关于激活曲线特征的分析,可能主要用在事件相关的设计中。它能显示脑的激活状态随时间而变化的情况,因而比单纯的定位要好。我不了解它是怎样做的,因此想问问你。关于不同脑区的功能问题,的确非常复杂。各个脑区都不只有单一的功能,每种功能也不只是由单一脑区来实现的。因此脑的活动的秘密只有在积累了更多实验结果和数据以后才能真正了解。我们的实验和别人的实验一样,都是在为这个共同的宝库积累资料。要结合自己的实验结果,从分析大量的文献中得出某些结论。这些结论可能不是最后的定论,但对了解大脑的活动有重要意义。因此,在复杂多样的结果中,要保持清醒的头脑,要有自己的假设,这样才不会被现有的实验结果搞得眼花缭乱。这是一个好的研究者应该具有的研究素质。你认为如何?

2004 年 4 月 27 日

个案分析可能有重要价值

我注意到你在来信说到的那位口吃被试，同时使我想起××老师用基于体元的形态测量学（Voxel-based morphometry，VBM）分析（一种以体元为单位检测大脑灰质或白质密度的形态测量学方法）得到的口吃者的研究结果。如果小脑发育不良可能造成严重口吃，那么对这名被试进行个案分析可能有重要价值。至少可以说明小脑在语言产出中的作用。希望抓住这个机会做一点深入的分析。如果是这样，上次"疏忽"了这一点倒可能变成了一件好事。

2004 年 4 月 30 日

烙饼经验

你好！上次讨论后，我的感觉和你的感觉有些不一样。你觉得情况很糟糕，我却认为，这正是一个新的起点，说明你对问题的考虑正在深入。在制定研究方案时，我们常常需要来几次反复，这就是我昨天所说的"烙饼过程"。你在家里肯定有过烙饼的经验，如果只烙一面，这面熟了，那面不熟；只有两面来回烙，才能烙出好吃的饼。做研究也这样。研究方案不是一次成形的，要经过多个方案的反复比较，才能找到一个好的方案。

大概看了一下你的新的想法和设计方案，虽然在某些方面比上一方案细致了，但整体上觉得不如上一个方案。有三点意见：①这个方案受前人论文的影响太大，没有了自己的特色。前人的研究是在行为水平上进行的，许多问题没有说清楚，也说不清楚，这正是我希望你进一步研究的原因；②从"文化相对论（relativist）和自然进化论（universalist）两种对立的观点"谈起，虽有较好的理论背景，但问题太大，而且引用的文献也显得不够新；③Rosch 的分类研究[①]在认知心理学中有很大影响。但分类问题涉及概念问题，这和字词的视觉和产生离得比较远。研究概念分类的脑机制可能会遇到一些新的问题，应该谨慎些。

总结上次大组会的讨论，大家提出可以从"经验对颜色视觉加工区的调制

---

① Roach 把概念分成基本层次、上属层次和下属层次三类。以家具这个概念家族为例，桌、椅、板凳处在基本层次，家具在上属层次，台灯、餐桌在下属层次。在信息加工时，基本层次的概念最容易激活。

作用"入手进行研究，我觉得这个想法不错。①颜色视觉在脑区的定位是比较确定的，从这个"相对简单"的现象入手，容易找到由某种认知任务激活的脑区。②我们可以选定颜色命名任务进行研究，它既与颜色视觉有关，又与语言产生有关，因而可以观察到某些高级过程对颜色视觉的影响。③脑的可塑性是当前研究的热点问题之一，也就是说，脑的结构和功能可以受到环境和经验的调造而发生改变。这个问题有重要的实际意义。不从"文化相对论（relativist）和自然进化论（universalist）的对立"出发，而从脑的可塑性出发进行研究，研究的新意会更好些。④经验的作用和基因（遗传）的作用是可以联系起来考虑的。你的论文主要研究经验的作用，但必要时可以涉及遗传基因的作用。研究基因的作用困难较大，不宜作为本文的重点。⑤由于研究的现象相对简单，有利于进行 ICA 的分析和建立脑功能的动力学模型。⑥在设计实验时，可以参照 Rosch 的分类理论，区分基本色（basic level）和复合色（subordinate level），但不要研究颜色分类的脑机制。

上面只是我的一些想法和建议，希望你把"烙饼"翻过来，看看另一面怎样了？也许能走出一条路来。祝你好运！

2004 年 6 月 20 日

实验计划没有调整好，就不要急着做

前天听了你的研究计划，心里很着急。主要是你的思路不清楚，要解决的问题不明确，实验多而杂，没有重点。如果你能在两天内把计划调整好，可以传给我，否则国庆期间就不要做实验。与其浪费时间做一些没有意义的事情，不如想清楚了再做。下面是几点具体的意见：

围绕压力对口吃的影响来设计实验，可以分成两组，分别考查压力对语言产生两个不同阶段的影响。定哪两个阶段，由你根据文献来确定。

可以分别设计三种或四种压力实验，如认知压力、情绪压力和时间压力等。设计这些实验，既要有文献根据，又要有自己的特色，不要照搬人家的东西。

一定要用正常组进行对照。设计实验时要参考"双分离"的思路，即设计的任务要使得在某些条件下，口吃组与正常组有显著差异；而在另一条件下，两组没有差异，或出现相反的情况。这样才能说明问题。

要认真选择实验指标或指标体系，多一点根据，少一点任意性。

要狠下决心从原有的设计中进行选择，保留符合实验目标的，砍去不符合目标的，千万不要舍不得。

2005 年 9 月 26 日

基础打得实一点，问题想得深一点，工作做得好一点

你好！你急着想开题，得到老师们的帮助，心情可以理解。但从你几次在大、小组会上报告的情况来看，做正式开题报告的时间似乎还不成熟。主要原因是，你对问题的思考还不够，没有提出很好的科学问题；设计中的许多问题，你或者没有想到；或者想到了，但还不知道如何解决。在本周四下午的大组会上，我提出了两点建议，一是把你读过的文献做一个很好的文献综述，把你对问题的看法一个字一个字地写出来，通过文献综述，整理自己的思想，加深对问题的了解，在这个基础上设法提出一个或几个好的科学问题；二是按照初步设想，做一、两个实验，练练手，熟悉一下实验程序，确定实验的各种基本参数，做到"心中有数"。这两件事情做好了，你才能做一个好的开题报告。至于说，论文选题的方向和报告切入的角度，也希望你好好考虑。做论文要符合自己的兴趣，也就是自己想做，而且有兴趣去做的问题，这是我一直主张的一个选题原则。但是，要想使自己的工作做得更有意义，还有考虑自己的工作与其他人的工作的关系，要考虑做什么问题，能够把自己的工作汇入整个实验室的研究成果中。在这个问题上，我多次谈过自己的一些想法，希望未来的研究能够整合到一个理论框架中，形成系统的研究。但我不敢保证自己的每个想法都可行，这需要探索，特别是你们的探索。做研究一定要注意打好基础，要深思熟虑，不能只凭一些肤浅的想法就去做。从这段时间的接触中，我觉得这可能是你的一个毛病，思想活跃，但不深、不细，而且急于求成。希望你考虑我的意见，把基础打得实一些、问题想得深一些、工作做得好一些。此嘱！

2005 年 11 月 26 日

要重视研究的指标体系

你好！这一稿应该重点修改你的指标体系。由于口吃的特点，许多地方不同于正常人的研究。例如，在正常人的研究中，反应时是一个很好的指标，但在口吃研究中有时就不适用，因此从方法学的角度讲清楚本研究的指标体系就

显得特别重要。这件事本来应该早就做好，但你的前几稿一直没有说清楚，以至到论文该送审了还在修改论文的指标体系，这个教训应该记住。下面是几点意见，供参考：

每个指标的含义、操作定义一定要交代得非常明确，而且要有文献根据。前后的用语应该统一。

采用这些指标的意义是什么？能说明什么问题。要一个一个地介绍。

这些指标的相互关系。指标间不能有重叠。

哪个指标是主要的，哪个是次要的？主要的指标应该放在突出的位置进行介绍和分析。不要不分主次。指标要选择，不是越多越好。

另外，对数据的编码是你一人做的，还是几个人做的？要说明编码是客观的，没有主观成分的参与。

2006 年 5 月 21 日

徐世勇[1]（左五）论文答辩

我关心的还是实验逻辑

你好！把结果发给丁老师一份，抽时间我们再讨论一次。我关心的还是实验的逻辑，逻辑合理了，下面的事才好进行。对你寄来的材料，有四点意见：①希望在设计部分补充上实验材料的例子，便于阅读；②反应时和正确率的两张表应该合并在一起，并标出单位；③实验二的预期结果写得不明确，不能只

---

[1] 我们实验室第一位用功能磁共振成像（fMRI）技术研究汉语词汇识别的认知神经机制的博士研究生，2002 年获得博士学位。现在是中国人民大学劳动人事学院教授，研究方向是人力资源管理、职业心理健康等。

写"有差异",而应写出"谁跟谁有差异";④实验二的结果,存在反应时和正确率的 trade-off 效应①这符合预期吗?合理吗?

2006 年 12 月 6 日

手段要为目的服务

你们好!关于选择研究手段问题,昨天已经跟你们说过了。你们三人中至少应该有一人选择使用 ERP,不能都集中在 fMRI 上,这是实验室发展的需要。理由昨天已经跟你们详细说过了。手段是为目的服务的,没有哪个好,哪个不好的问题。你们应该想想,硕士毕业后,是否打算继续攻博?自己是否对基础研究真正有兴趣?如果让你进行认知神经科学的研究,你能不能有信心用英文在国际刊物上发表文章?作为老师,我应该关心和考虑你们的培养和发展前途;而作为学生,你们也应该站在实验室的角度,为实验室的发展想想,不要浪费实验室的资源和力量。昨天我说过,几年来我们积压了不少实验数据,这不是一件好事,让我常常感到不安。我们的课题费是国家给我们做研究、出成果的,不能满足于出一篇硕士毕业论文,然后就束之高阁。如果一个人没有决心在基础研究上继续前进,我想就不要用 fMRI 进行研究了。希望你们就以上几个问题给我一个明确的回答,做出一个选择,否则就只能由我来决定了。

2007 年 4 月 24 日

运用新方法也是论文的重要贡献

你好!祝贺你顺利通过了论文答辩!昨天你的报告讲得很清楚,比你过去当面和我讲时更清楚。你的论文的特点是在方法,但不限于方法。方法是为探讨科学问题服务的。通过新方法的运用,揭示了一些新的科学事实,也是论文的重要贡献。以后写文章往外投稿,更应该突出这些新的发现。希望你以后继

---

① 在做反应时实验时,实验者都要求被试既快又准确地做出反应。当被试的反应时快,而错误率上升,或反应时慢,而错误率下降时,我们就说两者间存在 trade-off 效应,它说明被试可能贪快,牺牲了正确率,或者主观上希望做对,而拖延了反应时。

续按照"科学问题与方法"相结合的道路,在认知神经科学的研究道路上走得更远、更好!论文定稿后,望送给我一份。希望以后在科研上能有更多的合作!

2007 年 5 月 31 日

头脑中的想法,只有写下来才能变得更加清晰和明确

上星期三听了你的论文报告,虽然有些地方有改进,但整体看来还有不少问题,主要有:①对文献分析得不够,比较平淡,听后没有很深的印象,不能引起大家的兴趣,不如看你的综述来得清楚;②从文献到"问题提出"过渡得不好,很突然,不知道为什么要用方言和普通话研究早期经验的影响,它比用母语和第二语言进行研究有什么好处。你讲到了几个优点,但有些一般化,没有从对比中突出使用方言和普通话进行研究的好处。在你的研究中,方言相当于母语,普通话相当于第二语言,要认真分析两者的关系;③启动实验中不同条件下启动词和目标词都变了,这种设计不符合要求。这个问题在我们讨论时被忽略了,基于这种设计的行为实验需要重新做。在这个问题上,我没有把好关,你的实验结果不理想,也许与设计不当有关。从这个意义上讲,也需要重复这个实验,看问题究竟出在哪里。④设计 fMRI 实验,一定要把设计思想和逻辑说得清清楚楚,就像写文章时那样,该交代的一定要交代清楚。头脑中的一些想法,只有写下来才能变得更加清晰和明确。现在把这步工作做扎实了,可以省去以后很多时间,叫做"事半功倍"。

2007 年 9 月 24 日

做研究一定要把问题看准

把昨天下午大家的意见好好整理一下,再考虑下一步该怎样做。当务之急是要想清楚,电脑输入法的训练究竟改变了什么,是改变了书写习惯,还是阅读习惯?前一阶段我们常说,电脑的使用改变了人们的阅读习惯,使人们从过去的纸质阅读变成了屏幕阅读,这里的"电脑使用"并不是从输入法说的。因此"电脑的使用改变了人们的阅读习惯"完全不等于"输入法的使用改变了人们的阅读习惯"。前一个命题是正确的,而后一个命题可能不正确。从昨天你的报告中我才意识到,前一段时间,我们把这两个完全不同的命题混在了一起,出

现了"偷换概念"的错误。意识到这点是昨天讨论的最大收获。现在应该回过头来想想，电脑输入法的训练究竟改变了什么？日常生活中我们常常听到过这样一种抱怨：现在有了计算机，靠拼音就可以把汉字打出来，一旦离开计算机，汉字就不会写了。这究竟是一个什么样的问题呢？能通过实验设计把电脑输入法引起的这种变化检测出来吗？也许我们可以把这个问题表述为"从音到形"的提取困难：我们知道某个字的读音，却想不出它的准确形状。在这点上（"从音到形"），长期使用计算机打字的人，与没有计算机使用经验的人相比，会明显差一些；相反，在"从形到音"的提取上，长期使用拼音法的人会比没有计算机使用经验的人，容易一些。如果这个想法正确，我们就可以按照这样的想法来设计实验，使两类被试在两种任务上出现"双分离"。我记得前两年，舒华[①]老师的学生做过这样的实验，研究从音到形的提取。建议你找到她们的论文，参照"从音到形"的思路设计1~2个实验，再按照相反的"从形到音"的思路设计1~2个实验。只要目的明确，用很少的实验就能达到我们的研究目的。以上只是我的一些想法，提出来供你参考。你一定要自己动脑筋想问题，解决问题，这样才能走出自己的研究道路。做研究一定要把问题看准，能解决什么问题就解决什么问题。如果输入法的训练的确与阅读有关，我们就研究这种关系；如果这种训练与阅读没有关系，而是与文字的产出有关，我们就研究这种训练与文字产出的关系。我上次说过，思路要开阔些，这样才能跳出某些不适当的思维束缚，找到解决问题的正确途径。

2007 年 11 月 15 日

有想法容易，实现想法很难

你好！同意你的想法和建议。在星期三的会议上，我曾提出，在按新的思路设计实验的同时，要尽量发现原有数据中有价值的部分、在语音和字形搜索任务中，拼音组和无经验组的差异很明显，而且拼音任务的差异明显大于字形任务的差异，韵母搜索的差异大于声母搜索的差异，这三点都是很有意义的。如果我们不考虑五笔字型组，只看这两组（有经验组和无经验组）的差异，结果应该说还是不错的。问题是，两组被试的匹配不很好，拼音组都是高年级大学

[①] 北师大脑与认知科学研究院、认知神经科学与学习国家重点实验室教授，博士生导师，曾任北京师范大学心理学系主任、现为中国心理学会常务理事。她综合运用行为实验、脑电、脑成像、基因技术，探讨语言加工的脑机制、儿童语言和阅读发展及阅读障碍的认知神经机制和早期预测指标等。

生，而无经验组都是一年级大学生。因此应该从一年级学生中再选择一些学过拼音输入（或/和五笔字型输入）的被试，让他们和一年级无经验组进行比较，这样得到的结果就没有问题了。我还说过，要从一年级学生中找到有过拼音训练的被试是不困难的，这比刘嘉老师从上千名新生中筛选出几十名面孔失认症被试和韩在柱老师从数百名病人中筛选出2~3名特异性失语被试要容易许多。我和你一样，常常会有一些想法冒出来，但要让学生去实现这些想法，有时并不容易，或者说很难。这可能与我的想法不够"现实"有关，也可能与他们对我的想法不够理解有关。

2007年11月17日

分散精力做几件事，不如集中精力做好一件事

很高兴你已经顺利到达剑桥，并初步安顿下来。这次出国的时间不长，要有一个很好的计划，多做只有在国外特定环境下才能做的事，少做或不做在国内也能做的事情。要多和别人交流，不管做什么，一定要把提高自己的外语水平放在一个重要的位置。你有很多写作计划，希望能重点完成一项，分散精力做几件事情，不如集中精力做好一件事情。一件、一件来，积少成多。×××刚回来时，文章不多，但这两年成果增长很快，×××也是这样。相比之下，你显得有些不足。原因很多，其中一个原因，你帮我干了许多工作，分散了你的精力，这使我感到不安。希望这次出国学习，能成为你发展的新起点。

2008年4月4日

要从最简单的事情做起，一点一滴做出成绩

你好！很高兴在中断了一段时间的联系后，又看到了你熟悉的来信和文字。特别让我高兴的是，在经过了几年的探索后，你终于找到了你自己的定位，在教育事业和人才培养上发挥自己的作用，实现自己的人生价值。教育是一门科学，更是一种艺术，它需要开阔的视野、渊博的知识和人际沟通的能力，从这个意义上看，教育也许是更适合你施展才能的舞台。你从小学念到中学，又从中学念到大学，这些经历对你从事教育工作是有直接帮助的。你对宏观问题的一些思考对做好教育工作也会有好处。希望你再学习和研究一点世界

教育名著和中国教育名篇，从前人的经验和自己的体会中凝练一些有特色的教育思路，把工作做好。万事开头难，难就难在要有好的教育思想，要从最简单的事情做起，一点一滴做出成绩。最近我在报纸上看到，北京有一所私立吉利大学，校长是原农业大学校长江树人教授；西安有一所私立翻译学院，院长是丁祖诒教授。这些大学都以其独特的育人思路，办得有声有色，产生了很好的社会影响。"舜何人也，予何人也，有为者亦若是。"别人能做到的，相信你也一定可以做到。祝你成功！

2008 年 7 月 11 日

在一个实验中同时检验几个假设，这种设计不可取

你好！附件中是××的论文，供你参考。BA9 究竟起什么作用？这是一个有争议的重要问题，因而也是一个值得研究的问题。但为什么搞了一年多设计，看去还是不好，原因在哪里？我觉得还是问题不够明确，没有针对问题提出设计，这样就跳不出别人设计的框架，没有自己的"个性"。在你的开题报告中，设计了三个任务，采用这几种任务的目的是什么，与前人的研究有什么区别，并不清楚；你计划用两类母语被试，在同一实验中进行"直接"比较，但好处是什么，也不清楚，操作起来会更加困难。难道用汉语母语者为被试就不能进行这种研究吗？从你分析的 4 个原因来看，汉字更容易激活 BA9，可能主要与汉字的字形有关。BA9 参与空间特征分析和空间工作记忆，这和颞上回的功能不同。由于汉字结构的特点和缺乏形音对应，因此更容易激活 BA9，而不是颞上回。在这个意义上，BA9 既与文字特点有关，也与任务有关。在汉字语音和语义的加工任务中（如谭力海、刘丽、邓园等人的研究）都发现 BA9 的激活，是因为汉字字音和字义分析，都离不开字形的加工。但直接比较音、义任务可能不是探讨这个问题的一个有效的途径。如果从字形知觉和字形记忆入手，并比较汉英文字的特点，是否可能更好地揭示 BA9 的功能特点？换一个思路来想问题，是否可行？另外，你的设计还有一个缺点，缺乏层次和深度，也就是说，没有基于"一个"最重要的假设，先进行检验，然后根据基本实验的结果，跟进 1~2 个实验，把问题说清楚。一个实验最好只检验一个假设，试图在一个实验中同时检验几个假设，这种设计不可取。你的设计现在处在困难关头，问题可能是原来的思路不对，因而陷入困境，而不是问题的选择不对，不应该就这样放弃。去年×××也几度试图放弃原来的想法，但坚持一下，挺过来，问题就解决了。建议你把思路放开些，再坚持一周，如果真的不

行，再另做打算。以上意见供你参考。

2008 年 10 月 3 日

要有自己的假设，研究才更有特色

你好！很久没有联系了，近况怎样？年底了，总要想想这一年干了什么，做做"盘点"。最近我约×××来学校讨论了她的论文的修改，自然也想到你。几年来，我们在背侧通路和情绪调节方面都做了一些有意义的实验，可惜这些实验都很少整理发表出去，积压了不少数据，无形中造成了资源的浪费。因此我想抽时间一个个研究抓一下，快一点把成果发表出去。科研产品比物质产品对"鲜活"的要求更高，"旧货"就没有人要了。最近读 Booth(2004) 的一篇文章，他用动力因果模型(DCM)(一种脑成像数据分析模型)分析了拼写(Spelling)和押韵(rhythm)两种任务下的脑激活模式，发现 spelling 主要激活顶叶，rhythm 主要激活颞叶，两种任务同时激活梭状回和额下回。在 spelling 任务中，颞叶、梭状回和额下回都对顶叶做出贡献(convergence contribution)，而在 rhythm 任务中，顶叶、梭状回和额下回都对颞叶做出贡献(convergence contribution)。这种分析和我关于优势激活区的设想不谋而合。不同认知任务会激活相同的脑区，但每种任务又存在优势激活的脑区，它在某个任务中起主导作用，从而形成不同神经网络。在 Booth 的实验中，顶叶就是 Spelling 的优势激活区，颞叶就是 rhythm 任务的优势激活区。我们 2006 年的论文只是提出了一种假设，而没有用自己的数据来直接支持这种假设。Booth 的论文使我看到了证明这个假设的可能性。你会 DCM 的分析方法吗？能用在自己的数据处理中吗？建议你看看 Booth(2004) 的论文。我们要有自己的假设，而且要用自己的实验来支持这些假设，这样我们的研究才会更有特色。如果我们只是跟在

许多(左五)、罗倩(左六)博士论文答辩

别人的理论后面走,尽管也能做一些事情,出一批成果,但不会有很大的出息。你认为怎样?

2008 年 12 月 27 日

计划和步骤要切实可行,愿望才不会落空

你好!来信早收到了,最近比较忙,没有顾上直接答复你。你有攻博、进行基础研究的愿望,这是好的,但要有切实可行的计划和步骤,愿望才不会落空。既然你已经答应撰写论文,就应该把文章写好,还可以借这个机会好好学习 ERP 的实验技术,并考虑如何采用这个技术完成你自己的研究工作,包括毕业论文。与 fMRI 技术相比,ERP 技术更成熟一些,出成果也许更快一些。前几年数据积压,有许多原因,但 fMRI 的数据处理相对比较复杂,需要耗费更多时间和精力,是其中的一个重要原因。所以我倾向于你用 ERP 技术,结合行为实验进行研究。郭老师在 ERP 技术使用上基础很好,对学生要求也很严格,因此我让她和你联系,帮我指导你的研究工作。希望你一定要虚心学习,尊重她的意见,这样你才能真正学到东西,对你未来的发展才真有帮助。你工作很热心,如果能更加踏实些,就更好了。

2009 年 9 月 25 日

设法把复杂的问题分解成相对简单的问题

你好!开题报告的修改有进展吗?这两天我一直在想,你的问题究竟出在哪里?你看去很有思想,讨论问题时想法很多,很活跃,但拿出来的研究方案却不像样,而且一天一变,不是变得越来越好,而是变得越来越看不明白了。你的新稿我让×××也看了,她有同样的意见,可见这不是我个人的喜好问题。我觉得,你的问题不是"没有思路",而是太杂,太乱,自己都整理不清楚。人的心理现象很复杂,如何科学地进行研究是一个很困难的问题。许多初学者喜欢把实验设计得很复杂,以为只有复杂了才能探测到复杂现象的内部机制。而一个成熟的研究者相反,他会把实验设计得很简单,或比较简单,通过一系列看去简单的实验,去回答比较复杂的问题。结果,后者成功了,而前者失败了,陷在自己挖掘的泥坑中不能自拔。因此,在设计实验时,不是越复杂

越好。要设法把复杂的问题分解成相对简单的问题，一个一个去解决。每个实验只解决一个问题，积累多个实验才能解决比较复杂的问题。这是设计实验的基本要求，也是设计实验的诀窍。不解决这个思路，就很难进入心理学的研究领域，更不要说做基础研究了。另一个问题是文字和语言表达问题。现在许多学生不重视这个问题，无所谓，说话不清楚，让人听不懂；文字不通顺，让人看不懂。一个人的研究成果要报告出去，说话不清楚怎么行；一个人的研究成果要发表出去，没有很好的文字表达能力怎么行。你的文字比较晦涩，不能让人一看就清楚你在说什么。建议你写完文章后要自己多看几遍，多改几遍，不要轻易把自己蹩脚的文字不负责任地交给别人。我这次没有一个字、一个字替你修改，也没有把自己对方案的具体修改意见告诉你，而希望你从自己的探索中去发现自己的问题，找到解决问题的办法。这也许对你帮助更大，对你未来的发展意义更大。希望通过这次开题，你真能有所领悟，真正开窍。

2009 年 12 月 3 日

换一个角度想问题

你好！上午去医院检查视力和听力，坐在候诊室里，又想起了你的文章。还有几点建议：①全简和半简的提法不好，让人容易误解为全部简化和部分简化，在使用了繁体字的背景上，更易出现这种误解；②如果把研究改成两个实验，实验一就用简体字，比较能独立成字的部件和不能独立成字的部件；实验二采用简体字和繁体字，都采用能独立成字的部件。这样分开做，就没有两个因素交织在一起的问题了。我们自己在研究中也有过这种经验和教训，一个研究发现了"硬伤"，以为不行了。换一个角度想问题，也许还能发现某些合理的东西。③你现在的数据，如果去掉中间频率，不做 2×3 的方差分析，而改成两个 2×2 的方差分析，先分析两种简体字，再分析简体字和繁体字，这样也就合理了。但我担心结果仍不理想。④关键的问题还是研究的假设是否合理，为什么要采用字形结构判断任务？这样做是否真能解决汉字识别中整体和部分的关系问题？这些问题想清楚了，才会想出更好的设计来。⑤作为一篇研究论文，后面应该有附件，要列出全部实验材料，即所用的汉字。要经得起严格检查，没有问题才行。⑥你有头脑，在本科阶段能提出这样的问题和想出这样的设计，已经不错了，对自己要有信心。如果再加上勤奋学习，多多思考，将来一定会做出好的研究成果的。

2010 年 7 月 13 日

提出一个新的科学问题，让数据"绝处逢生"

你们好！下面是我昨天上午写的一点意见，是在笔记本上编写的。因 word 版本不同，在发 email 的台式机上读不出来，没有发给你们。后来看了××的意见，觉得我的想法可能有点过时，没有必要发给你们。今天早上把文件的版本替换好了，决定还是发给你们，算是一种意见，供你们定稿时参考。

原来提出的科学问题是否都没有意义？当年我们讨论这个课题时，主要是从语言产生的角度提出问题，关心的问题有三个：①手语和口语有没有区别，如果都是语言，它们应该有共性，但两者也可能存在某些差异；②中国手语（CSL）有什么特点？与美国手语（ASL）、英国手语（BSL）有没有共性和差异；③口语与手语的关系，口语的差异是否会出现在手语中？我们采用了图片命名和单词命名，希望能直接回答第一个问题，并间接探讨第二和第三个问题。当时觉得这些问题都很有意义，被试资源也有特色。但是以后随着大家的参与，看的文献多了，对问题的认识也逐渐深入了，才发现第一个问题在学术界已经有了共识，不需要再证明了，只好从别的方面来说明我们这些数据的意义，出现了多个修改版。开始时我们没有关心两种任务的比较，也没有意识到失聪者的手语单词命名，实际上是将第二语言翻译成第一语言。这些都是通过评审才明白过来的。我们被迫重视了"翻译"问题。×老师的这一稿费了很大力气，就是希望回答这个问题。许多地方也很有道理。但是直到现在，我仍然觉得，我们原来提出的第二和第三个问题并不是没有新意，而且实验也提供了某些有价值的结果。在历次评审中，这些结果和意义得到了评审人的部分肯定或肯定。正像许多研究一样，在基本方面证实了前人的研究（第一个问题），而在其他方面丰富和发展了前人的结果（第二和第三个问题）。按理说，这样的研究结果是可以发表的。在研究过程中，包括在文章写作过程中，科学问题的凝练是可以改变的，有时候提出一个新的科学问题，可能更加凸显现有数据的意义，甚至可以使数据"绝处逢生"。问题是，我们现在要研究的问题成了图片和单词命名两种任务的比较，而核心成了"翻译"问题，这和研究的初衷相去太远了。究竟哪些问题才更有意义？这是我最关心的。

从"翻译"切入可能会遇到哪些新问题？我们被迫选择了"翻译"问题，好处很明显，一言以蔽之就是一个字"新"。昨天的修改稿也突出表达了这个意思，希望用"新"来说服第二评审人接受这一稿。但是"新"会不会带来新的问题？我希望能够深入想想，并试着做回答。比方说：①从翻译入手，前言的前几段怎么写？原稿的第一段是否离主题太远？②研究翻译为什么只选择单词命名？③研究翻译为什么要与图片命名做比较？④讨论时可能与国外的哪些研究作比较？如果我们能把自己想到的问题都回答了，才有希望说服别人。

要考虑评审人的偏好和我们应有的对策。每个评审人由于看问题的角度不同，在评审论文时有偏好是很自然的。其实我们自己也有偏好，有偏好就可能有片面性，因此我们需要吸取评审人的意见，让我们对问题的认识更全面些。但是，我们有片面性，评审人就一定没有片面性吗？如果评审人出现了偏好，怎么办？我觉得要适当进行申诉，为自己的学术立场进行辩护，这样做有时是非常必要的。如果我们总是让评审人"牵着鼻子走"，就很难从被动局面走出来。因此，坚持我们的意见，把道理说清楚，设法"说服"他，而不是"屈从"他，这样也许比消极退让容易取得更好的效果。

我对这个问题想得不多，也不深入，因此我尊重大家的选择。以上意见仅供参考。如果上述看法已经过时，就别让它干扰了大家的工作。

2010 年 8 月 10 日

在数据面前，我只能修改自己的预期

你们好！看了这一稿。也许是看多了，熟悉了，我被你们的逻辑"征服"了，总的感觉还不错，讨论部分删去了两小段，看上去舒服了很多。对英文的结果做了我比较满意的解释。个别文字问题，我在正文中做了标注，供参考，你们再检查一遍。为了不耽误返回编辑部的时间，我想可以送到翻译公司做一次文字润色，就可发走了。给编辑部的复信也看了，问题都做了回答，希望评审人没有新的问题。我上午在信中提出的问题只供探讨，不必再"大动干戈"修改论文了，时间也不允许。我对实验结果的"预期"太强，没有看到自己期望的结果，有点不甘心。但在数据面前，我应该自我调整，修改自己的预期。另外，我想说明的是，英语没有明显的 space 效应[①]正说明了被试加工拼音文字的某些特点，即语音帮助了字形的整合。也许当 Space 加大到 2.5 个空格时，语音的帮助作用减少，效应就出来了。这就是为什么 Cohen 也只发现在大的空格下才有 space 效应。

2010 年 11 月 1 日

[①] 我们在一个研究中发现，当汉字的多个部件间出现空格——space 时，字的识别受到明显影响，反应时延长，脑的激活水平也有相应变化；而在拼音文字中，只有当字母间出现的空格足够大时，才会有相同的效应。

想想事情的本来面目

我们可不可以抛开这些定义不很清晰的概念,想想事情的本来面目。对个体发育来说,一个是遗传的作用,其实就是一种种族经验,以成熟的形式表露出来。另一种是个体经验,是通过学习和训练得到的。我们似乎没有直接研究和对照经验依赖可塑性和经验期待可塑性,而是研究了听力剥夺和手语经验的关系。其中听力剥夺可以看成是某种经验的丧失,而手语经验可以看成是某种经验的获得。它们与上述两种可塑性对应得不好,因此看起来总觉得有些扭曲,关系说不清楚。如果我们先撇开手语经验,只从听力剥夺切入,直接与听力正常人进行比较,把手语经验只当成"跟进"研究中试图排除的影响,这样也许容易理解些。在综合讨论中可以结合我们的数据,讨论两种可塑性的关系。

我们面对着两种经验,一种是听觉经验;另一种是手语经验。前者是动物和人共有的经验,后者是特定人群的经验。这两种经验对个体发育的作用一样吗?

时间很紧,我眼睛又不好,不敢仔细看你的全文,只能说点印象。

你现在用"两种类型的经验可塑性"贯穿了全文,但是,①在综合讨论部分,没有说清楚手语经验和听觉剥夺与这两种经验的关系。如果说,手语经验提供了经验依赖信息,那么听觉剥夺只是丧失了经验期待信息,而不是获得经验期待信息(听觉信息),两者的比较能说明两种经验的关系吗?②以往研究显示,经验依赖信息(如训练)引起皮层厚度增加,而本研究结果显示,感觉剥夺引起皮层厚度变薄。从现象上看,两者的作用似乎相反。但是,如果给个体增加视觉和听觉经验(经验期待信息),皮层厚度是否同样会增加,在这个意义上,两种经验信息的作用其实是相同的。③论文的分析还停留在现象的描述上,没有深入到它的内部机理,即两种经验的作用为什么不同?由于存在上述问题,论文的理论意义,即对解决脑可塑性这个重大科学问题的意义还是不清楚。

在前言和问题提出中,都谈到关键期,但后文中几乎看不到关键期的影子,本文对回答这个问题,提供了什么结果,有什么意义?

2012 年 5 月 20 日

蒲洁硕士论文答辩

好的被试资源是研究工作的一个重要优势

你好！很高兴收到你的来信。你研究的问题很有意义。你采用相同实验任务研究中国被试和外国被试对相同情绪词的加工差异，能有效地排除任务和实验材料对结果的影响，这个想法很好。好的被试资源的优势是研究工作的一个重要优势，在你的实验中能得到数量较多的外国被试，这一点也很难得。

在情绪词的加工中，关于语言和文化影响的关系，的确是应该思考的一个问题。据我的理解，文化通常指"人类在社会历史发展过程中所创造的物质财富和精神财富的总和，尤其指精神财富，如文学、艺术、教育、科学等"，也有人把文化理解为"百科全书知识"和"民族或社会的风俗习惯"等。而语言作为人类最有效的交际工具，它是文化的载体，语言和文化的关系似乎应该是形式和内容的关系。文化是内容，而语言是形式。因此当我们说到东西方人对同一个词具有不同的理解（如对红、绿等颜色词的理解），或者东西方人具有不同的面部和姿势表情时，这里应该主要是文化的影响。因为他们的知识不同，社会风俗习惯也不同，才出现了这些差异。张积家老师在一次学术会议上讲到语言对认知和人格发展的影响，有许多方面可能是文化的影响，而不是语言本身的影响。语言的影响应该表现在交流的手段和工具方面。比如大家熟悉的，由于拼音文字和表意文字的不同特点，拼音文字易于提取语音，而表意文字易于提取意义，这是语言的影响；两种文字在颜色词的 Stroop 效应中表现出差异，也是语言的影响。由于有些语言具有较多指称"颜色"的词汇，而另一些语言指称颜色的词汇比较贫乏，因而人对颜色词的加工会有差异，也是语言的影响。建议你查一查百科全书有关文化的条目和上网查查相应的条目，一定能得到一个比较清楚的答案。最近因为眼睛做了白内障手术,还不舒服,没有查文献,以上意见仅供参考。

2013 年 1 月 10 日

第四编 文章写作与发表

博士论文的三点要求

　　谢谢你 1 月 10 日的来信。读后对你的研究思路，有了较多的了解。总的印象是可行的。我对博士论文有 3 点要求，一是独立性，工作应该主要由博士生自己独立完成，包括实验设计、实验实施、数据处理和论文写作等几个方面。导师和别人的帮助是必要的，但只起辅助作用。二是创造性，研究在选题、实验范式、实验结果和理论概括上都有创新，能基于前人的研究，又高于前人的研究，能推动本领域学术的发展。第三是系统性，能提供本领域一个较完整的文献综述，论文应对所研究的特定科学问题，进行系统的、多视角、多维度的探讨，几个实验的内在结构和逻辑应该很清楚，前后联系，层层推进，逐步深入。这些要求供你参考对照。我们对自己应该有一个高的目标，并能朝着这个目标努力去做。至于最终能达到多高的目标，是与个人和环境的内外许多因素有关的。同意你的计划，在回国前，至少要把图片命名、词汇判断两个任务完成好，如果能完成 word reading 实验，就更好，因为这是必须做的，让人代替不如自己亲自动手，这样心里踏实。我原来担心你在那里浪费时间，因此希望你早些回来。如果真的有事可做，而且非做不可，等到三月初回来也可以。毕业的具体时间，要看你完成论文的质量来决定，不必过于着急。对大多数人来说，一生只做一篇博士论文，要尽量做好，不要留下"终生遗憾"。论文做好了，有几篇像样的成果发表出去，以后就什么也不愁了。眼光放长远些，就会塌下心来，抓住眼前的事情，一件一件地做好。根据现在的情况，建议你把自己读过的文献好好整理一下，写一篇像样的文献综述，特别要注意分析文献的内在联系，这对你整理自己的思路会有很大帮助。回国后，在新学期初，希望你在组内做一个高质量的报告。

2007 年 1 月 13 日

王立新(左一)、郭瑞芳(左三)、龙志颖(左四)

凝练自己的思路，形成自己的特色

你好！看了你这次描述的结果，真的非常有趣，也非常重要。我在"有趣"之外，加上了"重要"两字，是因为我们通过自己的数据有可能清晰地说明训练与脑的可塑性的关系，也说明结构与功能的关系。这两点都有重要的学术价值。现在关键是如何把文章写好，也就是要围绕我们关心的问题，讲出一个好的"故事"，让人看得明明白白，听得饶有兴趣。建议你选读几篇有关的论文，包括发表在 Nature、Science 和美国科学院院刊上的论文，认认真真地读，仔仔细细地读，从问题提出到图表编制，从风格到文字，好好学习人家的长处，看人家怎样写一篇好文章，讲一个好故事，逐渐凝练自己的思路，形成自己的特色。我建议你先写功能联结的文章，这篇文章更有意义。可以邀请一位有发表论文经验的"老外"参加我们的"合作"，这样做无非是贡献出一个作者名额，却可以换来许多有用的经验，增加发表文章的可能性。不知你以为如何？路走到现在，你的投入非常关键。集中精力做一件事，才能把一件事做好。伤其十指不如断其一指，打战用兵是这样，工作、写文章也应该这样。只有这样，才能有望把事情做好。

2007 年 1 月 9 日

再谈论文的独立性、系统性和创造性

你好！昨天说了我的一些意见和建议。博士论文最重要的是独立性、系统性和创造性。独立性是指论文的主要部分是研究生自己独立完成的，老师的指导和同学的帮助都很必要，但只起辅助的作用。系统性是指论文要从不同侧面系统回答（或解决）一个或几个重要的学术问题，工作量较大或很大，付出了艰辛的劳动；创造性是指论文获得了新的结果和结论，解决了前人没有解决的重要问题，对学科的发展有重要意义。对照你的研究，独立性和系统性应该说都还可以，创造性如何？这是我最关心的一个重要问题。在你的论文中，似乎关心了几个问题，第一个是母语经验在第二语言学习中的作用，第二个问题是中介语在二语学习中的变化，第三个问题是 X-bar 理论[①]的预测作用。抽象起来

[①] 表示短语结构的一种句法学理论。该理论认为，短语是由指示语、核心词和补语组成的。在短语结构中，指示语和补语可有可无，但核心词——head 是不可缺少的。

看，这几个问题似乎都很重要，只要系统、创造性地解决好其中的一个问题，都可能是一篇很好的博士论文。问题是，你在论文的文献综述中，对这些问题的分析都比较简单，缺乏应有的深度，没有把每个问题中学术界面临的种种争论真正摆出来，因而看不到你想解决的具体科学问题是什么，也就难以判断研究的意义。通过几个实验，你得到了一批数据，这是写作论文的基础。但是，你对数据的整理还缺少经验。数据看上去多而杂，没有突出最重要的结果，没有根据自己要解决的科学问题，挖掘数据的意义，对结果进行深入的分析。看过你的论文，只知道你有许多数据，却不知道这些数据究竟能说明什么问题，能说明多少问题。这是论文目前存在的一个大问题。综合讨论在论文写作中非常重要，是论文中"画龙点睛"的部分，需要回答论文开始部分提出的一系列科学问题。可是，你的综合讨论只有一页，没有分析，没有讨论，只有几个反复提到过的结论，这不行。建议你看看别人的博士论文，学习别人写作的经验，找到自己的差距，这也许能帮助你从数据的"泥坑"中跳出来，要认真想想自己的研究究竟解决了什么问题，解决的深度如何？学校要求论文作者对自己的论文有一个评价，这个评价要建立在对前人研究的系统分析上，要建立在对自己研究成果的深入讨论上。分析得越深入、越透彻，就越好。数据表达可以再请周围的同学帮一把。你在这方面的基础比较差，但我相信只要你自己努力，是可以做好的。我知道你很着急，希望早一点完成论文，早一点进行答辩。但做学问不能着急，功到自然成。论文的质量和自己的研究水平是同步上升的。水平不上去，论文就难以达到应有的高度。希望你静下心来，按要求把论文修改好。

2007 年 5 月 4 日晚

创新是博士论文的生命

你好！论文看过了，也让丁老师和刘丽"师姐"看过了。问题真不少，还需要大力修改才行。照现在的样子，还很难送出去评审和参加答辩。主要问题有：

问题的提出不明确，没有高度和深度，看不出研究的重要意义和做这个研究的必要性。这篇文章究竟是要研究背、腹侧通路在文字阅读中的作用，以及文字特点对背、腹侧通路功能的影响，还是聚焦在背侧通路上？这一点说得很不清楚。从论文的题目看，应该是研究"背腹侧通路"，而问题的提出却变成了研究"背侧通路"，这不行。从研究结果看，似乎背、腹侧通路都涉及了。看了很混乱。如果只研究背侧通路，就应该说清楚：①为什么只研究背侧通路的作用？这个问题为什么值得研究？②为什么要选侧背侧通路来比较汉英两种文字的影响？③为什么要选用汉英双语者和英汉双语者两类被试进行比较？这些都是研究的逻辑问题，要详细讲，要具体讲，给人留下深刻印象。你在文章中都说得很简单，没有论证，因此没有印象。在表述问题时，一定要说得明确些，不要拖泥带水，模棱两可。

创新性是博士论文的生命。你的论文的创新性在哪里？能说得很清楚吗？每个实验你都提出了一些假设或预期，但这些假设和预期的依据是什么？没有说清楚，让人觉得很随意，甚至是根据自己的实验结果提出的，这不好。

实验二是你论文的"重头戏"。为什么要做实验二，理由一定要说得很充分。可以引用一些文献来支持自己的想法。问题的提出和从实验一过渡到实验二，理由都说得太简单。

为了探讨文字特点对背腹侧通路的影响，在数据处理部分，你分别比较了汉英双语者和英汉双语者在加工母语和加工第二语言时的脑激活模式。但令人困惑的是，你不去比较加工母语和加工第二语言时两种文字的差异（汉—英和英—汉），而去比较脑区之间的差异，为什么要这样做？这种比较有什么意义？

英汉双语者在加工母语（英语）时，只激活了枕下回、梭状回、额中回等脑区，完全看不到颞叶的激活，包括颞上回和缘上回等。即使在没有字距变化时，结果也这样，这和已有研究的结果不一致。为什么？这个结果会让人怀疑整个实验的可靠性。

上次讨论时我提到过，英汉双语者加工汉字时的错误率太高，而汉英双语者加工英语的错误率低得多，说明两组被试第二语言的熟练程度有很大差异，由此得到的结果能说明什么？它似乎说明不了文字特点的影响。因为只有排除了熟练程度的差异，才能显示出文字特点的作用。

整个论文还不规范，表序和图序还比较乱。同一个研究中，表示汉英双语者的结果用图，表示英汉双语者的结果用表，看了很不舒服。数据处理好像还没有做完。实验二没有讨论，也没有总的讨论。论文缺摘要，自我评价等内容。有些地方文字也比较粗糙。

2012 年 5 月 11 日

很高兴你能独立写出这样的英文文章

最近的事情特别多，6 位研究生的论文集中在一段很短的时间内交上来，让人忙得喘不过气来。不仔细看，怕出大问题；仔细看下来，花的时间就多了。特别是×××的论文。原来想，这次放他一马，让他顺利过去。没想到报告中还有不少重要问题，必须解决。这就更是忙上加忙了。上周还有一件事，教务处让我申报国家级精品课建设，又加了一件"必须干好"的事，没办法啊！

今天抽时间读了你的论文。总的感觉不错，从内容到形式都很好，能用英文独立写出这样的文章，真替你高兴，提不出什么重要问题。有几点小意见和文字问题，见正文，供参考。

2006 年 5 月 21 日

像取"特写镜头"那样，把想要突出的结果展现出来

这篇论文一直存在"写大一点"还是"写小一点"两种不同的思考。目前的文章是按第二种想法写的。这样写问题比较集中，篇幅也简练，但容易使人感到内容比较单薄，影响了发表。唯今之计，我觉得还是要在数据表达上做一点功夫。比方说，表一列举了在若干记录点上汉语和英语的 N400 分布。如果这里改用图形来呈现，配上相应的统计检验，是否更形象、更直观一些。就像取"特写镜头"那样，把想要突出的结果展现出来。魏景汉老师提出要有不同脑区个别代表点的对照和比较，我想也是这个意思。这样表达也许和国际刊物上习惯的表达更一致。这好像是个形式问题，但对论文发表来说，也许和内容同样重要。重新作图可能会有麻烦，但这可能是必要的。"长痛不如短痛"，与其小修小改，总觉得有缺陷，倒不如做一次大些的"手术"，争取一次成功。希望参考一下国际刊物近期论文数据表达的格式。

2002 年 7 月 31 日

论文要精细加工

你好！来稿看过了。论文的框架已经有了，但还需要精细加工，才能成为一篇好的论文。主要问题是：①要用一条思路把全文贯穿起来，这就是"手语产生的脑机制"或"手语产出的脑机制"。你在论文中多次用手语"加工"代替手语"产生"，用"手语"研究代替"手语脑机制"研究，说明你的思路还不是非常清楚。"加工"包括产生和理解，"手语研究"包括行为实验和脑成像研究。你原来

的表达没有凸显出自己研究的特点。你自己的思路清楚了，才能领着读者跟着你的思路走；②要用规范的方式整理和表达实验结果和数据。建议你精读几篇国外重要学术刊物上的论文，参照这些论文来整理自己的数据。目前论文中这个部分还很乱，要好好修改；③要用展开的语言写作论文，描述实验程序和结果，不要把论文变成提纲和 PPT 文件。时间不多了，望抓紧时间认真修改，并把修改好的论文发给我。

2004 年 4 月 26 日

要用通顺的汉语写论文，表达自己的想法

你好！寄来的实验设计方案收到了，大致看了一下。我发现你的文字表达有缺点，读起来吃力，建议你找一两个同学先看看，他们是否能读懂、听懂，然后做一次文字修改，改好了再发给我。写毕业论文时，文字的表达非常重要，表达得不好，评审老师看不懂。上一次在讨论时，我就意识到你在这方面有问题，但没有机会和你说。现在再不告诉你，就晚了。这次我先不修改，看你自己能修改到什么程度。一定要用通顺的汉语写论文，表达自己的想法，包括介绍国外的文献。

2005 年 1 月 16 日

论文的前言要有深度分析

我完全同意丁老师对你的文献综述的评价和意见。整体看来，这篇综述对读者的吸引力不大，没有让人读后有"拍案叫好"的感觉，因而不大容易为好的刊物所接收，原因可能与你叙述问题的方式有关。你是按行为实验和脑成像研究来组织材料的，因而只是一种平铺直叙的描述，而不是一种有深度的分析。你的分析只出现在综述的最后一段，而不是贯穿在文章的始终。因此文章缺乏立体感，没有深度，难以引起读者的兴趣。你说你已经豁然贯通了，领悟了，这自然很好。但我更希望你通过自己的"实践"（即实验设计和论文写作），把你领悟后的成绩显现出来。我现在是在讨论你的写作问题，在一定意义上也是在讨论你的思维方式，希望你做得更好些。

2005 年 12 月 21 日

删掉数据要有根据

你们好！今天如何安排？能休息 1~2 天吗？前天在等候单老师出院时，看了看学生的实验数据，发现有几个问题。①实验数据在统计时经过了两次处理，而不是一次处理？你们的理由是："它们的反应模式与整体不符。"这样做有没有依据？第二次处理删除了多少被试的数据？你们没有说。怪不得你们的数据那么理想，相差 6ms 就能显著，原来是经过了"特殊处理"。这是一个大问题，关系到结果的可信度，一定要认真对待。我对这种做法表示怀疑。因为按照这种做法，一次处理没有差异，就来两次；两次还不行，再来第三次，结果任何两组数据都有可能存在显著的差异。②实验的范式为"判断两个字母是否相同"，是否可以采用"判断两个部件是否相同"的范式？在设计时可以选用 2 笔画的部件。汉字中这样的部件有 27~28 个，和英文字母的数量差不多。采用这种材料，显示了汉字的特点，给人以新的感觉。有没有问题，我不清楚。③根据中性词和假词的比较，得出"中性词无法得到自动加工"，这个结论的含义不清楚。颜色词应该是中性词吧，在 Stroop 范式中，颜色词的语义不是能自动激活吗？④在再认实验中被试对新词做"否"反应，对旧词做"是"反应，这两种不同反应的数据，能直接比较吗？

2006 年 1 月 1 日

敢于对自己的东西"动大手术"

你好！前两天丁老师把你的综述稿发给我了。今天抽时间看了看。我知道，你在这篇文章上已经下了不少功夫，也希望尽早把文章改好投出去。但是，在看过后，仍觉得有许多问题，需要再进行修改，甚至是大的修改。①建议将论文的题目改成"外语语音、词汇学习与脑的可塑性"——来自成人学习的实验证据。②要写好引言，着重说明"研究脑的可塑性的意义"和用"成人学习"研究脑的可塑性的必要性。引言要有吸引力。原来的引言内容庞杂，没有中心，读后没有感觉，更不用说有吸引力了。③删去行为实验部分，重点介绍脑的可塑性研究，这样可以让文章变得短小、精干。④全文的结构需要调整。

反复修改是写好文章的一条基本经验。修改时要用批判的态度审视原来的文章，要善于从新的角度提出问题，敢于对自己的东西"动大手术"。我没有在你的文章上进行修改,是希望你通过自己的修改得到锻炼,有所提高和进步。

2006 年 4 月 1 日

郭小娟(左二)、胡治国(左四)等

学会从自己的修改中学习

你好!你今天用这个地址发过来的文件能收到,而用前一个地址发过来的文件,打不开。希望找到原因,尽快解决。

很快看了一遍你写的综述,和前几次相比,精炼了许多,把重要的内容凸现出来了,这是一个进步。但无论从内容到文字都还有许多问题。坦率地说,这还不是一篇看得过去的文章,更不用说是一篇好文章了。从内容看,第二和第三部分的内容显得单薄,看了"不过瘾",第四部分似乎和论文题目没有直接的关系,偏离了"词汇学习"的主题,加上这个部分反而使论文的结构变"松散"了,得不偿失。文字上的问题很多,主要是行文的逻辑问题,句子间缺乏必要的过渡和连贯,读起来不舒服。看过你多次写的东西,总觉得这是一个问题,原因是什么，我不清楚。我现在不替你改，你自己尽可能再修改几遍。要学会从自己的修改中学习。这样才能成为自己的精神财富。否则，即使别人帮你修改好了，下次写文章，还会出现同样的问题。

在实验室中，你和别人的交流和沟通的情况如何？是不是经常和别人讨论问题？征求别人的意见，学习别人的长处？一个人和一个社会一样，开放系统才是一个生气勃勃的系统；封闭起来，系统的活力和生命力就难以得到发挥。千万不要眼高手低，看不起自认为不如自己的人，否则最后吃亏的还是你自己。上周我跟一年级的几位研究生说，现在大家都在万米赛跑的同一条起跑线上，在跑出 4000 米，5000 米后，我们需要回头看看，自己这一段的成绩如何，要及时进行调整，这样才不致于在跑到终点时，后悔自己的成绩不好了。

2006 年 4 月 7 日

文章要自己修改

4 月 14 日的修改稿已经收到，整篇报告的文字还看得过去。但还有问题，希望你自己再修改几遍，实在改不动了，我再帮你修改。表上实验组和控制组的内容一样，是粘贴过去的吧！这几年的经验和教训告诉我，我帮你们改"早"了，你们就不动脑筋，下次还会出现同样的问题。从今以后，我只说"好"或"不好"。你们自己先修改，进步也许会快些。前一段时间，我在×××身上做了"实验"，效果不错，现在该轮到你了。希望你尽力而为。

2006 年 4 月 15 日

文章不通畅，读起来就像吃了不消化的东西一样

你好！论文看过了，总体印象还比较粗糙，缺乏精雕细刻的功夫。特别是文字，拖泥带水的地方比较多，读起来不通畅，就像吃了不消化的东西一样，"肠胃"总觉得"发堵"，不舒服。下面说几点意见供参考：

关于问题的提出。文字描述部分还可以，但 3 个科学问题概括得不好。这不是科学问题，而是你要进行的两个实验。由于问题提得不好，你的文章缺乏将前后部分贯穿起来的主线。读起来让人觉得零乱。根据你的描述，我觉得真正的科学问题似乎可以表述为：①是否存在第二语言的焦虑？它不同于一般的

言语焦虑和交往焦虑，因而具有第二语言的特异性。②第二语言焦虑的神经机制是什么？包括焦虑的神经机制和焦虑对第二语言产生的调节作用。③第二语言焦虑的调节作用是否出现在言语产生的不同水平上？在语音和语义水平上有没有区别？

关于实验设计的逻辑。你设计了两个水平的实验，其依据是，它们存在难度上的区别，因而可以排除难度因素对实验结果的影响。但有两个问题：①你提出的难度问题，是基于母语和外语的难度不同。但是，你采用了"动词产生"任务，仍然存在母语与外语的难度差异，因此这不是增加这个实验的充分理由；②在正文中，你经常提到语音和语义的区别，但没有说清楚它和难度是什么关系，这样就把两个因素或变量混在了一起，让人不清楚你到底要研究什么。

关于实验结果也有几个问题：①你发现两组被试存在焦虑水平的差异，而且这种差异具有第二语言的特异性，但是在反应时和正确率上两组的差异均不显著。这是否意味着焦虑对实验成绩（或学习）没有产生显著的影响？②你采用了一系列测验将被试分成第二语言焦虑水平高低两组，结果你又发现这两组只在第二语言上存在焦虑水平上的差异，这是否存在循环论证的问题？③既然你设计了两个实验，为什么不关心两个实验在行为和脑机制上的区别？区别在哪里？这些区别有什么意义？是当真没有区别，还是觉得数据太复杂，不愿意认真对待。

关于结果讨论。由于前面的问题提得不明确，不知道哪些问题应该强调，哪些问题可以忽略，因此讨论缺乏思路，没有很强的针对性，也缺乏足够的说服力。

文字的问题很多，见正文批注。希望你一定要引起注意。

上午 10 点钟我在办公室，你来找我一下。

2006 年 5 月 9 日

好文章要"千锤百炼"

你好！新的论文稿收到了，读后觉得比以前几稿在内容和文字上都有很大进步，很高兴。文章要反复修改。一篇文章不经过"千锤百炼"就难以成为一篇好文章，这里包括内容的提炼和文字的推敲。你的研究看上去很有意思，不仅有理论意义，也有潜在的应用价值。但要产生较大的社会影响，还必须把它发表出去，而且要争取发表在国际一流学术刊物上，这对你个人和实验室才有意义。要做到这点，未来的路可能还很长、很长。要过好答辩这一关，认真听取老师和同学的意见。希望经过你不懈的努力，在今后一两年内实现这个目标。需要什么帮助，尽管告诉我，我会尽力而为。

2006 年 5 月 21 日

如何讲出一个好的故事

你好！1月2日来信早已收到，同意你的想法，我们可以在这个方案的基础上开始合作研究。我的一位博士研究生已经就背侧通路在汉字字形加工中的作用做了一些工作，欢迎你加入我们的后期数据处理和论文写作，希望早一点将成果发表出去。也欢迎你来我们这里进行语音和语义的研究，需要的话，我可以让一、两位研究生参加并协助你进行工作。我想，等今年实验室的开放课题启动后，我先将这个方案交上去。方案可能还需要细化，等你今年来北京时，我们一方面着手进行一些工作，同时也规划进一步的研究。近年来，实验室一直非常关注每个人的成果，特别是标志性成果。我曾经把阅读的情绪调控模型和背侧通路在阅读中的作用列为未来几年中我们课题组的目标，但如何达到这个目标，讲好每篇文章的"故事"，让人看起来觉得很重要，仍然没有解决。这是我希望你思考的一个问题。我们常常提到发表在 *Nature* 或 *Science* 上的一些文章，总觉得别人把故事讲得很好或比较好，问题到了我们这里，就显得没有滋味了、干瘪了。你觉得按你的方案做下去，有可能讲出一个好的故事吗？在这方面，问题的选择和问题的提出显得非常重要。你认为如何？

2007 年 1 月 7 日

亮点要说清，说透

文章看过了，读起来很舒服。文章小巧，要研究的问题很集中。虽然名词和动词的区别是一个研究得很多的问题了，但你们抓住了汉语词汇中名词和动词的特点，在分析了李平等人的实验结果后，提出了研究这个问题的意义，这样讲是有说服力的。建议修改后投到 *Neuroscience Letter*，它适合于刊登比较短小的文章。修改意见参见正文"注"。下面是几点意见：

①摘要的最后一句只说出了本实验的结果，但其意义是什么？应该有一句话说明结果的意义和价值。

②当我读到综述的第5段第一句时,我还担心文章可能落入了一个最简单的推理:没有人用 ERP 技术研究过汉语名词和动词的分离,因此我们决定研究。如果文章的论证到此为止,研究的价值就不大了。接下来,我看到了进一步的论证,提出了词"单独"出现和"在句子中"出现时,在事件相关电位上可能存在的差异。这个论点很有意思,把研究这个问题的重要性和新意说清楚了。但能不能说得更有冲击力一些,让人印象更深些?建议在适当地方举例说明"词在单独出现和在句子中出现"时的区别?如"花"单独出现时很容易看成名词,但在句子中"她花钱买了一条头巾",就只能当成动词,而不是名词了。花一点功夫说清这个问题,会给人留下更深的印象。

③在讨论部分除了应该对不同脑区的活动做出必要解释外,还应该回答在论文综述部分提出的问题。当名词和动词单独呈现,并采用词汇判断任务或类似的词汇识别任务时,看不到两种词汇的功能分离;这可能与汉语名词和动词缺乏相应的词性标记,不同词汇存在重叠的功能有关。而当名词与动词放在句子中,有了确定的语法功能后,两者的分离就明显显示出来了。这是本文的亮点,一定要说清楚,说透彻,这样刊物才会接收。按照现在的写法,评审人可能抓住我们解释不清楚的地方,否定这篇文章的意义。

2007 年 1 月 13 日

要有理论思考,就事论事,就索然寡味了

寄来的两张图都看到了,的确很不错。下一步应该考虑如何写文章,"讲故事"。我觉得有两条思路,一条是从颜色知觉出发,用我们的数据揭示颜色知觉不同阶段的差异。这不是我们的特长,也不是我们最关心的问题。另一条是从脑的可塑性出发,颜色知觉只是我们用来考查经验作用的一个具体领域。我认为后一条思路更好,更有意义。我们选择颜色知觉是因为:①颜色知觉是一种基本视觉,相对其他认知任务,比较简单,因而便于进行功能连接分析和结构分析;②颜色知觉的研究比较成熟,有许多共识的东西,因此便于我们考查经验的修饰作用。这两点在设计部分要交代清楚。论文还要说明的一个问题是,在经验的影响下,结构与功能的关系。从你介绍的情况看,功能的变化似乎先于结构的变化,这一点很有意义。这是一个重要的"故事情节"。在经验的作用下,首先引起功能的变化,因为功能变化是一种动态的变化,相对不稳定,以后才引起结构的变化,而结构是静态的,更加稳定。一定要有理论的思考,能回答某些重要的理论问题,才能引起大家的重视。否则就事论事,就索

然寡味了。

2007 年 1 月 23 日

文章没有内在逻辑，就不能引人入胜

你好！给 *cerebral cortex* 编辑部的答复已经发出了，望勿念。

文章在补充了一些文献后，内容比原来充实了许多。但综述部分仍有一些问题。总的感觉是，内在逻辑不清楚，读起来吃力，不能引人入胜。主要有 4 个问题：①综述的前两段论述了神经网络的观点，接着介绍了行为实验的证据，然后又回到两条神经回路，这样第一部分和第三部分就分开了，不知关系如何？建议把第一和第三部分合并起来。②综述的第四段引用了一系列实验后，得出了两个与口吃相关的变量，一个是发音长度，另一个是语音转换（from one speech sound to the next）。这两个变量正好是本研究所关心的两个问题。按照论文的逻辑，下面应该对这两个方面进行更深入的介绍。但是，往下看，脉络就不清楚了，这里涉及的问题太多，没有交代清楚它们的关系，如语音计划与执行、语言与动作、语音编码与读音、语言姿势与肌肉活动等，这样显得很乱，不能给人清晰的概念。③在介绍了"发音长度"和语音转换之后，如果接下来就介绍研究的方法和设计，本来是顺理成章的。现在加进了两条神经回路的内容，介绍"基底节"和"小脑"，反而把问题扯远了。

2007 年 2 月 10 日

卢春明①(左一)、范宁(左三)

---

① 见本书第 63 页。

做一点"撞线"的工作

你好！来信收到了。看了你的解释后，觉得文章提出的问题似乎比原来清楚了一些。但我仍担心评审人的第一感觉不很好，因而会遭到刊物的拒绝。明天你先回家，好好休息几天，和家人过一个团聚的春节，节后我们再安排时间讨论。相对于已经投出去的文章，这篇文章应该是"唱主角"的，但读起来，反而不如前一篇清晰。问题主要还是出在前言部分，总觉得比较绕。当然，这只是我个人的感觉，不一定对。我非常支持你做一点"撞线"的工作，基于前人，又超过前人，最好能像刘翔那样，把别人远远抛在后面。从你对本领域知识的掌握程度，你的理论思维和语言功底，特别是你的毅力来看，我认为你有能力进行"撞线"的研究。只是这篇文章在设计上不够严谨，许多问题还想得不清楚，到写文章时就遇到了一些难以处理的问题，这在过去的论文写作中是经常遇到的。有了这些经验和教训，以后再设计实验也许就会变得聪明一些。需要什么帮助，尽管告诉我，我会尽一切努力来支持你的。祝春节好！

2007 年 2 月 11 日

文章要清楚说明研究的基本逻辑

你好！论文看过了，和送给《自然科学进展》的那篇 ERP 的论文相比，这篇文章的问题比较多，需要进行较大的修改才能送出去发表。主要问题有以下一些：

①没有突出本文要解决的主要问题：你的这篇论文主要想回答两个问题，一个是口吃的语音产出缺陷是否存在偏向性，另一个问题是口吃的语音产出缺陷发生在言语产出的哪个阶段。前一个问题是通过设计两种音位检测任务来实现的；后一个问题是通过比较图片和词汇命名来实现的。按照这两个任务，你在前言中应该围绕这两个问题来介绍相关的文献。可是你的前言写得很散，没有重点，看去一大片。前言中有些内容与这两个问题无关，应该下决心删去。

②按照论文的一般写作要求，前言的最后一段应该说明本研究的基本逻辑，可是你没有交代清楚自己的逻辑。你的研究受到 Sasisekaran 研究的启发，但没有说明你在哪些方面改进了他的研究，因而具有新意。你在论文中研究了语音缺陷发生的阶段，但你在前言中没有说明为什么要研究这个问题，研究的基本思路是什么？为什么采用图片和词汇命名，就能把不同"阶段"分离出来。

这样读完前言，仍不清楚你的研究目的和思路。

③在前言中你提出了汉字的特点，并与拼音文字进行了对照。但是，口吃是言语产出的障碍，它和文字有什么关系？言语障碍会受到文字特点的影响吗？这里涉及语言和文字的关系，不能混淆。

④论文的逻辑结构也有问题。在你的研究中，通过"两个"实验分别回答了前面提到的两个问题，一个是命名实验；一个是音素检测实验。可是你把两个实验混在一起进行介绍，这样读起来就不清楚了。

⑤讨论部分说理不充分。例如：图片和词汇命名的对比实验发现，在这两种任务中，口吃组的反应时都显著长于对照组。仅仅根据这些结果，为什么就能推断，口吃的言语产出缺陷发生在后期的编码检测阶段？

⑥这一稿的文字问题很多，需要好好润色、修改。

2007 年 3 月 28 日

介绍文献要有归纳和分析

你好！星期三听了你的研究思路报告，接着又收到了你的 PPT 文件。文件中虽然做了一点小的修改，但基本问题没有改变。报告的问题比较多，许多问题在会议上大家都提出了，需要你好好思考，动一次大手术，把方案修改得尽可能好一些。你现在是"半工半读"，读文献和思考问题的时间比别人少了许多，学习环境中也缺少集体的讨论和切磋，而你选择的问题又是一个前沿的科学问题，不是靠"拍拍脑门"就能做好的。大家的帮助很重要，但最重要的还是你自己的功夫。这是任何别人都代替不了的。下面是一些具体意见，供参考。

你想研究的问题是"普通话习得年龄对其音位感知脑机制的影响"。这个问题可以理解为在"母语范围内"的一项研究。可是你的文献综述却是从"二语"习得开始的，这就把问题引向了另一个不同的方向。建议你从"习得年龄"的文献开始，进一步介绍母语的研究和二语的研究，这样才不会有题目和文献脱节的问题。

介绍文献要有归类和分析，不要平铺直叙。要注意内在逻辑。

"问题提出"是研究工作的一个关键环节。对自己的研究要加强论证，每一点都要做到"言之成理"，"持之有据"。

PPT 文件要做到内容和形式都好，即内容和形式的统一。

2007 年 4 月 20 日

写作思路常常是在长久思考后突然获得的

同样的实验数据可以讲成不一样的故事,有的故事让人读起来平淡,有的故事让人读起来饶有兴趣,会写文章和不会写文章的区别就在这里。可见写文章要想好写作思路,而且要不断调整自己的思路,这一点非常重要。春明关于口吃脑机制的文章已经修改过很多次了。每次修改,在写作思路上都有或大或小的变动。这种思路常常是在长久思考后突然获得的。希望试试你的这个新思路,然后通过比较,确定最后一种写作思路。

2007 年 4 月 21 日

认真答复评审人的意见

你好!昨天看了评审人对论文的意见。这些意见提得很中肯,对修改论文很有帮助。两位评审人对文章都有所肯定,这是编辑部没有拒收的原因。但问题也的确不少,需要好好修改。按照编辑部的要求,需要逐条进行答复。这样做要费时间,但是对提升论文质量有好处。综合评审人的意见,我觉得以下几点应该引起注意:

要写好前言。前言应该开门见山,不要绕弯子。要直接介绍口吃的脑机制研究,从功能到结构,尽量不要遗漏重要的文献,特别是评审人提到过的一些文献。要说清楚研究的逻辑,研究希望解决什么问题。评审人提出文章不好懂,可能主要与前言的写法有关,而不只是文字问题。要充分说明采用结构方程模型(SEM)的理由,它的必要性和合理性。两位评审人都非常关心这个问题,编辑部也邀请了另一位熟悉 SEM 的专家参加对论文的评审。因此,这方面的论证将决定论文的最终命运。

要尽可能回答评审人提出的许多细节问题,如:如何确定被试的利手?如何选择脑的解剖学位置?

要在适当地方突出本研究的创新点。文章的结果和结论在哪些方面不同于已有的研究。第二位评审人两次对文章结果和结论是否有新意提出了问题,这个问题一定要回答好。关于中美口吃患者脑机制的差异问题,不是本研究关心的问题,可以婉言解释。

文字表达问题如何解决?能在一个月内解决这个问题吗?有什么建议?

2007 年 5 月 6 日

数据要为研究目的服务

下午看到你的论文修改稿,觉得变化不大,真的很着急。你很努力,做事也很认真,但基础太差,对相关文献了解得不多、不深入,加上语言表达上的困难,论文做得很吃力。这一点我是理解的。今天下午,我不该那么着急,话说得有些重,向你道歉,希望你谅解。我反复说过,数据要为研究目的服务,要充分揭示数据的内在意义,数据才有价值。下面的修改要注意两个方面,一是要保留有用的数据,坚决删去没有用的东西,不要舍不得。二是要加强讨论,紧密结合前人的研究,充分利用自己的数据,把讨论写好。建议实验二除了说明中介语状态的一般特点外,可以重点讨论被试的二语水平对中介语表征的影响;实验三除了说明中介语状态的一般特点外,可以重点讨论被试母语背景的影响,迁移在二语表征中的作用。这样,每个实验的讨论既有相同的地方,又有自己的特点。在综合讨论中,可以进一步讨论影响中介语表征的各种因素,把讨论上升到一个新水平。讨论时一定要充分利用综述中引用过的文献。不要扔在一边不管。改好后把电子版本发给我。希望你的论文这次有显著进步和提高。

2007 年 5 月 12 日

让亮点更加靓丽

你好!从昨天到今天,我一直在思考如何进一步帮助你修改论文。为了向高水平刊物冲击,有以下一些意见和建议:

要用放大镜和显微镜来观察文章的亮点,让亮点更加靓丽。通常一篇文章有一个亮点就是一篇好文章,而这篇文章可能有 3 个亮点,因此应该成为一篇很好的文章。这几个亮点是:一是过去的研究提出了 V4 复合体是人类的颜色视觉中心,而本文显示,V4 复合体可能受到经验的调节和修饰而发生可塑性改变;二是过去的研究显示了经验对脑的影响,而本文显示,脑的结构和功能的变化受到经验多少的调节,经验越多,学习时间越长,影响越大;三是过去的研究分别揭示了经验对脑的结构或功能的影响,而本文直接比较了结构改变和功能改变的时间和空间关系。在时间上,功能改变可能先于结构改变;在空间上,结构改变和功能改变并不总是重叠的。在 V4 复合体中,V4 比 V4α 可能更容易受到经验的影响而出现改变。但是,论文对上述亮点的揭示和说明还有不足的地方：一是不够集中。我数了一下，文章的讨论部分提出了 10~12 个推论，很有意思，但不集中，因此给人的印象不深刻，要设法让亮点相对集中些；二是有些地方只是点到而已，没有进一步的说明；三是缺少理论上的提高和对问题更深入的挖掘。如，为什么 V4 比 V4α 更容易受到经验的影响而出现改变？从进化的阶梯来看，是 V4 在先，还是 V4α 在先？许多动物都有颜色视觉，它们都有 V4α 吗？同样，为什么功能改变先于结构改变？是否可以从进化上讲一点道理。从进化论看，先有功能改变，然后才是结构的改变。如果把我们的发现与物种进化联系起来，也许能说出一个更有趣的"故事"。

为了提高论文写作水平，建议你选 5~8 篇发表在 *Nature* 或 *Science* 上的文章，仔仔细细地读，感受一下是什么"顶尖级"刊物文章的风格和味道。有了体会后，再来修改自己的文章，也许就能更上一层楼。古人说：熟读唐诗三百首，不会作诗也会吟。我相信多读一些发表在 *Nature* 和 *Science* 上的文章，文章的水平会有所提高。

等你身体好些了，建议你把自己的结果在小组会上报告一次，听听大家的批评和意见，集思广益，这对你修改论文有好处。报告前，我们再聊一次。方法方面我有许多不懂的地方，要向你学习。

2007 年 11 月 27 日

处理好了，这正是本研究的一个亮点

脑结构的变化在前，还是脑功能的变化在前，是一个有争议的问题。我上大学时，受达尔文著作的影响较大，相信功能的改变先于结构的改变。是不是现在有了新的看法，我不清楚。如果说，结构的改变先于功能的改变，那么是什么原因引起结构的改变？上帝还是神仙？因此相信结构的改变先于功能的改变，同样可能是神创论。你想想是不是这个道理？至于说，是否在功能改变时已经发生了结构的细微改变，我们的方法检查不到，这是可能的。但即使这样，也不意味着结构的改变先于功能的改变。问题是，既然研究涉及功能改变和结构改变，就存在这两种变化的关系问题，这好像很难回避。是否可以提出两种或多种可能的解释？处理好了，这正是本研究的一个亮点。希望你查查进化论的文献和现在学术界对进化论的评价和看法，然后决定要不要讨论这个问题。至于说，没有人讨论过这个问题，不但不重要，可能反而更好。如果讨论的人多了，你的论文还有什么意义和价值？

2007 年 12 月 19 日

知道自己的创新在哪里,然后再进行修改

上午去医院了,下午才回家。看了你寄来的研究材料,做了一点调整和修改,觉得问题还是出在内容上。我们要研究情绪价对词汇阅读(特别是语音)的调节作用,但结果似乎只看到注意的作用,没有发现情绪的作用。低频词需要的认知能量大,因而引起前扣带回(ACC)更多的激活,但这不是情绪的作用。从研究的意义讲,我们的结果究竟有什么重要的启示?它说明了注意在阅读中的作用,还是说明了情绪的唤醒作用?为什么要从语音入手研究这个问题?总之,问题不清楚,让人看了很困惑。至于说,研究有助于说明认知与情绪的关系,这种表述太一般化了。我说过,写一篇好文章,就是要讲一个好故事,要富有吸引力,让人爱听、爱看。你的研究的亮点在哪里?你自己清楚吗?上次给认知神经科学(CNS)会议投稿时,我就有这个问题。这次看了你的材料,更觉得是这样。希望你调整一下思路,知道自己的创新在哪里,然后再进行修改,才能改好。不知你以为如何?可以明天早上发给我。

2008 年 1 月 10 日

突出特点,避免面面俱到

你好!我问了研究方法学的老师,他说在处理脑成像数据时,只有两种情况可以删除数据:①BOLD 信号不好;②有头动。这两种情况还可结合行为水平的要求,如被试不配合,错误率太高。其他情况下的数据都不能删除。被试存在个别差异,反应模式不一样,可能与个体差异有关,这种数据不能删除。这是一个原则问题,否则就是按实验者的愿望选取数据了。

昨天我的意见可概括为:①要确定实验的最后结果,实验结果不能老在变化。要根据最后确定的、可靠的结果来评价实验的意义,并进行分析解释。②要明确实验的主要发现是什么,哪些发现是新的?与国外的发现有什么重要区别?③要从我们的结果出发进行分析讨论,要有自己的独立见解,不要把我们的结果硬往别人的理论框架中套。④要从结果出发,重新考虑前言的写法。突出特点,避免面面俱到进行文献综述。本文的特点在背侧通路的作用,没有必要介绍视觉词形区(VWFA)[①]。⑤要采用功能联结的处理方法,对实验结果进

[①] 视觉腹侧通路上一个备受关注的脑区,可能与文字的字形识别和语义提取有关。

行进一步处理，揭示不同脑区间的关系。⑥我们在背腹侧通路上已经研究了 4 年，积累了一些成果，但还没有成果发表出去，是一个大问题，要争取尽早发表我们的成果。

2008 年 11 月 26 日

做研究一定要牢记自己的目的

你好！回家后又看了你的数据，有以下几点想法：①Dillon 的实验非常关注情绪效应和一致性效应，这与他设定的研究目的有关。你也应该这样，紧紧抓住情绪效应和多义性效应进行分析，要根据自己的研究目标去挖掘数据的意义，而不要毫无目的地对待数据。否则，重要的数据看不见，不重要的数据反而列举一大堆；②实验一的行为实验显示了明显的情绪效应和多义性效应，说明原来的假设基本上是对的。应该围绕这两个效应进行讨论，而不要把讨论放在交互作用上；③晚期正成分（LPC）的结果显示，在 450～600 毫秒时间窗口内存在显著的情绪效应，但多义性效应可能不显著，这个结果与 Dillon 的结果一样吗？④LPC 的结果还显示，意义性和半球间存在交互作用，左半球与语义有关，这个结果是符合预期的；⑤N400 的结果显得比较乱，要等新的结果出来再说。总之，做研究一定要牢记自己的目的，不要轻易放弃自己的假设。目标不清楚，思路就乱了。初稿的主要问题就在这里。修改论文要从这里做起。

2009 年 5 月 4 日

尊重数据，不能随意删节

你好！来信收到了。从数据看，结果似乎支持了另一种解释，阅读方式可能影响到被试对词的反应，至少提供了另一种可能性。由于与前人的结果不一致，因此必须非常审慎地检查自己的实验设计，如果没有问题和漏洞，就坚持按数据能说明的问题进行新的解释，这样才可能发现新的问题，得出新的结论。如果发现设计上有问题，就应该思考这个问题是否会影响实验结果，它和现有的结果有无因果关系。从原则上说，我们应该尊重数据，不能按照自己的偏好随意删节数据，但是如果发现某些数据由于实验条件的控制而觉得不可靠时，这些数据是可以不报告，留待以后再进行检验。今天一天都有会，先答复这些。

2009 年 4 月 29 日

要学会提炼和简洁地表达自己的思想

你好！浏览了一下你的论文，意见已经告诉×老师。上午你好好准备一个 PPT 文件，重点讲讲你为什么选择了这个问题，要解决的科学问题是什么，实验是如何设计的，得到了什么结果。文献综述讲得简单些，3~5 分钟就够，报告限制在 20 分钟之内。前几天，博士生的论文报告都控制在 30 分钟左右，没有超过 32 分钟的。大家的反应很好，没有嫌太短的。要学会提炼和简洁地表达自己的思想，讲得越多可能越不清楚。听说你爸爸、妈妈都住院了，这肯定会给你带来精神负担，老师能理解。希望今天你集中精力准备好下午的答辩报告。祝你成功！

2009 年 6 月 8 日

勤于写作，勤于修改

你好！我已于上周三回到北京。回来前给你发过一封信，建议你把文章投给编辑部，看看评审人的意见如何。你要有思想准备，接受评审人的严格审查。现在国内刊物的整体水平提高了，评审人的要求也更苛刻了，这是好事。这几年我们投给国际刊物的文章，都要"过五关、斩六将"才得到发表，我们已经习以为常了。你既然选择了"基础研究"这条道路，就要习惯这种磨炼。文字根底问题，也要靠磨炼，你的文字还不错，比许多研究生好。继续努力，勤于写作，勤于修改，特别是自己修改自己的东西，就一定可以提高。

2009 年 7 月 27 日

要关心"区别"，还要关心什么原因导致了区别

你好！修改稿看过了，说真的，我现在已经喜欢上这个研究和这篇文章

了。它提出了一个重要的问题，通过细致的数据分析，得到了比较可信的结果。它还比较巧妙地回答了我们的研究与 Soik 等人研究（该研究发表在 2004 年的 *Narure* 上，探讨了汉语阅读障碍的脑机制）的关系，在肯定一致性的结果时，显示了一些新的发现。但还有几个问题，提出来供你思考：

①我们和 Soik 等人结果的主要区别是什么？什么原因导致了这个区别？这应该是我们关心的主要问题。从文章看，区别似乎是，她们发现了左半球 BA9 的激活不足，而我们发现了 BA6 的激活不足，从而做出了不同的推论和解释。Soik 等人对 BA9 的功能，一直有不同的解释，我不清楚她们最近有没有新的解释。被激活的脑区是在腹侧还是在背侧？Soik 等人的实验任务比我们的简单，这会导致结果的不同吗？

②我们得出汉语阅读困难儿童的脑功能缺陷是形音映射缺陷，主要基于两个事实：一个是梭状回和舌回的激活不足；另一个是背侧额中回的激活不足。但我们在两种任务中都没有发现顶叶（或颞顶叶）的激活不足。从形音映射通路来说，应该包括背侧颞顶叶在内，我们发现了这个脑区的组间差异吗？

③以往的研究可能存在一个推理上的问题：在汉语阅读困难中没有发现颞顶叶的激活不足，因此断定汉语阅读困难不是形音映射的缺陷。而我们的研究发现，即使不存在颞顶区的激活不足，也可能是形音映射的缺陷，是这样吗？

④在中国语言学家中，语言和文字的关系问题是一个有争议的问题。我们说汉字是一种表意文字或意音文字，但不说汉语是一种表意语言。因为每种语言都是音义结合的符号系统，在这点上，不同语言没有区别。文字才区别表音文字和表意文字，它们标志语言的方式是不同的。文章中提到"the logographic nature of Chinese language"，其中的 language 是否改成 character 更合适？

⑤文章引用的康加深的论文只能支持汉字的表意功能，但这和阅读困难儿童的语义补偿有何直接关系？英语阅读困难儿童也可能存在语义补偿，但它是表音文字，不是吗？

⑥文章用了"日"和"月"两个字说明汉字的表意特点，这是好的。这都属于象形字的范围，许多老外都听说过。其实许多会意字（把两个独体字合在一起表示一个意思）也有很好的表意功能。如"明"，太阳和月亮都发亮，"日""月"结合的会意字"明"，其意义就是发亮的意思。

⑦数据处理部分文字太多，太啰唆，有些地方不像报告结果，而像在讨论结果，建议压缩。

在报告结果时，要标出结果是否经过校正？

2010 年 1 月 18 日

调整好"错位"，让文章更加自然，更合乎逻辑

你好！身体还没有痊愈，只能趁舒服的时候看你的文章。你这篇文章其实很好读，许多地方都交代得比较清楚。这是评审人给出较好评价的一个原因，说明你的写作水平真的提高了，值得高兴。

我非常同意第一评审人的意见，文章切入的角度还需要调整。你原来的文章从不同文字阅读的差异切入（见第一段），一开始就比较了中英文的特点，提出了语言普遍性和差异性的问题。给人的感觉是，你的文章要比较研究两种文字的阅读。但实际上，你只研究了汉字学习问题，既没有直接与英文作比较，也没有采用汉语和英语不同被试。你研究的是美国人学习汉字，是想通过学习前后的比较来揭示参与汉字形音映射学习或汉字形音联结学习的脑机制，以及学习带来的迁移效应。这样，你提出的问题就和你的基本设计思路出现了"错位"，两者不一致，怎么看都觉得不舒服。应该感谢第一评审人，他的意见会帮助我们把这种"错位"调整过来。尽管要费些功夫，但我觉得是必要的，也是值得的。

如何调整？我有一点初步的想法，供你参考。

原文的第一句话是对的，阅读习得包含了形音表征的发展和建立两者之间的联系。但这句话要补充上"语义表征"。也就是说，阅读习得包含了形、音、义表征的发展和建立三者之间的联系。我们的上一篇文章研究了形义表征的学习，探讨了参与形义联结学习的脑区，以及由学习引起的迁移效应。这篇文章是从形音连接的角度对汉字学习问题进行新的探索，使我们对汉字学习的脑机制有更清晰、更深刻的理解。形义学习的文章已经发表了，读者自然很想知道形音联结学习的结果。我们用没有汉字经验的美国人来学习汉字，提供了更可信的资料来说明汉字学习的特点，这样使本研究有了更好的吸引力。因此不要从汉英文字的比较切入，而要从汉字学习切入，并与上一个研究联系起来，这样显得很自然，合乎逻辑，目标和设计也对上了，不再有"错位"问题。如果能这样调整，第一评审人应该就满意了。

在论文中要不要涉及两种文字的比较呢？我想比较是可以的。但要侧重在汉字的特点，以及这些特点对汉字学习可能的影响（包括可能引起的脑区激活的差异）。我们在自己的研究中没有直接将汉字与英文进行比较，因此不可以把考察语言的普遍性和差异性当成我们的研究目标。但我们要讲汉字的特点，要讲这些特点对阅读学习可能的影响。在这个意义上，可以联系英文进行讨论。侧重点的位置摆对了，读起来感觉可能就不一样了。

基于上面的想法，你在第六页上提出的两个研究目标，就需要调整。第二

个目标还可以，但第一个目标需要修改。我们提出的目标只能是：通过学习前后的比较，揭示参与汉字学习的主要脑区，而不应该是"揭示语言普遍性与语言特异性的脑机制"。

2010 年 3 月 8 日

马振玲（左一）、刘宏艳（左二）、刘丽（左四）

讨论要回答前言中提出的问题

上一封信中，我对《手语》一文提了一些意见，信发出后，总觉得意犹未尽。今天想补充一些意见，供你们参考。

文章的三个部分中，方法和设计是比较好的，要修改的地方不多。前言的文字显得有些多，但有些重要问题在前言中又说得不够。如为什么要选择书面单词研究手语产生，要说清楚。主要的问题还是在讨论部分，问题比较多，修改起来也比较困难。下面是我的一些想法：

①文章的讨论部分要回答前言中提出的科学问题。前言中提出了两个问题，一个是中国手语（CSL）与美国手语（ASL）、英国手语（BSL）的联系和区别，另一个是图片的手语产生与词的手语产生的联系与区别。但是，在讨论中，两个问题的顺序被颠倒了。先讨论图片的手语产生与词的手语产生激活模式的相似性，然后才讨论 CSL 与 ASL、BSL 等手势语的区别。这样讨论的问题和前言提出的问题不一致。为什么要这样？

②我们在讨论的第二部分只提出了中国手语与其他手语的差异。为什么不关心它们的相似之处？有没有一致的地方？如果有，为什么？从前言提出的问

题看，我们似乎应该先讨论 CSL 与其他手语的相似性，把它放在讨论的第一部分，然后再讨论 CSL 与其他手语的差异。从理论上讲，既然都是手语，可能有相同的进化根源（语言的姿势起源论），它比文化差异引起的变化更能决定手语的性质，讨论这个问题是否也很有意义。

③中国手语（CSL）与其他手语的差异，应该是本文讨论的另一个重点。从实验结果看，主要有两个方面：一个是 ASL 和 BSL 的手语产生都存在颞上回（STG）的激活，而 CSL 的产生没有发现这个脑区的激活；另一个是顶上小叶（SPL）的激活，与 STG 有些类似。问题是如何解释这种差异？为了让文章显得简练些，我们可以先列出差异在哪里，然后把这些差异"绑在一起"，讨论引起这些差异的原因，而不是一个脑区、一个脑区分开讨论。从原因讲，我觉得应该关心一下手语与书面语的关系。手语和书面语是两种独立的语言，但又有联系。这种联系正好反映了不同文化环境对手语的影响。在书面语的研究中，许多实验都发现，拼音文字存在颞上回（STG）的激活，而汉字不存在 STG 的激活。这使人想到，在美国和英国手语中可能存在语音的作用，而在中国中，语音的作用可能较小。我对相关文献不熟悉，是不是这样，请你们好好研究一下。

④文章中对 STG 的差异还提出了两个原因，一个是语言训练早晚引起的差异，另一个是理解和产生的差异。这两点是否是 CSL 与其他手语差异的原因？我没有看懂，说不大清楚。

⑤在回答了中国手语与其他手语的联系和差异后，我们再按前言提出的问题，讨论两种材料（图片和书面单词）的联系和区别。逻辑理顺了，读起来就会舒服得多。

2010 年 3 月 14 日

提出新问题，用问题引导文章的修改

很高兴看到了你们的这一稿（一篇关注失聪者颞叶皮层变厚的稿子），提高很大。有三个特点：①摆脱了对失明人视觉皮层厚度研究的"依附"关系，使我们的研究看去更有独创性，而不是验证视觉研究的结果；②突出了重点，报道了双侧颞上回前部（pSTG）厚度的变化及它和右侧扣带回厚度的关系；③对失聪者听觉皮层厚度增加的机制进行了探讨，提出了两种可能的皮层机制，并对其细胞机制进行了初步解释。单独看文章的主体部分，觉得已经不错了。

但还有几个问题：①文章的主体部分与后面的方法是什么关系。如果方法部分只供评审用，现在的写法是可以的。如果方法部分还要出现在论文中，就显得与文章的主体部分有些重复，需适当压缩。你们提供的发表在 Nature：Neuroscience 上的另一篇文章，就没有另外的方法部分，这样文章显得比较简练。②与视觉皮层厚度的研究相比，我们的贡献是什么？哪些是我们的新发现或新的解释？如果评审人提出这个问题，我们如何回答？③补充讨论（supplement discussion）如何写？要回答什么问题？这一稿的讨论重点放在了听觉联合皮层和初级听皮层的关系上，而这个问题在文章的主体部分完全没有出现，这样前后就不照应了。参考一下你们提供的另一篇文章，它注意到了文章的主体部分与补充讨论的关系，在适当地方都交代了，显得很清楚。如果加上赫氏回（HG）的结果，是否又会使主体部分的重点不突出？如果不把感兴趣脑区（ROI）的分析结果放进去，也就没有 HG 的结果，补充讨论还写什么？文章可以没有补充讨论吗？④从正文的第一段转向第二段时，还有点突然，缺乏必要论证。能否直接提出感觉剥夺与皮层厚度的复杂关系，进而引出我们所关心的问题。

希望提出新问题，用问题引导文章的修改。每次修改都有一个比较明确的方向，这样才能一次比一次进步，最终达到高水平的文章。

2010 年 3 月 23 日

讨论要"上纲上线"，把对结果的认识提升到一个新水平

你好！对文章的意见见附件正文。主要意见有：

①问题提出显得一般化，没有说清楚为什么要研究左侧尾状核（the left Caudate Nucleus，LCN）的作用。我想至少有两点可以考虑：①LCN 是一个较大的神经核团，正如许多神经核团的不同部位可能具有不同的功能一样，LCN 的不同部位在双语切换中可能有不同的作用。②已有研究发现，在双语切换中存在选择和抑制两种作用，前者是选择目标语言，后者是抑制非目标语言，这两种作用的神经基础可能不一样。这是我们研究的出发点。这两点讲清楚了，下面的研究也就顺理成章了。

②有一个基本问题要想清楚，也要说清楚：选择和抑制是同一过程的两个不同方面，在选择中有抑制，抑制中也有选择；还是两个不同的过程？从结果看，似乎支持了同一过程的解释，不知对不对？如果语言控制过程就包含了选择和抑制过程，那么在我们的整个文章中都要采用相同的用法，不要这里这样用，另一个地方又用另一些概念。

③整体看来，前言和结果部分已经基本成形了，个别地方还要修改。讨论是一个难点，要花时间认真思考理论问题，把基本概念说清楚，要简练一些，不要简单重复结果中已经说明的问题，而要"上纲上线"，把对结果的认识提升到一个新水平，引人入胜，让人豁然开朗。

2010 年 3 月 26 日

讨论要进行理论提升和概括

你好！看完文章的前言和问题提出后，总的感觉是：引用的文献比较丰富、详尽，但显得有些散，面面俱到，不够集中，没有突出本研究的特色和主要想解决的问题，也没有把本研究的创新之处说得很明白。具体意见是：①文献综述缺少理论高度，没有用一个重大科学问题串起来。文章强调要研究失聪人脑的可塑性，但可塑性研究中有哪些理论问题需要探讨，前人解决到什么程度？有哪些问题没有解决？交代得不够清楚；②文献从一开始就介绍了失聪引起的脑功能重组，而重组与可塑性的关系，交代得不够；③本文的特色是探讨失聪引起的脑结构的可塑性变化，以及它和功能重组的关系，而文章是从功能重组开始的。读者只有看到后面才知道本文希望回答的问题。建议在文献综述中对文章的重点做一个整体介绍。④论文多次说到"只有一项研究考察了……"似乎这就是本文值得研究的地方。但是在基础研究中"只有第一，没有第二"。如果不能说明为什么要继续别人的"第一项"研究，再做自己的研究，哪怕只有"一项"，研究的创新性也就不够了。

同意丁老师的意见，讨论部分写得不好，只是简单重复了本研究的一些发现，就事论事，没有进行必要的理论提升和概括，没有"锦上添花"。写讨论不要停留在"本研究发现了什么"，而要指出这些发现有什么重要意义，包括理论价值和实践意义等，研究的创新在哪里？只有这样，才能给人更多的启示，看到研究背后许多不为人知的东西。在 *Nature*，*Science*，*PNAS* 等刊物上发表的文章，发现的东西可能并不多，但都有非常深入的讨论，这是值得我们学习的。

结论也需要进一步修改，要写得具体些，要告诉读者本研究发现了什么。如听觉剥夺引起了脑皮层厚度和白质微结构"哪些方面"的变化，听觉剥夺引起了静息态脑功能的"哪些"变化，结构变化和功能变化"有什么"关系，早期语言经验对脑的可塑性有"什么"作用，理论上能做出什么样的结论等。

2012 年 4 月 12 日

由博而约，一以贯之

作为一个系列实验，你希望解决的科学问题不明确，不清楚。是听觉经验和手语经验的不同影响，代偿和功能重组的关系，还是脑发育和关键期？分开来看，每个实验似乎都有自己要解决的问题，但整个文章要解决的问题反而不清楚。你的研究发现，听觉剥夺引起了脑结构和功能的变化，这种改变似乎不依赖于手语经验，这个结果说明了什么？有什么重要意义？解决了前人研究中什么重要问题？你分析了灰质和白质的关系，结构和功能的关系，这些发现的意义又是什么？你提供了大量的实验数据，但没有明确回答某些有重要意义的科学问题。听觉剥夺本身就是一种经验的剥夺，相对于手语经验来说，听觉经验是一种更基本的经验。从这个角度能引申出什么有意义的结论吗？

你在报告中把问题概括为三个：听觉剥夺对脑结构（灰质与白质）变化的影响、听觉剥夺对脑功能的影响、结构和功能的关系。这比第一稿提出 6 个问题进步了。但是这些问题都显得空泛，没有基于文献的分析，提出更加具体的问题，并让人看到解决这些问题的重要意义。

你通过三类被试的比较，试图回答上面这些问题，但对实验设计的逻辑交代得不够清楚，因此给人留下的印象不深。

实验多，研究多，但实验之间的关系交代得不够，整个报告显得比较松散，对第一次听你报告的人来说，不容易理清中间的关系。

由于科学问题不清楚，实验解决了哪些科学问题也不清楚，因此你不知道如何讨论，这也是一个比较大的问题。不能用结论代替讨论。

一定要花些时间把问题真正想清楚，自己想清楚了，才能准确地表达出来。问题想清楚了，就要用问题把整个报告串起来，真正做到"由博而约，一以贯之"。要从众多的问题中，提炼出最重要的问题，然后用这个问题来统帅全文。

2012 年 5 月 16 日

希望讨论"研究逻辑"问题

你好！今天是阴历小年，你们已经放假了吗？寒假有什么计划？待在北京，还是去外地玩玩？这两天眼睛觉得稍微好一点，能够干点事了，忽然想起

孙雅峰(左一)、李妍妍(左三)

我们讨论过的"研究逻辑"问题，引起了一种写作欲望。前天我把自己的思路整理了一下，写了一篇文章。这篇文章引用了你写的那篇短文（没有提你的名字），然后借题发挥，写了一点自己的看法。现在把文章发给你，希望你看看，提出意见和建议。这样写是否有道理，能不能回答你和其他一些同学对"研究逻辑"的困惑问题。下学期我们可以在大组会范围内展开一次讨论，希望有一个共识。

2014 年 1 月 24 日

第五编 研究反思与总结

一定要自己动手做实验

同意你的想法，但你自己一定要想清楚了。做认知神经科学的研究，既要动脑，也要动手。动脑就是要多读文献，多出新点子；动手就是要学会自己收集和处理数据。做脑成像研究比较辛苦，要能承受由此带来的压力。你有过几次机会进行这方面的研究，但你没有抓住它，至今还不会独立进行脑成像实验。你们和我不一样，我年纪大了，不会可以靠学生；你们年轻，一定要自己动手做实验，自己处理数据。没有一点狠心，就会永远被动。至于说做什么，我觉得可以和儿童发展结合起来。因为发育神经科学是当前很热的一个领域。具体问题希望由你自己选择。

2002 年 11 月 14 日

出访香港大学脑与认知科学实验室

要从失败中接受教训

你好！来信收到了。这几天忙于回答各种问题，特别是几个研究生毕业论文中的问题。我这里没有打印机，论文都必须在计算机屏幕上看，时间一长，眼睛很难受，多少影响了看论文的效率。

实验中失败的时候是常有的，不足为怪，结果不理想的时候就更多了。要从失败中接受教训。我们研究的对象是人，他们有复杂的内部世界，而语言又是高度复杂的认知过程，因此只有在非常小心、非常巧妙设计的实验条件下才能获得某些理想的结果。

你想到了导致实验"失败"的几个可能的原因，我想可以尝试一个个排除这些问题。但在重新尝试前一定要经过更好的论证和选择。有几个问题我还不清楚。例如：①关于掩蔽刺激（Mask）的掩蔽效果，你采用了什么样的图形作mask？为什么说它的掩蔽效果不好？②关于任务难度。影响任务难度的原因很多，真正的原因是什么？你现在的任务是让被试判断面孔图片的表情是积极还是消极，在实验前进行评定时，这些图片的"区分度"如何？③关于刺激的性质。你说把彩色图片变成黑白图片可能影响到实验结果，根据是什么？Ekman'的情绪图片（研究情绪加工的图片库，用这些图片可能引起被试积极或消极的情绪反应）都是黑白图片，为什么能得到好的结果？

2004 年 5 月 1 日

走"自救"道路

来美后一直忙于几位研究生的毕业论文。5月8日要上交论文，时间已经不多了。因此对你的来信都迟迟没有答复。"自组织"一文写得还不错，可以投出去。Conrad（澳大利亚一位青年学者，2002年我在香港大学认知神经科学实验室访问时的一位合作者）只说过对实验报告有兴趣，希望继续做下去，但没有对研究提出具体的意见。前不久丁老师去香港开会，见到了Conrad，可能也谈到了那篇文章，你可以问问他。如果能把那项工作做完，并发表出去，自然更好，因为发表一篇实验研究比发表一篇文献综述更有价值和意义。目前你的当务之急是毕业论文的定向。你可能又遇到"困惑"了，但这次我想应该由你自己来解决。有经验的游泳教练并不是把着手教新手学游泳，而是把学习者推到水中，让他在水中自己去"扑腾"。一个人出于"生存"的急迫需要，很快就能学会游泳。我想你应该走这条路，也就是一条"自救的道路"。如果你有这种"天分"，自然能找到出路和生路的。任何其他人的代劳可能都会证明是无效的。下次我希望看到的不再是"困惑"的呻吟，而是你"自己提出的"走出困境的方案和办法。或"搏击浪花"，或"沉溺而亡"，就看你自己的努力和信心了。

2004 年 5 月 1 日

从论文答辩中学习什么

大家好！从本周开始到 6 月初，我们进入了研究生的答辩时期。这是一年中最忙碌、真正展示我们研究成果的时期，也是一个师生共同学习的时期。希望大家积极、主动参加研究生的论文答辩，包括我们组内的研究生，其他老师的研究生的论文答辩。要对照别人的论文找自己的差距，想想别人怎样提出科学问题，怎样设计实验，怎样进行数据处理和对数据进行科学合理的表达，怎样解释实验结果，阐述工作的意义，研究中有哪些经验和教训。这样才能真正提高自己的研究水平。

2004 年 5 月 23 日

珍惜第一次成功

今天上午我刚从南京参加中国心理学会全国学术会议回来，很高兴收到你的来信。祝贺你在国际学术会议上成功地报告了自己的研究成果！搞基础研究的人最希望别人关注自己的研究成果，这种心情我完全理解！希望你珍惜自己的第一次成功，它会成为你工作的一种动力，推动你继续向上攀登。同意你把稿件投给 Cognitive Brain Research，这是一份不错的杂志，我们实验室过去在这个刊物上也发表过文章。对文章的意见，我会尽快告诉你。

2004 年 10 月 31 日

磨刀不误砍柴工

你好！其实，我很喜欢你的积极和热情，这对一个研究者来说，非常重要。由于"期望"高，也就常常感到"不满"，要求"发泄"。这比"没有要求"带来的"平静"更让人高兴。昨晚我见到××，问他实验要做到什么时候。他说他只在周末做实验，从周一到周五，都能安排你的实验。如果是这样，你何必急得"郁闷"。趁着这段没有实验的"休闲"时间，好好看点文献，整理一下自己的思路，这样下一段时间就可能干得更好。磨刀不误砍柴工，就是这个道理。你说对吗？

2005 年 1 月 8 日

读文献是研究工作的基础

你好！PPT文件收到了，做得很认真，也很漂亮。所选的问题是有意义的，值得研究。这几年我没有研究句子方面的问题，对相关文献也了解得不多。看到你读了很多文章，而且是新发表的文章，的确让人高兴。读文献是研究工作的基础，基础打好了，才能在上面的"建筑物"上描龙画凤。要注意"用词"，好坏读者中的"坏"，最好改成"差"。坏的贬义更强烈，不要用于阅读能力差的读者。介绍国外的研究时，希望把设计和结果说清楚，要注意效果，让大家听得清楚和明白，这样才有收获。说话的速度要适当慢一点，不要太赶时间。国内外有没有人研究过阅读能力与GP句①理解的关系？他们得到的结果是什么？你希望在哪几点上能得到与前人不同的结果？根据是什么？

2005年12月7日

使用概念要准确

你好！昨天送单老师去医院住院，回来后重读了你的文献综述，有一些新的意见。这篇文章你的确花了功夫，而且努力从分析中得出了某些有价值的结论，这些都是好的。但这篇文章也还有许多地方值得改进，并不像你所说的那样："已经让许多研究生看过，不会有大问题了。"

题目还值得考虑。原题是：成人词汇学习的认知神经机制。显然，这里讨论的词汇学习，不是母语词汇的学习，而是第二语言或非母语的词汇学习，因而不同于"扫盲"中的成人词汇学习。题目是否可改成：成人非母语词汇学习的认知神经机制。

文章的第一句话就有问题："词汇是语言材料的最小意义单位"，这样说是不对的。因为①词汇是词的总称。在这种场合，我们通常用词，而不用词汇；②词是语言中能够独立运用的最小单位，而不是语言材料的最小意义单位。希

---

① 花园小径句-garden path sentence 的简称，指一种有歧义的句子，如 The horse raced past the barn fell。人们在阅读这种句子时，就像在花园小径上散步一样，经常会遇到此路不通的情况，这时需要回过头去，寻找新的路径，找到正确的出路。在句子阅读时，也就是在遇到歧义，"此路不通"时，要重新进行句法分析，正确理解句子的意思。研究 GP 句对揭示语句理解过程有重要价值。

望认真查一下语言学书籍，在论文中使用概念一定要准确。

上次我在信中说过，第一段写得不好，你做了一点文字改动。现在看仍然不好。你想过没有，为什么要研究成人的第二语言词汇学习？我想至少有两个理由：①随着社会的发展和国际交往的频繁，在现实生活中，成人非母语学习显得越来越重要；②有助于探讨词汇学习的机制。研究母语的词汇学习固然很重要，但由于研究的对象是儿童，甚至是婴儿，研究中会遇到许多方法学的问题。从成人入手，研究二语学习，被试容易找，实验任务也容易选择，还可以探讨语言学习的发生和发展，相对于儿童来说，问题要简单一些。

文章第二段谈到前词汇的学习，主要包括掌握字母写法和读音的过程。这里对前词汇的界定不清楚。词是由词素组成的，因此前词汇的加工首先应该指词素的加工。在英语中包括词根、词缀的加工等。你对前词汇的界定依据是什么？这个问题很重要，涉及你后面的所有论述，一定要搞清楚。

第二段提到了两个层面的研究，行为层面和神经机制层面，应该简要说明一下，为什么要从两个层面进行研究。

你的文字不简练，"多余的话"比较多，这样读起来很吃力，一些重要的意思反而被你那些啰唆的话淹没了。如果下狠心砍掉多余的话，情况也许会好些。

本来想今天上午约你过来聊聊，但下午我还要去医院，只能另外找时间了。希望你好好修改这篇文章，检验一下你是否真正"大彻大悟"了。

2005 年 12 月 24 日

讨论要凸显研究的靓点

你好！五一节快过去了，估计你还在为论文修改而努力。

①你的研究得到了一些有趣的结果，这是重要的基础。但还有许多地方需要修改。节日前的那次讨论，已经把问题提出来了。现在再强调几点：

要调整问题的提出。你在论文中提出了个体脑发育的普遍性和差异性问题，且强调了脑结构的差异性。但你的实验数据却显示了不同的结果，即普遍性。在这种情况下，你应该调整一下研究的角度，不要过于强调差异性。

论文的结构要做适当调整。建议把第三部分与第一部分合并在一起，把阶段的研究当成整体趋势研究的补充和深化。这样，让第一部分成为整个论文的一个重点。原来的第四部分应该保留，这样论文会显得更充实些。

要按照某种思路或假设来整理自己的研究结果，不要不分主次，平铺直叙。如你的研究发现，几个脑区的发育与年龄的关系是不同步的，这里有没有规律？从数据看，额中回（BA9）在儿童阶段有较大发展，到少年基本完成，以后就没有变化了。这有什么意义？国外文献中有没有发现这一现象？谭力海的研究发现，BA9与加工汉字，特别是与汉字的形—音映射和汉字语音的长时存储有关。你的研究能否从结构上提供某些证据？谭力海研究了汉语儿童的阅读障碍，发现 BA9 的活动在障碍儿童和正常儿童间有明显差异，这与你的发现有什么关系？由于儿童从 6～7 岁以后开始了学校学习，需要通过阅读来扩充自己的知识，这种情况是否促进了额中回的发展。英文不同于汉字，因而额中回的发育，汉语儿童与英语儿童有明显区别。

杏仁核的发育不同于额中回，它在少年期才迅速发育起来。杏仁核是和情绪相关的脑区。儿童的基本情绪发展得很早。但是许多复杂的人类情感是从青少年以后才发展起来的。这种发展是否与杏仁核的发育有关？

再有，从儿童到大学生的整个发展期内，海马一直保持着发展的趋势，这是否与学习能力的发展有关。胼胝体的发育与杏仁核相似，这是否与儿童左右协调能力的发展有关。

为了说明以上数据的意义，建议你认真查阅有关儿童认知和情绪发展的文献，做一点深入的分析，才能让"死"数据"活"起来，变得有声有色，发人思考。

另外，顶叶（BA7）和顶下小叶（BA39）在汉字加工中也有不同于拼音文字的特点（见谭力海，2005）。你的研究结果是否有不同于国外研究的地方？区别在哪里？要注意一些细微的区别，不要只看一个大的脑区。

还有一个问题。从现有的文献看，我们只在语言研究中发现了不同语言使用者在脑区功能上的某些差异，而在其他认知功能上还没有见到类似的报道。因此，在你的论文中要想全面分析脑的结构随功能而出现的差异，可能是有难度的。从这个意义上看，普遍性是主要的，而差异可能主要表现在与文化相关的某些高级认知功能上。

要写好论文的讨论，揭示数据的意义与价值。原稿的讨论写得不好，只是把研究结果重复描述了一遍，使人没有感觉。讨论要充分比较你的研究与前人的研究，哪些地方相同，哪些地方不一样，对不一样的结果要给予更多的关心和讨论，要凸显你的研究的"靓点"或"闪光"之处。

2006 年 5 月 6 日

在江西师范大学心理学院讲学

我们的研究引起了国际同行的关注

你好！今天是星期六，早饭后，陪单老师去双秀公园练气功，用了一个小时。回来后，打开了你寄来的4张照片。在秀丽山川的衬托下，人显得更加精神，更加健康，只是像你自己形容的那样，"单薄"了一点。许多人出国后，在牛奶加面包的催发下，都会胖起来，但也有人例外。其实问题不在牛奶和面包，而是像麦当劳、肯德基一类的"垃圾"食品，吃多了才使人胖起来。20世纪70年代末，80年代初，我也在美国待了两年，但很少吃这些东西。回国时，不但没有长胖，反而消瘦了许多，被形容是"洋插队"的结果。回国后，经过中国饭菜的"调理"才很快"发福"了。

单老师在指标回升后又按要求完成了6次化疗，从上周末检查的结果看，效果不错。希望病情能稳定下来，以后可以不再做化疗。单老师的身体最近在逐渐康复，今天能在我的陪同下，走到公园里练功，是一个很好的证明。

上周由我们实验室主持召开的第一届国际认知神经科学会议，开得很成功。这次会议参会人员的级别比较高，报告的内容比较精彩。会后还有多位外国朋友参观了我们实验室，近距离和我们进行了交流和讨论。近年来我们在脑成像方面完成的许多研究给他们留下了较深的印象。如果说，几年前当我们出国访问时，还只能"单向地"学习别人的研究，现在我们已开始有了自己的有特色的研究成果，可以和别人进行交流，并引起别人的注目和兴趣了。在这方面，你和许多研究生在读研期间的努力，都是"功不可没"的。最近，我校出版社出版发行了我的一本文集《汉语认知研究—从认知科学到认知神经科学》，我给每位研究生都送了一本。这次开会，会务组给每位参会人员送了一本。等你回国后，我会送一本给你。希望你好好努力，继续为这个领域的研究贡献自己的力量。一人在外，希望好好保重！

2006 年 11 月 4 日

敢于肯定自己，也敢于否定自己

你好！开题报告收到了，谢谢！报告的文字表达的确好了许多，读起来轻松多了。你吸收了我和丁老师的意见，在论文的逻辑和理论假设上都做了不少润色，对结果也进行了初步解释，这些都很好。但读过全文后，觉得还有许多问题，需要修改。下面是我的意见，有些意见可能是"颠覆性"的。现在不说，开题时别的老师也会提出来。希望你认真看看和仔细想想我提出的问题，见面时再交换意见。

记得你在文献综述中曾多次提到，汉字脑成像研究的许多文章都没有发现颞上回的激活。因此你希望通过自己的研究，能验证这些发现。但是，在你提出的假设中，没有涉及这个问题，实验设计也没有直接回答这个问题。相反，你选择了汉语语音（包括音素和音节）为实验材料，没有用汉字作为对照。在这种条件下，即使你发现了颞上回的激活，也无法说明前人关于汉字的脑成像研究，为什么没有发现颞上回的激活。条件不同结果不一样是很自然的。

你选用了两类音节，即无意义音节和有意义音节两类材料，但没有说明选择这两类材料的理由是什么？在你提出的假设中，也没有说明选用这两类材料的理由。

你希望把自己的研究纳入"背侧通路"的框架内，即我们提出的词汇阅读模型的框架内，这种想法和尝试是好的。但是，你研究的问题，偏偏不是词汇，而是音节和音素；不是阅读，而是语音加工。因此，你的研究可能和我们的模型关系不大。这一点不知你想了没有？

你的研究基于"颞上回"和"顶叶"存在"功能分离"的假设，这是可以的。但是，这种分离是否就意味着"音素"(语音的最小单位。从发音特征上可以区分为两类，即元音和辅音）和"音节"加工的分离？你读了许多文献，似乎支持这种分离。但有没有"例外"？有多少研究结果是"例外"？你清楚吗？在语言学水平和语言信息加工的水平上，音素和音节的确存在"映射"和"整合"的关系，但"颞上回"和"顶叶"在结构和功能上存在这种关系吗？依据是什么？

由于存在上面这些问题，我建议你对自己的理论假设和研究目的，要重新进行思考。要敢于肯定自己，也要敢于否定自己。不管是局部的，还是全局的。这样做需要勇气。这些问题不清楚，研究就难以顺利进行下去。

2006 年 12 月 29 日

要自己完善自己

你好！看了修改稿，仍不满意。几次想动手帮你修改，但又停了下来。我想学别的老师那样，只说"行"还是"不行"，不再给你们修改了，这样也许能"倒逼"你们动动脑筋，自己来完善自己。有信心吗？最近实验室的几次大组会，都没有见到你，是在忙自己的论文吗？这几次的报告都是硕士研究生做的。报告的质量不错，有些报告甚至比博士生的报告还好，我听了很有收获和启发。希望你不要放弃这些学习机会，一定要参加，并积极发表自己的意见。

2007 年 1 月 4 日

努力弥补自己的缺憾

你好！回信收到了，对你的现状和研究计划有了进一步的了解。你有自己的长处，如语言学的基础知识比较好，外语的程度好，有可能大范围的阅读和涉猎国外文献资料，这对你的研究工作很有好处。一年在外，这方面应该有进一步提高。但你也有许多不足，在上次的信中已经提过了。问题是如何对待自己的不足，并努力发挥自己的长处。罗倩有许多地方像你，但她比你强的地方就是努力弥补自己的缺憾，在攻博期间，不断向周围同学学习。她对国外文献的熟悉程度让我吃惊。可是你在这两个方面都不如罗倩，你外语好，但没有集中精力广泛阅读文献资料，深入进行分析，而是满足于一知半解，你对文献的了解还不如在国内学习的研究生，有时还不如一些好的硕士研究生。你的实验设计能力和数据处理能力都比较差，但没有塌下心来学习，因而两年来，变化不大。这让我很着急。你们这一届博士生都存在类似的问题，人数多，问题也比较多。单老师得病后，我一直担心会对你们的学习有影响，知道你有可能到国外去学习，便同意了。现在看来，这个决定不好。

来信讲到同源词(cognate)的研究，这方面的文献我知道得不多，提不出更多的意见。现只就信中提及的一些问题，谈谈自己的看法：

双语的加工模型已经有很多了。据我知道，许多模型都认为，词汇的存储是独立的，而语义的存储是共同的。你在信中说，词汇存储是同一个系统，而语义信息的激活还存在争论。这是什么意思？根据是什么？

为什么要用同源词来检验双语的加工模型，相对于非同源词，采用同源词的好处是什么？

你希望比较不同语言特点的差异，也就是比较近距离同源词和远距离同源词的差异，这个想法很好。但是，近距离同源词的研究已经有哪些重要的发现，还有哪些问题没有解决？你清楚吗？采用两种同源词进行比较的意义在哪里？用同源词为实验材料，是想检验双语加工的认知模型？还是神经模型？

你希望能将自己的研究（汉英同源词）与 Arpita 的研究（意大利－英语同源词）进行比较，说明两类同源词加工的特点与差异，但是你们使用的被试一样吗？材料一样吗？能直接进行横向比较吗？

熟悉性的控制是双语研究中的一个难点。即使是在国外生活多年的汉英双语者，他们对两种语言的熟练程度也有区别，如何控制？

你希望尽快完成在国外部分的实验，这很好！但你在国外的研究与回国后的研究是什么关系？是在国外完成行为实验，回国后进行脑成像实验？还是回国后继续进行行为实验？回国后能在相同的条件下进行实验吗？

2007 年 1 月 4 日

大忙之后的轻松非常诱人

评审人对文章提出了一大堆意见，对你的压力很大。看来又要让你忙一阵了！有点压力比没有压力好，只要不忙坏了身体就可以。大忙之后的轻松是非常愉快，非常诱人的。希望 3 月初你回国时，能看到你大忙后轻松、愉快的笑容。

记得在 1958 年参加工作后，和心理学系章志光老师合写过一篇论文"素质和能力"，刊登在 1960 年的心理学报上。文章讨论了经验和教育在个体能力发展中的作用，其中就有经验对颜色分辨的影响。以后接触到心理语言学，知道了著名的 Whorf 假设(1950)，这是一位语言学家提出的假设。按照他的假设，语言可以影响颜色知觉，包括颜色分辨。在一些民族的语言中，颜色词汇较多，因而他们对颜色分辨的能力可能较强；而在另一些民族的语言中，颜色词汇较少，因而他们对颜色分辨的能力也可能较差。这个假设引发了后来的一系列研究。其中有些研究对上述假设提出了质疑。他们发现，不同民族在颜色命名上可能有显著差异，而颜色分辨能力是相同的。非常巧，这里涉及颜色命名和颜色分辨的关系。我们的研究正好选择了这两种任务。如果我们的结果能对上述假设进行检验，并提供某些神经科学的依据，我们研究的理论意义和它对学术界的贡献可能就更大了。这是下一篇文章要关心的问题，现在还不必急着来考虑。但既然想到了这一点，就先说出来告诉你，免得以后忘记了。

2007 年 1 月 26 日

模型要不断检验、反复修改

  大家好！昨天（1 月 30 日）下午，全所老师讨论了"语言组"的研究规划，其中对我们提出的词汇阅读模型表现了很大的关注。我在会上也就相关问题进行了解释和回答。其中比较重要的问题有：①提出模型的意义和价值是什么？有的老师认为，研究应该从具体问题入手，提出模型没有什么意义；有的老师认为，研究有假设就可以了，不需要模型。相反，我和一些老师认为，建模就是提出一种理论假设，对指导研究，进行有自己特色的工作，非常必要。建模要基于已有的研究，并且要用大量的后续研究对模型不断进行检验、反复修改。模型不可能一次完成，这不等于说，模型是不重要的。②能不能用传统的心理学方法建模？有的老师提出，建模要采用新的数据处理方法，不能基于传统的心理学方法。在这点上，我和他们没有分歧。过去我们提出的"词汇识别和命名的连接主义模型"（CMRP 模型）和"基于语义的词汇判断模型"（CLDM）都是在新连接主义（或神经网络）的理论框架下建立起来的，通过编制程序就可以在计算机上模拟人对字词的加工。我们新近提出的词汇阅读的认知神经科学模型更采用了各种新的数据统计方法，如独立成分分析（ICA）、生理心理交互作用（PPI）等，因此也不存在"只在传统心理学方法"基础上建模的问题。③如何集中实验室的力量，围绕模型的建立和验证，开展研究工作。在了解了我们实验室的人力安排后，不少老师担心我们的研究方向比较分散，几位老师不能全力围绕模型进行研究，研究生的力量也比较分散，因而模型的研究得不到人力的充分保障。有些老师建议我们采用别的实验室的强硬办法，不做模型就不要在我们实验室做研究生；完不成模型的研究，就不要同意毕业。这的确是一个问题，值得我们重视。④要进一步论证模型的可行性。大家建议在下学期再安排一次讨论，由我们报告自己的模型，说明建模的意义、基本思路和预期成果，组织全所老师进行讨论，广泛征求大家的意见。

2007 年 1 月 31 日

不要为研究而研究，为数据而数据

来初稿看过了，有些数据很有意思，论文的框架也可以。但整个论文没有突出自己的研究目的，数据的整理还很粗糙，"陷在数据中"拔不出来。讨论基本上要重新写。你在研究工作中有一个明显的缺点，不把研究目的牢牢地放在自己心中，为研究而研究，为数据而数据。这是不行的。具体意见写在正文中，希望认真考虑，进行修改。

2007 年 5 月 10 日

我们都不关心自己的模型，怎能引起别人的重视

你们好！补充一个意见。希望你们在修改论文时，特别是在论文的综合讨论部分，尽可能地把我们实验室去年提出的词汇阅读模型放进去。该模型提出的优势激活区假设和交互作用假设，都可以用来解释你们的结果，也可以用你们的结果来支持这个模型。我们的模型虽然强调了情绪和注意的调节作用，但模型的基本框架是 Pugh 的词汇阅读模型（该模型认为，阅读存在两个系统，前阅读系统和后阅读系统，其中后阅读系统又分成背侧和腹侧两条通路），描述了前后阅读系统的关系和背、腹侧通路的关系。例如有人发现，汉字的字形加工激活了广泛的脑区，其中背侧和腹侧通路起重要作用，汉字识别是两条通路共同起作用的结果。由于任务不同，背侧和腹侧通路的相对重要性是不同的。还有人发现，在汉语的语音加工中，颞叶和顶叶存在复杂的相互作用，由于任务不同，这些脑区的相对重要性也是不同的。你论文的综合讨论部分试图提出一个模型，这很好，但其框架与我们原来的模型差不多。我想，与其提出一个新的模型，不如采用我们原有的模型，并努力加以发展。这对于提升你们的论文水平，发展我们的模型都有好处。模型是我们实验室多年来的一个理论成果，相信在阅读的认知神经科学研究中将占有一席地位。如果我们都不关心自己的模型，怎能让别人重视。

2007 年 5 月 11 日

应邀在广州外国语大学讲学

要搞清楚一些基本概念

你好！思考问题先要搞清楚一些基本概念。基本概念清楚了，许多具体问题才能迎刃而解。思维是一个大概念，包括思维过程（活动）、思维方式和思维内容等。我们平日所说的思维规律，是指支配思维过程或活动的规律，如思维都是在感知觉活动的基础上进行的。思维要经过分析、综合过程，形成概念，并利用概念进行判断和推理等。在这些方面，人类的思维规律是共同的，没有人种、民族和国家的差异。如果没有这种共性，人类就无法进行正常的交流了。当然，人们在进行思维活动时，也存在个体差异，如有人喜欢分析，有人偏好综合；有人喜欢整体看问题，有人偏好局部看问题；有人独立性强，有人依赖性强等。这就形成了不同的思维方式或认知方式，它依赖于一定的社会文化背景和个人特点，因而存在民族、人种和个体的差异。至于说到思维内容，情况就更不一样了。同样的现象站在不同的立场，基于不同的观点，从不同的观察角度看，可能得出不同、甚至完全不同的结论。这方面的差异就更加明显了。这只是我对问题的一个简单的回答，希望你按照这个思路去思考，得出你自己的结论。

2008 年 1 月 5 日

培养做学术报告的能力

你好！材料已收到，整理得很好，谢谢了！开题会上老师的意见，不仅对报告人有帮助，而且对大家都有帮助。你说是吗？这里有许多学问，如怎样提出科学问题，怎样设计实验，怎样整理数据，怎样做学术报告等。要在15～30分钟内讲清楚你要研究的问题，是一件不容易的事情。培养这种能力是和培养研究能力同样重要的。有人研究做得不错，但不善于把自己的研究结果表达出去，这是一种缺陷。要争取机会锻炼自己，培养做学术报告的能力，这对我们未来的发展也非常重要。上次大组会后，你有什么新的想法吗？抽时间我们单独谈谈。现在实验室的研究生比较多，单老师的病情恶化也占用了我很多时间，常常感到顾此失彼，希望你们理解。

2008 年 3 月 17 日

心态放平静，情况可能会好许多

收到了你的来信，非常理解你的处境和心情。前不久，北京大学心理系周晓林老师已将你的情况转告给我，我也将你的来信转给了我的一位研究口吃的博士生，请他给你回信。我们是做口吃基础研究的，主要探讨口吃的认知神经机制，对口吃的临床治疗和矫正知之不多，因此很难提出有把握的临床治疗方案，希望你谅解。近来，我的老伴处于病危，也没有很多时间和别人讨论你的问题。你收到了研究生的复试通知，应该祝贺你。要敢于面对自己的口吃，不要担心，不要紧张。面试时如果出现口吃，你不妨给老师坦诚地说出自己的问题和困扰。老师是录取专业研究生，不是招聘"节目主持人"，有点口吃没有关系。你把心态放平静了，情况可能会出乎意外的好许多。你可以试试，不必用药物治疗。想想你的身后有许多人支持你，其中就有我的支持。祝你成功！

2008 年 4 月 15 日

要处理好论文标注和署名问题

《心理科学》接受了你的论文，祝贺你了！有了第一次成功，以后就会有第二次和第三次。希望你继续努力，去实现自己的愿望，做出更好的成绩。我是通信作者，版面费理应由我来交，用不着客气。这次同意你把现在的单位写成第一单位，把"北京师范大学认知神经科学与学习国家重点实验室"写成第二单位，原来写成了心理学院，一定要更改过来，以后的事以后再说。要处理好论文标注和署名问题。这件事不是我个人的问题，实验室已经多次强调过这个问题。现在正在讨论从制度上解决这个问题，规定只有在毕业前发表 1~2 篇文章（北京师范大学为第一单位），才能拿到学位证书（可以毕业，但没有证书）。科学院的许多研究所早就这样做了，北京大学也这样做了。我们太仁慈，没有这样做，结果问题很多。这一点你应该理解。当然，你在新单位的研究成果不在这个规定之内。你知道，前几年几位博士后的博士论文，都是用他们原来单位的名称发表的，根本没有出现学校的名字。大家不要因为我太好说话就不考虑北京师范大学的利益。此嘱！

2009 年 3 月 3 日

实验室积压了很多实验数据，我觉得很不安

你好！同意你的想法，先工作两年也好。我支持你做 fMRI 实验，但一定要尽力做好。如果毕业后没有机会做基础研究，也一定要负责任争取把成果发表出去，不要浪费数据。我们实验室积压了很多实验数据，我觉得很不安。钱是国家的，不是我们个人的，我们没有理由浪费它。在背侧、腹侧通路的研究中，注意和空间分析的关系问题，是一个非常有趣的问题，有没有办法解决？这正是需要我们动脑筋的地方。要设法分离这两个因素，是不容易的，否则，别人早就做了。额中回的问题，也是一个重要问题。××的研究给了我一个启发，解决问题有时是直接的，有时需要间接进行。她的设计不复杂，但有可能回答额中回与颞上回的关系问题。你死死盯住额中回，反而没有找到较好的解决方案。我说你的思路有些死板，不够灵活，就是指这种情况来说的。现在不说额中回了，回过来再说背腹侧通路问题，能不能把思路放开些，找到某种分离的设计？希望你工作有转机！

2009 年 3 月 3 日

要准备延期毕业

看了开题报告，问题很多，科研的基本功显得不足，不知道自己要解决的问题是什么，需要什么数据，也不知道如何整理和表达数据。不得已只好明确告诉你，要准备延期毕业。

你的论文题目是"电脑打字对汉字书写及汉字认知加工神经机制的影响"，而你在问题提出中谈到了两个问题，一个是"差异"；一个是"影响"，这样很容易把两个问题并列起来，使目标不够集中。我们为什么要研究差异？意义在哪里？在你的研究中，差异是为研究"影响"服务的，不是并列的两个任务。跟差异比较起来，研究"影响"的意义更大，它可以揭示电脑带来的巨大变化，从社会生活到人的大脑。

实验一应该通过比较使用不同输入法的两类被试在传统书写功能上的差异，来揭示电脑书写方式引起的脑的可塑性变化，而不是一般性地探讨两者的差异，或者他们与不打字的人的差异。研究差异是为揭示"影响"服务的。

再强调一次，这个研究是要探讨不同打字方法带来的脑的可塑性变化，这种变化是通过打字者与不打字者的比较来揭示的。

实验二与研究的整体设计不一致，它主要关心"拼音输入经验的多少"，而不是两种输入法引起的不同变化，建议删去。做研究不能为数据而数据，不是数据越多越好。要牢记自己的研究目标，知道自己需要什么，不需要什么。

问题在哪里？你费了那么大的劲，搞了一大堆数据，把文章写得很长，但没有表达清楚，原因是思路不清晰，不知道自己需要什么。这是研究的基本功，在这方面，你的确有缺陷，因此屡屡出现问题。我知道你已经很努力，很焦虑了，不想再给你施加压力，但不把我的意见如实告诉你，反而会害了你。

我反省了自己的工作，这几年我对学生的要求偏高，有些脱离大家的实际。我希望每个人的成果都能达到重点实验室的标准（科研国家队的标准），出一批优秀研究成果，却没有因人而异，安排不同任务，提出不同要求。你承担的课题难度比较大，基础又不是很好，因此研究中出了许多问题，没有解决好。如果一开始就让你做行为实验，选一个容易些的课题，也许你会做得轻松些，会更适合你的水平。

现在走到这一步，下面怎么办？我同意你马上动手做 fMRI 实验，但即使做了，你能在一个月内把数据处理好，把文章写好吗？与其草率去做，没有什么结果，还不如静下心来，努力提高自己，延长一些时候再开题和做实验。我相信，你做的课题很有意义，完成得好对你以后找工作肯定很有帮助。现在就这样出去，说实在话，早了一点。这几年实验室已经有一些博士生延期毕业，有些延期的研究生由于在毕业前发表了不错的论文，找到了很好的工作，因此"延期"不是坏事，不应该有什么思想包袱，你说是吗？

2009 年 3 月 19 日

数据积压，实在太可惜

你好！可以努力争取把实验先做了。如果能如期毕业，希望你工作后能尽力把数据发表出去，否则大家辛苦了几年，都积压在那里，实在太可惜。开学时，我在大组会上讲了这个问题，我们这几年都很辛苦，费了不少力气，花了不少钱，但成果不多，许多数据积压在那里，可惜啊！博士生比硕士生的问题更严重，近一半的数据都积压下来了，严重的消化不良！我不是不考虑你们的出路，但也要考虑我们的付出究竟带来了什么结果，否则盲目进行工作，有什么意义。我希望你延期，就是希望你在这段时间内，把数据处理得好些，把文章尽可能写出去，这样毕业后参加工作就没有负担了。否则，你们有了新的工作，没有时间写文章，也没有条件对数据做进一步处理，我就一点办法也没有了。这方面的教训还少吗？这几年，董老师让不少研究生延期了，舒老师也让一些研究生延期了，北京大学，中科院心理所也都这样做，效果不错。如果你没有把握能在离校后把文章写出来，我希望你延期。住房问题我已经和林春梅老师说好，生活费我设法尽量给你提供。以上意见希望你考虑。

2009 年 3 月 22 日

如何解决实验数据积压问题

大家好！下面是我写给课题组全体研究生的一封信，请大家认真看看，并做出回应。

①我们的问题

本学期开学之初，我统计了 2003 年以来研究生的论文发表情况，看到了以下事实：

从 2003 年以来我们共毕业 19 名博士生，12 名硕士生（不计算重复的名额），其中做脑成像实验的博士生 16 名，硕士生 8 名，占 77%，说明我们的研究工作已经转向认知神经科学的方向。

在此期间，我们共发表较重要的研究论文 26 篇（含三篇送出去评审的，不含文献综述），人均 0.8 篇。其中在国际重要学术刊物上发表的论文 12 篇，人均 0.39 篇。这些成绩是大家共同努力的结果，值得庆贺，也非常感谢！

我们获得了一大批实验数据，其中不少是很有科学价值的，但存在严重数据积压问题。论文数据全部或部分发表的人数为 13 人，占 42%；完全没有发表的人数为 18 人，占 58%。未发表的论文比已发表的论文高出 16%。其中硕士论文积压的数据为 30%，而博士论文积压的数据接近 40%。硕士比博士的情况略好，近半数的博士论文都闲置在那里，没有产生应有的社会效益。

以上数字说明了什么？

我们的研究效益不高，这是一个值得非常关注的问题，与国外一些实验室的差距很明显。据我知道，国外许多实验室，人数少，产出率高；而我们人数多，产出率反而较低。

我们是国家重点实验室，承担着国家的科研任务（各类课题 6 项），直接课题经费有几十万元，研究所还为大家提供了优越的工作和学习条件，但我们的产出情况不理想。

②原因是什么

研究生毕业后，走上了新的工作单位，大家都忙于新单位的工作，没有时间拿过去的数据写文章。人有惰性，时间拖得越长，写文章的积极性越低。

脑成像的研究比较复杂，许多数据在正式写文章前，都需要重新处理，而重新整理数据需要花费很多时间。自己懂得不多，在新的单位，又没有懂处理方法的人可以咨询，只好闲置在那里。

近年来，我们安排了不少脑成像实验，但数据分析处理的工作没有跟上，一批学生毕业了，另一批学生又重新学习，没有衔接和继承，数据处理一直停留在较低水平上，没有明显提高。

与福建师范大学外语学院的部分师生在一起

没有制度保障。不少学生在学习期间只忙于自己的毕业论文和拿到学位，只要完成了论文，拿到了学位就算了事。我们实验室在"论文"和"学位"间没有必要的规定，学生对发表论文没有要求，没有压力，没有很强的发表意识。

我的工作没有做好，也是一个重要原因。我看到了问题，但没有想办法解决，没有组织好"接力赛"，有些工作抓了，如安排后来者整理前人的数据，但"抓而不紧，等于没抓"，效果不大，也没有具体帮助大家解决论文写作中的困难。近年来家庭的变故，也给工作带来了更大困难。

这几年国际合作减少了，没有找到好的合作伙伴帮助解决论文写作问题。

③如何解决

思想上要重视起来。实验数据是实验室的集体宝贵财富，凝聚着研究生和老师的心血，也凝聚着整个实验室的智慧。大家辛辛苦苦，夜以继日的学习和工作，其结果都体现在我们的实验数据上。数据积压是实验室最大的浪费，对个人、对实验室都不好。大量数据被积压在那里，实在太可惜。近年来，我们在背、腹侧通路的作用、情绪在词汇加工中的调节作用、口吃的认知神经机制等问题上，进行了不少创新性工作，但由于成果没有发表出去，在学术界影响不大，严重的"消化不良"，财富变成了包袱，压得我们几乎不敢继续前进。因此我希望能唤起大家的重视，共同来解决我们实验室的数据积压问题。

为了解决数据重新处理的问题，最近国家重点实验室成立了数据处理中心，可以提供数据处理服务。我们只需要把处理的要求说清楚，中心就可以按要求来处理数据，所需经费将继续由实验室支付。有数据需要重新处理的，请及时提出申请。

我们所联系了"论文翻译"服务，对英语写作确实有困难的研究生，可以提供"中译英"的服务。前提是要有论文的中文稿。有需要者也请及时提出申请。

区别对待已有的实验数据。好的数据鼓励用英文写作，往国外投稿；一般的数据，或英语写作确有困难的研究生，可以写成中文文章，并发表在国内刊物上，如中国科学、中华医学、中华神经杂志、教育研究、心理学报、自然科学进展、科学研究月刊、医学研究杂志、中国科教创新导刊等。这些论文可以在国内产生影响，同样有价值。

实验数据既是研究生个人努力的成果，也是实验室的集体财富。为了不让数据浪费，如果本人由于种种原因，没有条件把数据写成文章，可以与实验室约定，把数据转让出来，我们将安排别人将数据写成论文发表。论文的执笔人将成为文章的第一作者，而数据的原来持有者将成为第二作者。

为了节约资源，不造成新的数据积压，对研究生本人毕业后不打算发表文章者，将鼓励进行行为实验或 ERP 实验，不再安排 fMRI 实验。

在发表论文时，请注意论文标注，特别是第一完成单位和通信作者的标注，请按相关规定执行。个别有特殊情况的，请提出与导师商量。

老师们分工负责，先新后旧，选好重点，分批完成。我希望在正式退休前的这两年多时间内，能看到重大进展。

2009 年 4 月 4 日

趁热打铁，凉了再捡起来反而浪费时间

您好！把我下午的意见整理如下，供参考。

一般性问题：①要对以往数据处理的每个步骤进行核实，确认数据处理有没有问题，哪些步骤是必要的，哪些需要补充，存在哪些问题。写文章前，需要保证数据的可靠性，这是前提；②要分析研究取得了哪些主要结果，什么是研究的亮点？一个研究的原始创新有一两个就行，多了反而说不清楚；③如何解释？它的价值如何？④从什么地方提出问题，如何把文章的故事讲好？文章如何布局？结构如何？

原文的优点：①选题好，有理论和实用价值，有吸引力；②被试筛选比较严格，除外语焦虑外，两组被试在别的方面都进行了匹配；③在研究外语焦虑的影响时，加入了汉语材料，排除了一般语言焦虑的作用，两组被试在语言产生中的差异只能是外语焦虑引起的；④两个实验得到了相似的结果模式，显示了外语焦虑对语言产生的影响；⑤采用了相关分析，揭示了不同脑区的功能关系；⑥结果清楚，高焦虑者比低焦虑者在额叶和颞上回有更强的激活，而在前扣带回显示了更大的去激活。这种激活模式与任务（命名或动词产生）无关，而与外语学习焦虑有关。

几点建议：①从语言产生切入，提出要研究的问题，理由是外语焦虑主要表现在语言产生中；②要重视两种条件（命名和动词产生）结果模式的共性，而不必涉及两者的差异，不必在同一篇文章中涉及形音映射和语义提取等问题，要把试图解决的科学问题表达得尽量集中一些；③要关心情绪中枢可能的激活，以及它和语言区的关系，建议设置不同的阈限试试；④要思考结果的意义：通过对"激活"与"去激活"脑区的综合分析，能说明这些脑区与外语焦虑有关吗？我们的目的是要研究情绪对词汇加工的调节作用，这个目的能否达到？情绪调节与注意调节有什么关系？⑤我们应该关心几个脑区，还是不同的神经网络？在这些网络中，可能存在重叠的脑区；⑥两个实验要同时发表，争取发表在顶尖级刊物，如 Neuron 上。要有高目标和高标准，要敢想，敢做；⑦要做好数据处理和论文写作计划，两周后进行新的一轮讨论，4 个月到半年内写

出文章。趁热打铁，凉了再捡起来反而浪费时间。

2009 年 4 月 11 日

从一座山峰爬向另一座更高的山峰

您好！来信和两篇文章的电子版本都收到了。同意将第一篇文章投给"中国临床心理学杂志"。我明天上午 9 点半后在办公室，可以去找我签字。第二篇文章研究双意义情绪词加工的"时间进程"，建议在前言和讨论部分要关心"情感优先"和"概念优先"两种假设，让文章的理论性强一些。不要只从"间接比较"到"直接比较"这个较浅的层次提出问题。文章写好后可投给 cognition，这个刊物不错。几年前我们有一篇研究儿童语言发展的文章就发表在这个刊物上，文章研究了语音在词汇通达中的作用，也只有一个实验，和这篇文章的分量差不多。从结果的理论意义看，两篇文章应该也差不多，因此可以试试。朝这个方向修改，你已经有很好基础，并不困难。如果这篇文章能被 cognition 接收，对以后继续发相应的文章也有好处。就像爬山一样，从一座山峰爬向另一座更高的山峰。

2009 年 7 月 30 日

"基于论文发表"的研究生学习模式

昨天散会后，我和丁老师交换了一下意见，对毕业论文和发表文章的关系，有了一个新的思考。过去研究生入学后，三年内就忙于毕业论文，完成了毕业论文，拿到了学位，也就万事大吉了。毕业论文发表不发表，何时发表，完全由研究生自己选择，导师很难控制，其结果造成部分成果积压，只能放在图书馆供大家查阅，不能产生较大的社会效益。这种情况也可以叫作"基于毕业论文"的研究生学习模式。另外一种模式就不同了，可以叫作"基于论文发表"的研究生学习模式，在研究生学习期间，研究生的主要任务是完成课题，发表文章，毕业前把已经发表的成果整合起来，就是毕业论文。相比之下，这种模式可能带来更大的好处：①主要数据都发表了，不会造成数据积压，②有了这些可靠数据，提前进行答辩预演不会有问题；③学生在毕业前有较好的文章发表了，毕业后找工作也比较容易。大家也许都知道张素兰，她是我的第一届硕士研究生，以后去美国匹兹堡大学读博士学位，期间她在 JEP 上发表了多篇研究论文，后来她是靠这几篇论文毕业的；1999 年我出访英国纽卡斯尔大学，当时我校外语系的祝华在该校语言系读博士学位，期间在国际语言学刊物上发表了 7 篇文章，毕业前她问导师，要不要再做毕业论文？导师回答，不用了，你把这些文章串起来就可以参加答辩。我参加过中国科技大学和北京大学的一些论文答辩，有些学生也是先发文章，后答辩的。现在我们所的一些年轻老师也是按这种模式培养学生的，效果很好，值得学习。我们要从制度上做出规定，要做好学生的工作，逐步推进这种新的培养模式。毕业论文应以发表的文章为基础。文章写好了，才参加答辩。这样可能提高工作效率，降低数据积压带来的问题，同时也为大家毕业后找工作创造更好的条件。博士生和硕士生都按这种模式，但要求上（如中文或英文）可以有区别。以上意见，请认真考虑，做出相应的、切实的安排，并将安排告诉我。如果有什么问题、意见或建议，也望及时给我反馈。

2009 年 9 月 17 日

转变培养模式

大家好！收到几位老师和研究生的反馈，对我昨天的意见表示支持，谢谢大家！我知道，"先发文章，后进行论文答辩"的模式，对某些同学来说，可能有难度，但由于这种模式能带来明显的好处，我们一定要努力尝试，而且要争取做好。数据积压是我们过去存在的问题，我们不能让这个问题再继续下去。如果我们在未来一年内，能成功地解决这个问题，这对我们课题组未来的发展是有好处的，对大家毕业后走向新的学习或工作岗位，也有很大的好处。

2009 年 9 月 18 日

先天不足和后天失调

你好！来信收到了。很高兴知道你找到了理想的工作单位。祝贺你了！希望你在走上新的工作岗位后，各方面都能取得更大进步。当务之急是完成好毕业论文，争取尽快将文章写出来。前天去北大参加周晓林老师两位博士生的答辩预演，一位在攻读博士学位的 6 年期间，发表了第一作者的 SCI 文章有 6

篇，非第一作者的文章还有好几篇。另一位在三年内也发表了3篇第一作者论文。相比之下，我们这里的学生有很大差距。你的毕业论文还有一些问题，有些是"先天不足"的问题，如被试量较少，干预训练时间较短，模式比较简单，数据不够理想，带来了解释上的困难。我曾经想过补充实验的问题，但一想到它的难度，就没有提出来；有些是"后天失调"的问题，如文章的内容和文字比较粗糙。你很努力，但有些问题似乎思考得不够清楚，因而影响到工作的深度，文字表达有时不够到位，这是以后要注意的。

2010年5月9日

出访厦门大学新闻传播系并讲学

概念不清楚，会影响论文发表

你好！来信收到了，你提出的问题在我看过的研究生毕业论文中已经不是第一次遇见了。我们学心理学的人，往往只关注心理学的设计，却容易忽视某些语言现象的基本含义。由于概念不清楚，在论文评审时常常出现问题，影响到论文的发表。

对什么是正字法（orthogranphy），文献中的确有不同的理解。就我所知，有两个基本含义。一个是指文字，如正字法是将一种语言的声音描绘成一组书写符号的方法，不同语言的正字法各不相同，如字符文字，音节文字和拼音文字等（卡罗尔，语言心理学，2004）。由于形音对应的情况不同，因而区分为浅层正字法和深层正字法，这里的"正字法"，可以用"文字"替换成"浅层文字"和"深层文字"。另一个是指将字母或部件组合成文字的规则，也就是我们通常所说的"构字规则"。如"in writing, orthographic rules govern what seguence of letters and groups of letters may be put together to form words"(Gibson and Levin, 1975)。在这个意义上，正字法类似于一种"语法"，依据正字法人们就可以判断哪些字母组合是"人们可以接受的"或"合法的"。例如，在英语中，Q 后面跟上 u 是符合正字法的，它出现在许多英文单词中，而 K 后面跟上 m，只出现在跨词素的边界上（如 milkmaid），在单词中不会出现。许多字母组合只出现在词首或词尾，如 tu、bl、ck、ng 等，但也有少数字母组合可以同时出现在词首和词尾，如 sk、sh 等。因此字母或字母组合在单词中的位置也是一种正字法信息。当字母或字母组合违反了该种文字的正字法时，就会引起语音和语义的变化。在语音方面，出现可发音的字母串和不可发音的字母串。可发音的字母串，就是我们平日所说的可发音的假词，而不可发音的字母串就是非词。不论假词和非词，它们都是没有语义的。

汉语的文字系统比英语复杂，它区分了字和词两个水平。字有构字法，词有构词法。但在国内研究汉字的语言学著作中，很少看到"正字法"这个提法。因此我们在研究中，只能参照拼音文字来定义"正字法"的概念。按照前一种对正字法的理解，我们对比研究汉字和英文单词，揭示它们在形音对应上的不同关系，都可以是"正字法"的研究。按照后一种理解，正字法就应该指笔画和部件的组合规则，以及它们在字中的位置关系等。汉字有六书，它们和汉字的构成有关，对比它们的差异应该属于"正字法"的研究。汉字是方块字，空间结构很复杂，例如，左右字和包围字在认知加工上可能存在差异，研究这种差异也应该属于正字法的研究。严格讲，正字法只限于在字水平使用，在词水平上，就不是正字法的问题了。例如，"经济"是一个真词，而"济经"是一个假词，它们的差异不应该是正字法的差异。"他"是一个真字、真词，而把其中的两个部件左右反过来，就成了一个假字，"也亻"和"他"的差异才是正字法的差异。

以上是我的一些想法和意见，不一定正确，仅供参考。

2010 年 6 月 12 日

要让"专家"认可，"非专家"看了有启发、有兴趣

你好！我知道文章试图对皮层增厚的机制进行解释，但很概括，多一句解释的话都没有，"专家"看了不过瘾，"非专家"看不懂。大家常说，Science 上的文章是"高级科普"，"专家"认可，"非专家"看了有启发、有兴趣。因此对相

关问题的适当说明，我觉得是必需的。比方说，我们可以引用文献说说神经元轴突修剪的意义和经验在修剪中的作用，修剪可能存在关键期（或敏感期），由此来说明失聪（或听觉剥夺）为什么会导致皮层增厚，而且为什么皮层厚度只与 OAD（注：即 Onset Age of Deafness，失聪年龄）相关，而不与失聪的时间长短相关。如果还能说明皮层增厚的"生理学"意义就更好了。评审人不可能都是小领域的"专家"，这些解释是冲着"非专家"和广大读者群的。意见供参考。

2010 年 9 月 20 日

严格把好"出口"关

你好！两次来信都收到了！12 月 27 日下午，小×来家里看我，我们聊了快一个小时。他对我们实验室的情况知道得还真不少。他来的那天，我的腿伤已经好了许多，现在已经完全恢复了。右手拇指因为总要活动，反而恢复得慢一些。现在还有一点不舒服。我每天都贴一次膏药，主要起"固定"作用，相信很快就没事了。上次来信时，你提到博士后的事，我以为是延期毕业以后的事情，因此觉得不必急着考虑。前两天听×老师说，你想按时毕业，不延期了，毕业后去国外做博士后，以后再回国发展。这件事，我反复想了很久，也和老师们交换过意见。有以下建议，供你考虑：

①近几年我们实验室做了很多实验，许多数据也很有意义，但是学生在按期毕业走上新的工作岗位后，没有时间按期完成原定的工作计划，造成数据严重积压，成果发表不出去，这对课题组和实验室的效益评估带来了不好的影响。在最近进行的验收准备工作中，这个问题暴露得更加明显。为此，实验室领导多次要求导师严格把好"出口关"，要求研究生把博士期间的主要工作，都在毕业前发表出去（含接收）。从实验室的角度说，我觉得是有道理的。

②我们希望你留下来，继续已经开始的研究方向，做出更好的研究成果。你已经有一篇文章被 Human Brain Mapping(HBM)接收，从所里规定的毕业条件来说，你够了。但是要留在实验室，还没有把握，因此，我们希望你延长一年，在这一年内，尽可能把手头的事情做好，把文章发出去。毕业后，肯定会有许多机会出国，包括在国外做博士后。

③这几年，我们先后派出多人到美国西北大学 James Booth 教授那里学习，进行联合培养，他对我们的研究工作有很大帮助。我很感谢他。但是，在合作中，也因为对"贡献"的界定不同，对成果的归属有不同的看法和意见。为了各自的合法利益，我想在成果标注上最好有所分配，在北京师范大学完成

的，以北京师范大学为成果第一完成单位；在 Booth 那边完成的，用西北大学为成果第一完成单位。这样麻烦会少一些；

④最近所里教学委员会开会研究，以后我们研究所的博士生原则上都四年毕业，让研究成果能在读博期间顺利发表出去。

⑤你现在还没有正式开题，按照规定，答辩前要有预答辩，一般都安排在 4 月份。从时间安排看，今年要按期毕业也来不及了。以上意见，希望你考虑。

你们都要走了。我的研究生涯也真该画句号了。希望你未来有更好的发展，希望你家庭幸福美满！

2011 年 1 月 15 日

我们的模型近于"夭折"，想起来总觉得可惜

你好！来信收到，谢谢你们的祝福和关心。昨天上午课题组的 7~8 个同学来家里祝贺我的生日，带来了吊兰和西瓜，聊了快一个小时。中午课题组的老师在兰蕙聚餐，吃了生日蛋糕。晚上在家里过生日，又吃了蛋糕和"长寿面"，很高兴。我对过生日向来缺少积极性，本想今年就躲过去了，没想到大家还是给我过了生日，而且比较热闹，非常感谢。下午参加实验室组织的答辩预演，有人申请了基金委的"优青"，有人申请了重点课题，都在近期要进行答辩，希望他们成功。今年下半年，我希望能去杭州待几天，除看望你们外，也想和你们商量一下"研究的事"。我没有学生了，也不大看新的文献，自己很难做什么实验，但我还希望出点主意，商量一下可能做的研究工作。2006 年我们提出的模型，由于种种原因，特别是后续成果没有跟上，现在近于"夭折"，想起来总觉得可惜。今年 11 月中国心理学会在南京有一个全国学术大会，我想在这个会议的前后去杭州，可能更方便些。你们以为如何？春明后半年要去美国访问一年，走的具体时间还没有确定，如果他走以前，能与我同去杭州，会免去你们很多麻烦。

2013 年 7 月 13 日

给自己的研究生生活画上一个圆满的句号

你好！前一封信发走后，我对问题的思考并没有停止下来。刚才在校园内散步，又想到了几点意见，提出来供参考。

①要从宏观上把握和揭示研究的意义。你做了大量实验，取得了许多有价值的数据，文章也写了许多篇，但我突然觉得，你对自己研究的意义，并不特别了解，不知道自己的研究究竟回答了哪些重要的理论问题。这对一篇博士论文来说，是不应该出现的现象。正像我前天说过的，你现在需要从每篇文章的具体问题上跳出来，思考一下背后的理论问题。在思考这个问题时，要结合自己的数据和发现，这样才会让问题落到实处。

②要提出切实有价值的科学问题。上次的报告，你从模块理论切入，这已经被大家否定了。这次的 PPT，你从脑的可塑性切入，提出了经验依赖可塑性和期待经验可塑性的关系，但又遇到一些新问题。这些问题处理不好，仍不能充分显示你的研究的意义。现在我想，能不能在脑的可塑性这个大问题下，提出几个具体一些的问题，如：第一，不同经验的作用问题，如视觉和听觉等基本经验、运动技能的经验、言语和阅读经验等，在个体发育过程中，这些经验的作用一样吗？第二，经验与成熟的关系问题。在个体发育过程中，存在关键期，经验的影响在关键期前和关键期后的影响一样吗？第三，不同经验如何影响到脑结构的发育，灰质与白质发育是什么关系。第四，在不同经验的作用下，脑结构和脑功能的关系。如果能结合已有的文献，提出这些问题，并在自己的研究中设法回答这些问题，是否更有理论高度，更有价值，更加贴近你的研究的实际情况，也容易做出回答？

③要把听觉障碍的研究放在一个更大的理论背景中。我们选择失聪者为被试，并把他们与听力正常的人进行对照，是因为通过几类被试的比较，可以更好地回答上述问题。要从大的理论背景上，讲清楚本研究的基本思路和逻辑。不要就事论事，直接进入听觉障碍，让人不理解这样做的意义。

④要结合自己的实验数据，清楚明确地回答上述问题。哪些是我们最重要的发现，它的新意在哪里？哪些问题还没有完全解决。讨论要围绕这些问题展开，说明研究的意义。这样才能给人留下深刻的印象。

⑤这几年你一直忙于处理数据，写文章，我对你的论文答辩是放心的，认为一定不会有问题，一定能做好。现在看，我觉得自己又有点麻痹大意，过于放心了。这种情况过去也发生过。经验告诉我：最放心的地方常常也是最容易出问题的地方。希望你一定要"紧张"起来，开动脑筋，把论文和报告的结构想清楚。正像昨天我给你的短信中说的：答辩一定要做得精彩些，给人留下深刻

印象，给自己近七年的研究生生活画上一个圆满漂亮的句号。

2012 年 5 月 18 日

在北京师范大学脑与认知科学研究院介绍治学体会

让大家"听懂"才是最重要的

你好！昨天听了你报告的文献，很感兴趣。把一篇内容很复杂的文献介绍好，是一件不容易的事。你刚一年级，就能做到这样，应该说是不错了。但是，我事先没有看过文章，听力又不好，只听你的报告，许多地方其实没有搞清楚，这种感觉不仅我有，其他一些老师可能也有。同学中有多少真正听明白了，我就不知道了。

有几点建议，供参考：1)介绍文献时一定要自己尽量搞明白，真正搞懂文章的基本意思，如研究的目的，实验设计的基本逻辑，主要发现和贡献，学术价值是什么，这些问题自己搞明白了，才能让听的人也明白。2)在消化了文献内容的基础上，要尽量把 PPT 做得"一目了然"些，关键的、难理解的地方还是用中文表达可能更好些。这也是研究生的一种基本功训练。文献报告的主要目的是要提高我们分析和理解文献的能力，对同学来说，也是学会如何做研究，扩大知识领域，开阔学术眼界的一个机会。因此，让大家"听懂"才是最重要的。3)要用比较通俗的语言介绍文献。最近介绍的一篇文献中说到，说相同语言(如英语—英语)的人之间,神经耦合①情况较好,而说不同语言(如俄语—非俄语)的人之间,不存在神经耦合,这说明语言表达对神经耦合是多么重要。其实能够用通俗语言把科学文献比较准确地表达出来,是比较难的一件事,需要下功夫才能做到。希望你继续努力,争取一次比一次做得更好些。

2014 年 12 月 25 日

---

① 在人际交往中,交流双方的大脑常常处于同步状态,或者说,交流双方在相同脑区会出现类似的活动,称为神经耦合(neural coupling)。用相同的语言交流,神经耦合较好;用不同的语言交流,不出现神经耦合。神经耦合是交流能否顺利进行的重要标志。

第六编 发展国际、国内合作，建立和健全研究团队

和国外学者交流

你好！告诉你一个好消息。昨天我收到麻省大学 Amherst 分校心理系 D. R. Anderson 教授①的来信。由他主持召开的"儿童电视与教育"学术会议将于今年 11 月 20～21 日在 Pennsylvania 大学的 Anneberg School for Communication 举行。经过他的安排，会议将邀请我出席会议，并提供相关费用。这样，我又得到一次去大洋彼岸学习、参观的机会，并能见到一些阔别已久的朋友。

Pennsylvania 离 Pittsburgh 不远，趁此机会，我想去 Pittsburgh 大学访问几天。我和 Resnick 教授②相识已经十多年了。她两次来中国访问，都是由我接待的。87 年我去美国访问，曾与 Chuck Perfetti 教授通过电话，他邀请我去 Pittsburgh 大学访问。但那次时间太紧，他也急着要外出开会，便放弃了。现在，你在他那边学习，我想这次去比较方便。

这几年，我研究的方向主要有两个，一个是字词识别与句子理解，另一个是汉字识别的计算机模拟。最近正在研究汉语合成词的词汇分解（morphological decomposition）。去年我与张必隐老师合作，完成了"Decomposed Storage in the Chinese Lexicon"一文，发表在《Language Processing in Chinese》（陈烜之、曾志朗主编，1992）中。近日为了出席今年 8 月在北京举行的"第二届亚非心理学大会"，又完成了 Morphological Decomposition at Semantic level。"在汉字识别的计算机模拟研究中，已完成"A Parallel Distributed processing model of Chinese Character Recognition and Pronunciation"一文，尚未发表。这次外出访问，我想借此机会收集一些资料，和国外学者进行交流，了解国外的研究动向，以利于今后工作的开展。在这方面，肯定需要你的大力帮助。

访问 Pittsburgh 后，我还计划去 ST. Louis，看望华盛顿大学心理系的 J. A. Stern 教授，在那里住几天。然后去 Missouri City，看望我的姑姑和表弟妹。整个访问计划 3～4 周。

希望一切顺利，11 月下旬，能在美国见到你。

1993 年 7 月 31 日

---

① 美国著名心理学家，曾担任美国电视与儿童教育委员会主任。20 世纪 90 年代初，我曾邀请他来中国访问，在他的帮助下开展了电视收视率调查、电视语言和图像质量评估系统的研究。

② 美国著名心理学家，曾任美国心理学会教育心理学分会会长，Pittsburgh 大学 LRDC 主任，20 世纪 80 年代初曾应两度邀来北京师范大学心理系访问并讲学。

J. A. Stern① 教授应邀在我校讲课

联合培养博士研究生

你好！有一段时间没有给你去信了，不知近况如何？博士论文的进展如何？什么时候有望进行论文答辩？记得在 Chuck（Chuck Perfetti 教授）家吃饭时，他曾对你说，你的实验工作已经做得很多了，建议你停一停，对已经完成的工作做一番理论思考。我觉得这个建议很有道理。要想让自己的工作上一个台阶，具有更大的创造性，就要在理论思维上下点苦功夫。

前不久，Chuck 来信，建议让他的一位研究生帮助我们修改新近完成的一篇论文。我刚给他回信，同意他的建议，并寄去了论文的一张软盘（当时保存电子文件的一种重要的介质）。请你抽时间问问，是否已经收到？改好后望把软盘寄回来，以便定稿。

七月份在北京时，我和 Chuck 谈过协作问题，包括课题合作，学者交流和联合培养博士生②。最近我起草了一份建议书，准备不久就寄给他。近几年不同文字的比较研究很吃香。如果我们双方经过努力，能在 LRDC 建立一个以 Chuck 为核心的，美中两国学者协作的研究集体，也许能使我们双方的工作在世界范围内产生更大的影响。现在加拿大的 Besner，澳大利亚的 Taft，Kirsner，英国的 Butterworth，荷兰的 d'Arais，加拿大的 Seidenberg 等都在

---

① 见本书第 33 页。

② "文革"后心理学迎来了发展的春天。为了使中国心理学尽快赶上国际发展的新水平，除了邀请一批外国学者来中国讲学外，我们特别关心建立和发展与国外著名学者的合作研究，把学生送到国外进行联合培养。

做中英文的比较研究，他们那里都有个别中国学生在帮他们。如果我们能和 Chuck 建立起国际合作，那么我们的实力将比任何其他地方都强大得多。好的研究集体要有优秀的学术带头人，富有创造精神的研究队伍，学者间的良好友谊和一个共同的研究目标。我希望 Chuck 能认真考虑我的建议，尽早建立我们的协作关系。在这项工作中，希望你能发挥自己的特殊作用。

九月初去了一趟台湾，参加第六届汉语认知国际研讨会。这是 1949 年后大陆心理学家第一次组团入台参加学术会议。我们是经过香港转机去台北的。入境手续虽然麻烦一点，但整个旅程还算顺利。陈鹰没去，谭力海也没去。会议主席邀请我在开幕式上讲话，就像我们今年 7 月邀请 Chuck 在国际会议上讲话一样。两天半会期内，我报告了两篇论文，一篇是汉字识别和命名的联结主义模型，另一篇是汉字形声字的研究。大家对我们的研究很有兴趣。台湾的景色世界著名。但限于时间，会议东道主只安排我们进行了一日游。从台北到宜兰，再从宜兰到基雄，一路濒海风光，实在令人陶醉。会议结束后又在香港停留了数日，由力海接待。山东人讲义气，他的热情、尽力，有时候使我们不好意思。

新的一年即将来临了。对你来说也许是最难忘的一年。因为在新的一年里，你将结束在国外持续了数年的学业，拿到自己追求多年的博士学位。预祝你成功！××的学业怎样？还经常捧回来优秀成绩单吗？他和你一样都是有志者。而"有志者事竟成"，不是吗？你的女儿也是一个有志者，她的成长环境又比你们好得多，因此她的成就也应该会比你们更大一些。

预祝你们全家新春快乐、幸福！

1993 年 12 月 14 日

与 Chuck 的合作

按道理说，这次 Chuck[①] 答应去北京，我应该随他一道回去一趟。一来可以陪他去医院看我们做脑成像研究的条件，商量下一步协作的计划；二来可以共同讨论一下你的毕业论文，并感谢多年来他对你的培养。这两件事对发展我

[①] 1998 年 11 月，我和 Chuck 共同出席了在香港召开的国际学术会议，当时我正在澳大利亚新南威尔士大学访问。会后，Chuck 应邀访问了北京师范大学心理系，由杨珲博士接待。我因为要参加随后在 12 月 7 日在悉尼召开的另一个国际会议，没有随 Chuck 一起回北京。

们和他的合作关系可能都有好处。但是，从我来悉尼后，用了很多时间处理与 Marcus 的合作研究无关的事情，我总觉得不安。香港会议后，我能否尽早回去，他很关心。另外，由他发起和主持的"语言认知与学习"国际学术会议已定在 12 月 7 日在新南威尔士大学召开，这边人手少，我要帮他做些会务工作，如果我赶在 5 日才回悉尼，不但 Marcus 可能有意见，对我来说也太紧张了。因此香港会议后我只好不回北京了。关于 Chuck 的接待工作，我有以下建议：①邀请 Chuck 在 12 月 3 号或者 4 号去心理系参观，重点介绍我们已完成的脑成像研究。如果他有时间，最好陪他到 301 医院、中日友好医院和宣武医院参观脑成像研究的设备（fMRI 和 PET），让他知道我们可以独立进行这方面的研究工作。②如果舒华老师的健康允许，请她给 Chuck 介绍"北京师范大学脑与认知科学中心"的情况。③可以在我们课题组内安排一个小型座谈会，介绍每人手头正在进行的工作，并互相认识一下。④请你代表我宴请他一次，由组内的研究生作陪，经费由课题费报销。如果校研究生院能够宴请他，由你作陪，就更好。

1998 年 11 月 24 日

访问英国 Newcastle 大学

你好！明天是周末，下星期一是英国的 Bank Holiday。假期里，办公楼大门紧锁，整栋大楼除了一位保安外，空空荡荡，静得有点吓人。我需要想一些特别的办法才能去办公室工作，给你们回信。希望你们明天关于 973 课题的讨论能够成功。这件事办好了，就是你们对北京师范大学的重要贡献。衷心希望你们成功！

我要不要 6 月 3 日提前回国，向李岚清副总理汇报《脑科学与儿童智力潜能开发》咨询报告[①]，现在还不能确定。原因有几个。第一，早在今年 4 月初，Marslen-Wilson 教授[②]就邀请我去剑桥大学访问。我还想顺便去伦敦大学 Mark Johnson 教授的实验室，参观他们的脑电设备（EGI 系统），这对我们今后建设自己的实验室可能有帮助。Marslen-Wilson 教授把我出访的日期定在 6 月中旬。如果我于 6 月初回去，这次访问就只能取消了。另外，来英国后，我

---

① 1999 年 1 月受教育部的委托，我和原上海生理研究所杨雄里院士共同负责起草的一份咨询报告。1999 年 6 月 3 日，由董奇教授和李葆明教授代表课题起草小组向李岚清副总理汇报，得到好评。

② 英国著名心理学家，皇家科学院院士，英国剑桥大学认知实验室负责人。

的大量时间都用在处理北京方面的事情,包括学生的毕业论文,与李嵬①老师的合作课题做得不多,对这边的贡献不大,就像去年我在悉尼时一样,想起来总感到不安。第二,还要考虑我们和 Newcastle 大学的合作。李嵬老师人很好,是个实实在在干事的人。他是 Newcastle 大学校学术委员会的主席,又主编了一份"二语"杂志,在这里颇有影响。昨天李嵬老师见到他们学校的一位副校长,还谈起今后与北京师范大学合作的问题。我希望把关系处理得尽量好一些,不要给人家留下难题。第三,我还要考虑单老师的安排。6月下旬李嵬老师要回国讲学。如果我提前回国,是让单老师和我一起回去,还是将她一个人留在这里?这也是让我一时难以决定的。最后,董奇老师是研究儿童认知发展的,由他代表我们去汇报,可能比我更加合适。总之,这件事让我再想一两天,等我和各个方面协调好了再决定。

1999 年 4 月 29 日

与李嵬教授的合作

你好!今天上午,我国驻英国大使馆马振岗大使和李旺荣教育参赞来 Newcastle 大学,与该校校长座谈,中午李嵬老师陪他们和校长一起进午餐,下午会见了部分在这里工作和学习的中国访问学者和留学生。李参赞提到有一个春晖计划,鼓励在国外工作的我国青年学者回国工作或讲学。如果我们能给李嵬老师发一封正式邀请信,请他到我校心理系讲学,李嵬老师可以从春晖计划得到部分旅费资助,对以后建立我们之间的合作关系有好处。我想这件事不难办。等你把 973 项目建议书(初稿)完成后,再起草一封给李嵬老师的邀请信(英文的),简要说明一下这次邀请的重要性。抬头用 Professor Li Wei,落款用北京师范大学人事处。你去人事处找一下郑风荣老师(人事处办公室主任),他和李嵬很熟,会同意盖章的。李嵬老师在英国干得不错,两年前,就和我校有过合作(由副校长王英杰老师签字),今年国庆,有可能应邀回国观礼。他现在是 Newcastle 大学语言研究中心的主任(Director of center for Research in

---

① 本科毕业于北京师范大学外语系英语专业,曾任 Newcastle 大学语言学研究中心主任,教育学院院长。现在是英国伦敦大学教授,伯克贝克研究生院院长,英国社会科学院院士,英国皇家艺术学会会员。1999 年 3 月我应邀访问了英国纽卡斯尔大学语言学系,与李嵬教授进行合作研究。纽卡斯尔大学语言学系是该校著名的系所之一,特别在语言矫正方面在世界享有盛誉。

Linguistics），主持召开了第二届国际双语研究的会议，又主编了 *The International Journal of Bilingualism*，是近年来出国人员中干得比较出色的一位。我来这边是由 Newcastle 大学人事处正式邀请的，我们也可以用这种规格邀请他。在讲完课以后，还可陪他去见见王英杰老师。在发出邀请信之前，请先将信 Fax 过来。这样他可以先去办理出访手续。

1999 年 6 月 10 日

实验室的早期建设

你好！教育部举办的重点实验室主任培训班①已经进行了两天。要想在 5 年内把我们的实验室建成为国家重点实验室，并能得到大量的经费资助，要做的事情真不少。听了一些单位的经验介绍，董老师和我都觉得有压力。有几件事希望你在回来前办好：

①详细了解匹兹堡大学 LRDC 的 ERP 实验室的建设情况，作为我们建设实验室的蓝本或参考，如主机之外还要哪些配套设备，如何有效地利用实验室的空间，如何解决儿童被试所需的设备等，我们将根据你提供的资料，和委托商最后确定代购的事情。我们希望设备能尽快投入使用。

②我们想用 E-Prime 取代 D-master（在计算机上运行的两种不同的刺激呈现软件），建设一个新的行为实验室，可同时做 4～6 名被试。买一套软件和相关配件要多少钱？如果买得多，能不能打折扣？

③作为教育部重点实验室，还应该添置哪些设备，使我们的实验室更有特色？

④上次你讲到的双语 ERP 实验进行得如何了？最好能取得全部数据，回来后再处理，否则两地的被试情况相差很大，影响结果的比较。最近（8 月 24～26 日）电子系邀请了威斯康星大学的 Russel 来校讲学，主要介绍 AFNI 和 SPM 的使用（两种磁共振成像数据处理软件）。我们在数据处理上还没有过关，严重影响到我们研究成果的产出率。今年上半年我们做的三个磁共振成像实验都因为数据处理而停在那里。这个问题一定要设法解决，越快越好。大家都把希望寄托在你身上。

1999 年 8 月 21 日

---

① 1999 年经教育部批准，我校建立了认知神经科学与学习教育部重点实验室。8 月 19 日，董奇老师和我参加了这个培训班，开始筹备建立国家重点实验室。

组织学术梯队要顶住来自各方面的压力

你好！最近我的心情不好，主要是因为一位年轻老师要求离职。这件事从去年就听到一点风声。一年来我一直为她的"去留"问题担心。时而觉得她要走，时而又觉得她可能留下来。这种感受很不舒服。这次，她正式向系里提出的离职理由是"成就感不大、学校环境不利于她的发展"。她和我一起工作了近九年。我知道她的优点，也了解她的弱点。从博士毕业后，她几次调整自己的研究方向，却没有一个方向能真正深入下去。让她决定离职的另一个重要原因就是工资待遇上的差别了。和在公司工作的一些同学相比，她在学校的收入实在少得可怜。从这件事，我深深感到，组织一支精干有力的学术梯队真的很不容易，要顶住来自各方面的压力。学校的发展和学科的发展都依靠人才。几年来，我做了多方面的努力，但成效不大。和其他人比较起来，她毕竟是一个难得的人才。她的离职，对系特别是对我的课题组将产生很大的负面影响。这几天，我忙着找她谈话，和系里讨论她的离职申请，向校长反映学校在青年教师培养方面存在的问题，在课题组内做好"稳定军心"的工作。你了解我的心情，我希望看到北京师范大学心理系能够得到很好的发展。几年来我们做了很大的努力，在课题、经费、设备等方面都取得了可喜的进展。但如果我们留不下人才，这一切又还有什么意义！给 Human Brain Mapping 会议（认知神经科学的一个重要国际会议）的摘要已经写好，由于我近来的心情不好，没有及时把论文摘要寄出去。我很想参加这个会，现在也只好算了。我们最早得到的一批功能磁共振成像（fMRI）数据，已经处理好，日内给你寄去，看有没有可能写成文章发出去？曾国藩是历史上有名的"屡败屡战"的将军。我的结局可能也这样。但我希望自己最后能够成为一位胜利者。春节快到了，祝节日快乐！

2000 年 11 月 28 日

竞争很剧烈，是好事，不是坏事

你好！今天是五一节。你有没有休息？衷心祝贺你节日愉快！

4 月 19～24 日在香港开会（汉语的认知神经科学会议，由香港大学和北京师范大学联合主办）期间，有幸见到了 Chuck。Chuck 还是老样子，没有显著的变化。23 日晚，力海特别邀请 CK 梁（加拿大著名心理语言学家）、Chuck 和我共进了晚餐。从 6 点多钟一直聊到快 10 点。这次会议开得很成功，反映都很好。当然，力海的经费和人力"开支"也比较大。

194　做人与治学

与 C. Perfetti 教授①(左三)共同出席在香港大学召开的国际学术会议

　　4月19日北京师范大学心理学院正式成立，到会祝贺的人很多，很有一些声势。这是国内建立的第一个心理学院。五一节后科技部可能要组织专家组来我们实验室检查，为申请建立国家重点实验室作准备。近年来国内心理学的发展很快，势头不错。北京师范大学的情况更好一些。但竞争很激烈，这是好事，不是坏事，因为大家都在前进，都希望自己所在的单位能尽快好起来。

　　最近我们刚完成今年博士生的招生工作。其中有一名硕博连读的学生，是从我校电子系招来的。她现在正在做独立成分分析(ICA)的研究工作，在电子系做过一次介绍。暑假后将进入我的实验室。你在这方面已经积累了不少经验。近期有没有相关的好论文在刊物上发表？希望你今后能给她帮助。

　　最近忙论文，搞得很紧张。今天开始放假，可以休息几天了。

2002年5月1

国际合作的基础和条件

　　这些天一直忙于博士生的论文修改工作。今年我有3位博士生要毕业，按学校规定，5月15日前要提交论文。学生着急，老师同样也很着急。

　　丁国盛已经离京去美国 NIMH 参加会议②。我们本打算派出3人，但由于签证和护照出了点问题，结果只有小丁得到了这次出国的机会。听说美国出台了新政策，中国学生出国留学可能遇到新的麻烦。

---

　　①　见本书第40页。
　　②　由美国国立健康研究院主办的一个 fMRI 培训会议。国盛因为积极进行汉语认知的脑成像研究并有初步成果获得了会议颁发的"研究奖"。

希望你今年有机会回国，并能和我们开展一些合作研究。多年来我一直寻找机会希望和 Chuck 合作，用 ERP 和 fMRI 都可以。我们自己有 128 导的 EEG/ERP 系统，目前有 4 个学生在进行这方面的研究；我们进行 fMRI 研究的条件也很方便，目前有 5 个人在做研究。最近北京师范大学对面的第二炮兵总医院也要引进一台 fMRI 扫描仪，将来做脑成像研究的条件会更好。请转告 Chuck，我们这一方的合作条件很好，希望知道他想做什么，能够在哪些方面进行合作，和如何进行合作。①

香港会议的资料等几天再寄给你。文件比较大，从 e-mail 发给你可能不行。我试试看。

2002 年 5 月 14 日

希望建立国际实质性的合作

谢谢你答应帮助我们修改文章。正如你所说的，你们的加入有两方面的意义，一是促使论文更早地完成，使我们辛苦了一年多的工作能有一个好的结果；另一方面，促成我和 Chuck 的实质性合作。我相信这对我们双方都有好处。我们组的工作做得不差，但几年来建立国际实质性的合作不多，只有和 Marcus 的合作还不错。在脑成像方面，这种合作关系还没有真正建立起来。我想如果通过这次合作，能把两方面的力量聚集在一起，将是一件大好事。你把论文修改后，一定请 Chuck 把好关。现在我承担着两个课题，一是 973 课题，叫国家重大基础研究；一是攀登计划课题，压力都比较大。这篇论文是为完成课题做的，因此，论文的第一作者和通信作者只能像现在这样写，其他位置都可以商量。如果我们的合作有成绩，以后文章的署名，可以再商量。祝你工作成功！

2002 年 6 月 2 日

---

① 在转向语言认知神经科学的研究以后，我花了很多时间和精力，积极寻找建立国际合作关系。由于汉语自身的特点，在许多方面不同于印欧语言，许多国外著名的心理语言学家都对研究汉语认知的神经机制表现了较大的兴趣。我们本着"优势互补"的原则，希望在汉语认知神经机制方面开展与国外学者的合作研究，在这个过程中积累研究经验，出一批研究成果，培养研究人才。

要主动寻找国际合作伙伴

　　谢谢你的回信。自然科学基金课题应该尽早开始做。给你专门配了三个人，需要的话，可以再增加一人，这样研究力量就够了。12月初，新加坡南洋理工大学的一位学者要到北京收集脑电的实验数据，希望与我们合作。他也计划做双语研究。你可以找几个人开个会，把队伍正式拉起来。你多出些思想和点子，然后发动大家一起来做，自己也亲自动手，这样出活就快了。实验的地点可以不限于国内，要主动寻找国际合作伙伴，到国外去做些合作研究。这样才可能把路走活。

　　我们可以建立三支队伍。第一支队伍研究双语的认知加工与表征，第二支队伍研究情绪词和词的情绪义，第三支队伍研究儿童语言发展。要让每个人都有自己的定位。这种定位不是绝对的，而是相对的。有些临时性任务和急待开发的任务也要有人去完成。

2002 年 11 月 13 日

回国进行合作研究的海外学子越来越多

　　很久没有给你写信了，常常想念你。我在香港访问两个月，11 月底才回北京。接着又去台湾参加第 10 届汉语和其他亚洲相关语言认知加工国际会议，见到了 Yang Chin-lung 博士。12 日回到北京。这两天参加了 Siemens 公司和陈霖老师实验室联合召开的 MR 3T Trio 的开机典礼。这几年国内的认知神经科学的研究发展很快，年轻学者对这些新技术的热情很高。这次科技部和中国科学院在生物物理所投资建立的磁共振实验室必将进一步推动该领域的研究。听 Yang 博士说，你这两年干得也不错，真替你高兴。近年来回国进行合作研究的海外学子越来越多。我们也期待着你的回来。最近在北京和在台北会议上见到了几位在国外工作的学者，他们都能回来做些研究。不知你什么时候能回来？如果有这种机会，大家一定很高兴。告诉你一个好消息，我们的论文已经由刊物 Human Brain Mapping 接收了，大概能在明年的第 3 期发表出来。论文的合作者增加了 Conrad Perry。他现在在力海那边做博士后。我在香港期间和他一起讨论、修改了论文，的确比原来的文稿有很大改进。圣诞节和新年很快就要到了，衷心祝你节日好！

2002 年 12 月 15 日

第六编　发展国际、国内合作，建立和健全研究团队

引进人才的不同渠道

这几天身体好多了，望放心！

关于你回国工作的事，我想介绍一点我所知道的情况。这几年国内各个单位对从国外引进人才都非常重视。有几条不同的渠道。一是国内学者和国外学者联合向科技部和自然科学基金委申请海外学者基金，资助额度为 40 万元。在过去几年中翁旭初（中科院心理所教授）和高家红（美籍中国学者）、张达人（中国科技大学生物系教授）和吕忠林（美籍中国学者）都得到过这项资助。二是由实验室向教育部申请高级访问学者经费，经费不多，每人大约在 6 万元左右。在过去几年中，Anderson 教授和谭力海博士都得过这种经费。三是由实验室从课题经费中提供相关的费用，类似于博士后经费。我多次和你说过，董奇老师、舒华老师和我都希望你回来，和我们协作进行研究工作。我们现在有自己的 ERP 设备（128 导），有进行 fMRI 研究的合作基地（306 医院、宣武医院等），有很好的行为实验室。我这里的学生很多，很容易找到工作助手，至于说被试，就更好解决了。当然既然是合作，就有成果共享的问题，包括作者署名问题，通信作者问题、基金资助问题。这些问题我想是不难解决的。你在来信中提到每年回国 3 个月，我想这是完全可行的。几位志愿归国工作的学者也都是这样。希望你把今年回国的时间告诉我，以便我们进行相应的安排。春节前收到你父亲的电话，我把这种想法也告诉他了。看来他很支持这样做。别忘了回国时带一套 E-prime 软件和反应盒回来。

2003 年 2 月 18 日

吸引国内外学者来北京师范大学开展合作研究

开学前因感冒发烧，被迫休息了 10 天。开学后学生的事很多，加上又有研究生的"语言心理学"教学工作，以致没有顾上给你复信。现在我们实验室有博士生 9 名，硕士生 7 名，博士后 3 名。人多了固然有好处，但也带来不少麻烦。管理跟上去，才能发挥作用。

你想用重复启动范式研究"第二语言词汇表征形成过程中的皮层电位变化"，这很好。据我所知，蒲洁（我们实验室的一位硕士研究生，论文曾发表在 Cognitive Research 上）的毕业论文就采用了重复启动方法研究识别波（RP），而且变化了形音义等条件。这对你研究第二语言的词汇表征应该有帮助。我想

知道的是，国外有没有人研究过第二语言的 RP？存在的问题是什么？与第一语言的 RP 可能有什么不同？你的研究在方法和设计上有什么创新的地方？

最近，我正在为实验室起草一份文件，是关于吸引国内外学者来北京师范大学开展合作研究的。说开了，是想为来访者弄到一些经费和研究条件，开展实质性的合作研究。下星期也许要讨论这个文件，安排具体的合作计划。你打算什么时候来北京，估计能待多长时间。我想来以前，一定要把研究方案讨论清楚，来了就能开展工作，这样才能保证工作的效率，你说呢？从这学期以来，中科院心理研究所的魏景汉老师每周二都来北京师范大学，负责指导研究生的 ERP 研究。昨天我们还谈到你的研究，他听说你还想继续原来的研究，很高兴。今天就说这些。

2003 年 3 月 12 日

实验室人才引进计划

你好！关于合作研究的事，我和几个人交换了意见，现把我们的想法告诉你。

和过去一样，非常欢迎你回到实验室继续研究我们感兴趣的问题，进一步推进国内关于双语表征与加工的研究。今后三年内，这是我们实验室研究的一个重点，也将成为我们工作的一个特点。

我们去年合作进行的双语翻译研究，是有意义的。数据的初步分析也已经完成了。因此应该趁你今年来北京师范大学工作的期间，完成数据的进一步分析，并写成论文。根据近几年的经验，研究应该做一个，争取成功一个，不要把时间拖得很长，越拖问题可能越搞不清楚。

你提出的新计划，可以在今年的访问期间，充分交换意见，确定好合作者。这样大家才有积极性。你说"不是每个人都愿意帮人做基础性的工作"，问题正是出在这里。如果觉得自己的工作只是在"帮别人"，积极性会受到影响。

最近实验室正在起草一份关于人才引进和合作研究的计划，我把初稿寄去一份，你先看看。如果同意其中的一些规定，我想研究经费问题不难解决。

5 月以前，脑电实验室的实验工作已经安排满了。因此从这边的情况看，你最好 5 月底、6 月初能来。6 月 18 日以后我和小丁要去美国开会，时间比较长。我们走以后，讨论又不方便了。

顺便告诉你，刘颖今年 5 月底、6 月初可能要来实验室进行合作研究。大家聚在一起，可以好好讨论一些问题。5月底舒华老师和我准备举办一期高级研讨班，题目是关于阅读的，你很快会收到办班的通知。你可以把参加研讨班和今年的合作研究合并在一起，时间上可能比较经济。

2003 年 3 月 15 日

全民抗"非典"

节日好！向节日期间还在"劳动"的"劳动者们"致以迟到的节日问候！今年的五·一节是在全民抗"非典"[1]的形势下到来的，希望大家一定要遵守学校规定，尽量不要外出，不要去人多的地方，要注意自我保护，加强身体锻炼，要关心自己和周围人的健康情况，多一点相互关心和帮助，有逸有劳，保持乐观、积极的心态。目前的疫情还很严重，不要掉以轻心，不要放松警惕。有事望用电话和 e-mail 和我联系。

2003 年 5 月 2 日

工作在 M. Taft[2] 教授（左三）的实验室

---

[1] 指 2003 年 2～6 月在北京和国内其他一些地方爆发的严重急性呼吸系统综合症——SARS，也叫非典型性肺炎，简称非典。因为疫情很严重，一段时间内学校被迫停课，禁止学生外出活动；在校外居住的教师和学生也禁止进入学校。

[2] 见本书第 94 页。

SARS 形势下，老师和学生都没有闲着

谢谢你的来信。我一切都好，高校的 5～6 月是最忙的两个月，即使在 SARS 形势下，老师和学生也都没有闲着。相反，这段时间，会议少了，集体活动少了，工作效率高了。博士生录取名单已经上报研究生院。你没有问题，望一百个放心。有时间上网找一点脑成像的文章读一读，特别是方法学的论文和语言的脑成像论文，提前做好准备，提前进入研究。希望你在攻博期间，能主要进行功能磁共振成像（fMRI）研究。

2003 年 5 月 9 日

SARS 期间的实验室建设

近来怎样？北京的疫情已有明显好转，几天来发病人数都已控制在个位数了。街上的行人渐渐多了起来，公共汽车上的乘客也增加了。为了不出现疫情的反弹，学校在人员出入上仍有所限制。但从今天开始，住在大运村的一年级研究生开始回校上课了。今年的毕业论文答辩推后了快一个月，现在大家正在紧张地进行论文的定稿，再过一个月就该进行论文答辩了。这是高校收获的季节，虽忙但很高兴。

最近，我们所决定用今年的 211 工程经费买一台 EGI 公司的脑电系统，经费已基本到位。你有经验，希望以后得到你的具体帮助。今年暑假可能要进行实验室的装修，希望你告诉我们，用 EGI 公司的设备要不要屏蔽？如果要，具体要求是什么？

你今年暑假还能不能回国？原计划改变吗？因为前一时期的疫情，今年暑假可能没有了；即使有，许多学生可能也不回家。这样对做实验倒提供了方便。回来时一定把上次我定购的 EPRIME（行为实验操作软件）带回来。

2003 年 5 月 26 日

SARS 期间的科研工作

很高兴收到你的来信。纽约的 HBM 会议我没有参加，也许是遗憾的。我

放弃了这次机会，主要有两个原因，一是今年毕业的研究生比较多，由于 SARS 流行，论文的完成情况不如往年，我离不开；二是在 SARS 期间让单老师一人留在家，我也不放心。在会上你见到了哪些人？中国去了谁？见到过翁旭初老师和张达人老师吗？见到过力海和李平老师吗？

北京的疫情应该基本控制住了。已经连续 10 多天没有新的临床诊断病例，没有疑似病例。现在王府井又是人头攒动，商店里又挤满了顾客，前一段时间门可罗雀的饭店，又都客满为患了。估计到 7 月中旬应该就没有问题了。

只要北京安全了，我还是希望你能来北京，开始我们的合作研究。上星期我们让宝国报告了他的研究计划，就是准备和你合作做的那一个。我还约了荣宝做一点双语研究。等着你下决心了。

2003 年 6 月 22 日

实验室的新发展

你好，很久没有给你写信了，这一段时间实在是太忙。昨天科技部基础司司长和一位处长检查了我们的实验室，前后一共待了快 3 个小时，反应不错，用司长的话说："听了那么多介绍，不觉得累。"看来年内很可能列入国家重点实验室建设计划。你在的时候只修好了英东楼的第四层，现在第二和第三层也修好了。学生全部进入实验室，基本做到了一人一部计算机，工作条件得到大大改进。心理学院也开始装修，从第五层开始。我临时搬到 330，等装修以后才能最后稳定下来。在实验室的人员名单中，已经把你算在里面了，你同意吗？如果能成功申请到国家重点实验室，实验室将得到很大发展。这不仅是北京师范大学的一件大事，也是中国心理学界的一件大事。我 4 月 16 日去美国，5 月 11 日回北京。由于时间离得太近，可能没有机会去旧金山参加会议了，等到了那里再说。你怎样去旧金山？会后有机会在西部见到你吗？

4 月 23～25 日力海在香港大学又要召开一次学术会议。你和 Chuck 去参加吗？

2004 年 4 月 2 日

现在的考试制度和方法有缺陷，限制了跨学科的选拔人才

你好！你可能从网上已经看到了自己的考试成绩。英语考得不错，但实验方法考得不好，差得比较多。尽管现在院里还没有下分数线，但情况可能不妙。和你谈过几次，又听过魏老师的介绍，我很欢迎你加入我们的队伍，为发展我国的认知神经科学做一些切实的事情。认知神经科学研究是一种高度跨学科的研究，需要多个学科知识背景的人参加。现在的考试制度和方法有缺陷，限制了跨学科选拔人才。希望你不要气馁，好好总结一下经验，争取下一次机会。

2004 年 4 月 15 日

科研中需要有国际合作伙伴

你好！昨天晚上听宝国说，Chuck 已同意接受他去做访问学者，时间半年，这是一个很好的消息。他很需要到国外得到一些锻炼，科研中需要有国际合作伙伴，这对他来说太重要了，谢谢你的帮助！希望你和他的合作能保持和继续下去。

科技部最近下达了申报国家重点实验室的指南，我们实验室已列在今年要建设的 19 个实验室中，7 月中旬我们将上交正式的申请报告。在教育部和科技部的支持下，申报的成功率应该很高。最近北京师范大学已正式将"认知神经科学与学习实验室"从心理学院独立出来，并开始了实验室研究人员的组建工作。国家重点实验室对人员的要求很高，原来心理学院"脑所"的教师也要经过申请才能进入新的实验室。大家一方面觉得很兴奋，另一方面也感到了更大的压力。前几天我们在开会时，大家又问起你的情况，如果你能完全来北京师范大学工作，自然很欢迎；即使一时来不了，也希望继续保持和我们的合作关系。

2004 年 6 月 28 日

新起点和新平台

介绍一下我们的研究所。

"认知神经科学与学习"研究所是一个新的研究所。新在哪里？简单讲就

是：新的起点，新的研究方向，新的队伍，新的设备和研究手段，新的招生录取标准和新的管理机制。

我们所是去年年底成立的，成立这个所的目的是为了争取建立国家重点实验室。因此，从一开始，这个所就具有很高的起点。我们和心理学院还保持着密切的关系，但又取得了独立招收研究生的权利。

我们的研究方向是认知神经科学与学习。目标是进行认知神经科学的研究，探讨脑与心理、脑与认知等一系列重大科学问题，同时又关注学习这个重大实际问题，为教育事业和人才培养提供科学依据。我们所追求一个目标，这就是"顶天立地"，顶天是指做出国际高水平的研究成果；立地是指符合国家和社会的重大需求。

我们凝聚了一支跨学科的、新的研究队伍，这里包括中科院院士等一批资深教授和一批年轻有为的学者。

我们的研究属于实证研究，它依赖于一系列先进的技术手段和方法，而我们实验室已经拥有先进的实验技术和设备，并且将继续增加新的技术和设备。可以不夸张地说，我们实验室在国内是一流的认知神经科学实验室，在国际上也是先进的。

我们确定了新的招生录取标准，特别鼓励跨学科的考生参加我们的研究生考试。

我们将积极探索管理体制的改革，把研究所建设成为一个高效率的创新群体。

为了建设这个新的研究所，我们急切需要培养和招聘高质量的人才。因此，我们欢迎来自不同学科的学生参加我们的研究，加入我们的研究集体，为建设这个研究所做出贡献。

2004 年 9 月 18 日

我校第一个完整的国家重点实验室

一个多月没有给你写信了，时间过得真快！在过去这个月中，我们都忙着写各种申报材料，有的结果已经出来，有的还不知道结果会怎样，希望会有好结果。下面简要做点介绍。

我们申报的"认知神经科学与学习"国家重点实验室，已通过专家评议，现在只等 10 月份科技部派专家组来实验室直接考查了。北京师范大学原来没有一个完整的国家重点实验室，如果我们的实验室申报成功，将是我校第一个完整的国家重点实验室，意义是重大的。

我们申报的"重点高校建设规划（985 规划）"资金已获通过。我们计划用这笔钱购买一台 3.0T 的磁共振扫描仪，专门用于科学研究。

刚刚完成教育部"创新群体"的申报工作，所得经费将用于日常科学研究。

杨雄里先生主持的 973 课题已经在最近结题了。专家组给我们脑的高级功能组的研究成果（其中包括我们进行的语言研究）给予了很好的评价。专家组建议把我们和翁旭初老师等进行的脑成像研究成果当作"重要创新成果"推荐给国家科技部。这里面包括了你们近年来的研究成果，凝聚了你们的心血和汗水。

从内部得知，由我主编的《普通心理学》已经得到北京市哲学社会科学优秀成果一等奖。

你现在在国外工作，有机会接触许多前沿技术和成果，希望有机会回到母校来短期合作研究或讲学，以后所里每年都会安排经费来做这件事情。

2004 年 9 月 23 日

吸引不同学科的优秀人才，发展心理学的事业

你好！来信收到了，现按问题回答如下：

①是否招收跨专业的博士生？回答是肯定的。我们每年都要招收一些跨专业的博士或硕士生，他们来自完全不同的专业背景。有医学的、计算机的、生物学的、数学的，甚至制造飞机的。心理学是一门边缘学科，它欢迎跨学科的考生报考心理学专业，吸引不同学科的优秀人才来发展心理学的事业。

②考博是否要有熟人？事先要跟老师打好招呼？接收研究生完全依据考生的成绩，与是否有熟人没有关系。但建议你可以和某位老师事先取得联系，介绍自己的情况（包括自己的兴趣和基础），让老师了解你。这对录取有好处。

③跨专业考研是不是明智的决定？这依赖于你对心理学有多少了解，你为什么要放弃原来的专业，而选择心理学？如果你的选择是理智的，有充分根据的，我想就值得。否则，就应该慎重些。因为转专业毕竟是一个重大的转折，它会影响你今后的事业和生活道路。

④自学能不能考上博士生？有这样的先例。但现在考研的竞争很激烈，如果有机会，建议你最好就近到心理学系去系统听点心理学课程，我想会更好些。

2004 年 10 月 23 日

你们功不可没

寄来的 paper lists 已收到，谢谢！

先告诉你一个好消息，去年底我们申报的"教育部推荐国家自然科学奖"，已获得批准，得了一等奖。这次申请我联合了舒华老师和周晓林老师[①]，成果内容包括了语言的行为实验和脑成像研究，其中我们实验室的成果是有特色的。因为成果的截止日期是 2004 年 10 月，你在 Neuroimage 上的那篇文章和丁国盛在实验心理学杂志（JEP）上的文章都没有收录进去。这些工作在国外也许不算什么，但在国内还算是不错的。这里有你们两个人的功劳，功不可没！再次谢谢你们！希望继续努力，把研究做得更好一些。

你现在的研究计划是什么？是继续原来的研究，还是调整方向，做老板要做的事？我们想继续你原来的工作，你愿意参加我们的课题研究吗？我们今年打算申请的课题是：词汇阅读的情绪调控机制和相应的神经建模。如果愿意，很高兴邀请你成为该课题的一个成员，希望你参加我们的一些实质性的研究工作，并贡献你的力量和智慧。按国家自然科学基金会的要求，请你给我发一个 FAX（有本人签名的），或来一封信（有本人签名的），表明你参加这个课题的愿望和态度，同时附上你的一份简历。我们要把它放在申请书内。

最近实验室的人才招聘工作有很大进展。中科院心理所的罗跃嘉老师已经同意来我们这里工作，上海神经科学研究所的李朝义院士也答应来我们实验室做兼职研究员，后者在视觉基本过程的研究中做了许多很有意义的工作。前天上午他给大家做了一个报告，反应很好。十多年前从我系去加拿大留学的一位老师也愿意回国做兼职工作，负责我们所的部分管理工作和院所的部分教学工作。前天北京师范大学钟秉林校长已经赴美进行人才招聘。你两次来信提到的美国健康研究院（NIH）的"××"，我已经向董老师做了推荐，希望能聘请他短期来中国进行讲学和访问。你能告诉我他的联系方式吗？电子邮件或电话都可以。也许我们可以把消息转告已在美国访问的钟秉林校长。最近他带领了一支队伍去美国访问，就是希望能物色和引进一些有特长的国外专家。

2005 年 3 月 4 日

[①] 北京大学心理系教授，研究方向有汉语认知及其脑机制，社会认知的脑机制，曾任北京大学心理系主任，中国心理学会普通和实验心理学分会主任。现在是国务院学位委员会心理学评议组成员，教育部长江学者特聘教授，中国心理学会副理事长。

实验室为大家的发展提供了一个很好的平台

你好！你的几次来信都收到了，谢谢你的执着选择和追求。最近工作实在太忙，加上刚从美国开会回来，体力和精力恢复得比较慢，工作效率相对较低，没有及时给你复信，望原谅！

今天上午我们再次商量了你的录取问题。最后想把你安排在×××老师的名下读博士学位。原因有 2 个：①×老师的研究领域比较宽，会给你更大的选择空间。他既用 ERP 手段，也用 fMRI 手段，对你想在认知神经科学领域进行研究和发展也许更有好处；②他是我们实验室的负责人之一，课题和研究经费都比较充足，对你未来的发展可能也有好处。其实，我们研究所现在的几位博士生导师在学术水平上都很好，差别只是在工作风格上。实验室为大家的发展提供了一个很好的平台。只要个人好好努力，每个人都可以利用这个平台展现自己的能力，并为心理学的发展贡献自己的力量。如果你同意上述安排，建议你主动和×老师联系，把你的研究兴趣告诉他，以便坚定他的选择。如果需要我什么帮助，希望告诉我。

2005 年 4 月 30 日

Peter Bandettini 教授①应邀来实验室讲学

---

① 见本书第 6 页。

压力也是一种动力

材料收到了，非常感谢。攀登计划要汇集大家的研究成果，不得不麻烦大家。我前天去南京开会，参加国家重点实验室的复评，只在那里待了一天，昨天晚上刚回来。科技部对国家重点实验室的要求很高，希望能出高水平的研究成果。这次复评给大家的压力很大，搞不好就可能"出局"。当然，压力也是一种动力，会推动实验室的发展和个人的进步、提高。

知道你已经顺利完成博士论文答辩，非常高兴，衷心地祝贺你了！这几年我们实验室也在进行与情绪有关的脑成像研究，这是一个很有趣的研究领域。我们的研究还是围绕语言加工来进行的。也许以后我们可以进行一些合作研究。我们实验室已经进口了一台 Siemens 公司的 3T 功能磁共振扫描仪，最新型的。在科技楼的北侧盖起了一座 3 层的脑成像实验室，年内就能使用。非常欢迎你回母校进行研究。

按照大夫的要求，单老师已于 2 月底做完了手术后的 5 次化疗，不再继续做了。现在在家里调养。血象基本正常，体力在逐渐恢复。五一节期间，我陪她步行到双秀公园，途中还参观了家具店的红木家具，很高兴。谢谢你的关心。

2006 年 5 月 15 日

合作要有宽容精神，但不是无原则的退让

谢谢你的来信和祝福，教师节应该是老师和同学共同的节日。"教、学相长"，没有学生，也就没有老师了。听丁国盛老师说，7 日下午的接待活动搞得不错，这对我们未来工作的开展有重要意义。就像教学相长一样，主试和被试也是互相关联的。没有被试，实验工作就很难开展起来。几年来，我一直在思考如何解决口吃研究的被试问题，中间有过一些波折，这在一定程度上影响了你们工作的开展。现在总算有了转机，可以好好做些研究了。我对春明说过，合作中胆子要大一些，否则局面难以打开。既然是合作，双方就会有各自的利益，不同的考虑。合作要有宽容精神，但不是无原则地退让。如果都只想占对方的便宜，合作就肯定无法维持下去。要学会在复杂环境中找到合作点，把工作开展起来。研究方案定下后，可以先试着做一点，在实验过程中进行调整。人很多时候都是"事后诸葛亮"，不先做一做，就不知问题出在哪里。实验

有时也叫"试验"，只有"试"，才能检验自己的假设和理论。试了，心里就有底了；试了，就会有结果，就可能写文章，出成果，心里也就不会觉得"空荡荡"了。不知你以为怎样？

2006 年 9 月 10 日

希望能保留一支 ERP 的研究队伍

最近一段时间忙着单老师的治疗问题。上上周做了一次正电子发射断层扫描（PET）检查，结果证实肝区右叶下方有一个转移病灶。这个担心我们早就有了，但下不了决心做 PET 检查，不是因为费用高，而是担心检查出问题给单老师增加精神负担，不利于治疗。由于在不到一年时间内出现两次复发，问题在哪里不清楚，盲目进行全身化疗，不一定有好的效果，才下决心做了一次全身检查。结果除了肝区的问题外，身体的其他部分都没有问题。这样我们才下决心，从"全身化疗"改变成局部"介入治疗"。上周一住院，周四做了介入手术。今天下午从医院回来。介入治疗时的用药有些改变。这几天反应很大，主要是呕吐，全身疼痛，低烧和疲乏。前几天什么都不能吃，昨天晚上开始好了一些。今天吃了一点面片和稀饭。希望能较快恢复过来。

关于实验室的人员配备，我一直希望建立 2~3 个小组，一组做 fMRI，由国盛负责；一组做 ERP，由你负责；一组做行为实验，由宝国负责。这样我可以稍微超脱一点，做一点自己感兴趣的事情。在上次调整实验室时，我把一半人安排到"小楼"，另一半人留在了英东楼，目的就是想让留下来的人做 ERP，并建立一个 ERP 小组，由你负责指导。但是你出国后，他们觉得没有"靠山"了，两个原来做 ERP 的人又都忙于毕业论文，只剩下一人在做 ERP。今天下午我找他们聊了聊，讲了我的想法。我打算从一年级学生中安排一人继续做 ERP。在新招收的学生中安排两人做 ERP，希望能保留一支 ERP 的研究队伍，不知你以为如何？

2007 年 4 月 23 日

对实验室负责，对学生负责，也对自己的良心负责

你好！来信和设计都收到了。最近一个月因单老师的病情出现新的变化，

忙着检查和治疗，顾不上其他的事情，没有及时回答。前不久，林老师转达了研究所领导的意见，鉴于我的年龄和精力，今年只让我招收两名博士生，征求我的意见，能否让你转读其他老师的博士生。和几年前相比，我的确感到自己有些力不从心，研究生很多，所里对研究生的要求也很高，为了达到这些要求，需要老师和同学一起共同奋斗。而我现在的时间和精力都难以承受太多的学生。最近，硕士生进行开题报告，我自己的几个学生的表现都不太好，让我感到内疚。今年本应该有4名博士生要毕业，但因为论文进行得不好，有两名可能要延期。凡此种种，都使我意识到，工作要量力而行，这样才能对实验室负责，对学生负责，也对自己的良心负责。因此我同意所里的安排，今年只招收两名博士生。××老师让你来面试，就是在这样的背景下产生的。×老师年轻有为，思路活跃，主意多，课题多，对外联系非常广泛，如果你能跟上他，对你未来的发展肯定有好处。上次面试后，他还没有和我联系，不知道他的具体意见。希望你主动和他联系，把设计也发给他一份，争取让他对你有更多的了解。这两天单老师还在医院输血，下一步的治疗方案还没有定下来，五一后可能要住院接受新的治疗。读博的事希望你自己主动一些。

2007 年 4 月 28 日

国家重点实验室是科研的国家队

来信收到。建议你按照自己感兴趣的问题，先选读一些文献，包括认知神经科学的研究文献，看看自己对这些领域提出的问题有没有真切的体会，然后再确定以后攻读的方向。毕业时对发表论文的要求当然是指博士毕业时的要求。现在不少毕业生还做不到，但从明年开始，我们将严格按这个要求来遴选学生。我们欢迎有志之士前来报考，但条件要说清楚。我常说，国家重点实验室是科研工作的国家队，因此要按国家队的标准招人，这样才能保持国家队的水平。

2007 年 6 月 21 日

突出自己的工作基础，合乎逻辑地提出新的课题

你好！自然科学基金重点，课题申请答辩稿请几位老师看过和听过，也请

丁老师提过意见，他们都觉得还可以，能听懂。昨天下午在所里进行了预演。所里大部分老师都参加了。大家七嘴八舌，意见不少。主要问题是，原稿没有很好回答"已有研究进展和主要结论"，它和"当前申请课题的关系"，第一部分介绍别人的工作较多，而没有突出自己的工作基础。按照基金委的要求，一定要突出自己的工作基础，在此基础上，合乎逻辑地提出新的课题。这个问题我早就想到过，但因担心我们在阅读困难方面，做过的工作不多，因此"不敢"这样做。现在看来，这个问题是绕不过去的。基金委只资助"正在进行中"的项目，而不资助"没有工作基础，重新开始的"项目。首先，如何把我们的工作基础和现在申请的项目紧密联系起来，是当前必须解决的一个问题。其次，如何确定项目的目标？我们的目标是一个，两个还是三个？也是一个重要问题。从课题名称看，阅读困难的神经基础及甄别，似乎是两个目标。有人认为，两个目标多了，应该集中解决一个问题，即阅读困难的神经基础问题，甄别也是为了揭示基础。另一些人认为，甄别有应用价值，也应该是一个目标，而且题目中已经写上了，不算目标就和题目不一致了，因而应该有两个目标。还有人认为，干预有重要意义，如果与脑的可塑性联系起来，也应该好好研究，这样就成三大目标了。会后我和组里几位老师商量了一下，尝试按新的要求再修改一遍，这可能是第19稿了，真不容易！希望听到你们的意见。

2008 年 7 月 19 日

访问美国国立健康研究院(NIH)磁共振实验室

把国际合作关系真正建立起来

你好！来信收到。下午我了解了研究所领导对你延长访问时间的意见。他们多次讨论过你提出的问题，对你的申请是理解的，也是支持的。但他们担心你没有自己的任务，完全在替老外"打工"，这样所里往外派人就成为"劳务输出"了。这对研究所的发展不利，对你完成自然科学基金课题也不利。后来看了你的计划，同意了你的申请。这件事肯定不会有问题。但要等几天，希望你不要着急。和 Kroll 教授的合作对你长远的发展是一件很好的事情，希望你要利用这个机会把国际合作关系真正建立起来，并争取在合作期间做出一点高水平的研究工作。为了继续提高水平，能做一流水平的研究，这个合作非常重要。这是我的看法，所里的领导也很同意。相信你不会辜负大家的希望。

2007 年 9 月 21 日

组织好课题申请

好！前天（星期一）下午，罗跃嘉老师邀请了自然科学基金委生命科学部的曹河圻处长来所里指导工作，有 9 位老师分别报告了自己的研究。我介绍了今年我们申请重点课题的一些初步设想，见附件。明天下午，我们几位老师再研究一次申请书的修改问题，并安排分工。有几点我觉得很重要：①全面总结我们的工作，并反映在申请书中，正如曹河圻说的"先做后要钱"；②提出子课题，理清几个子课题的内在关系和逻辑。要有机联系，不要形成拼凑和堆砌；③把研究方案设计得尽量具体些，让人觉得切实可行；④去年的报告，大家反映"大而杂"，是按心理学的思维方式编制的，不符合生命科学评审人的胃口，该具体的地方不具体。因此在申请书的表达方式上，也要进行修改。另外，希望你做两件事情：①你的哪些研究与我们申请的课题相关，主要发现是什么？②在阅读能力的脑机制方面，你打算做哪些工作？

2008 年 1 月 30 日

合作要注意"实效"

来信收到了，谢谢！今年暑假没怎么休息，8月底觉得身体不舒服，大夫让我住院检查，9月2号住进三院，做了系统检查，包括心脏、大脑、呼吸、肝胆脾肾等，发现了不少问题，如动脉硬化、腔隙性脑梗（陈旧）、夜间呼吸暂停、脑血管供血不好等。但这些问题都还不很严重，因此查完就出院了。现在按大夫要求，吃一些药，主要是预防继续发展和加重。出院后，因家里较凉，第二天就感冒了，一直到国庆节前才恢复过来。最近学生的事比较多，一年级同学刚进校，要进行入学教育；二年级同学要开题；三年级同学要确定方案做实验，加上所里还有一些事情，显得比较忙。你提到的合作问题，我想没有什么不好，可以大胆去做，但合作中要注意"实效"，一件一件的做，要做就做好，不要揽的事太多，弄得手忙脚乱，看不见成绩。××的文章，没有发表出去，我一直觉得很可惜，如果你能帮她整理出来，我自然很高兴。下了决心，就一定要干到底。寄来的文章收到了，看后再说意见。中午还有学术活动，今天就写这些。

2008 年 10 月 10 日

把大家聚在一起，对共同感兴趣的学术问题交换意见

你们好！不记得昨天的聚餐是第几次了，每次聚餐大家都按时到达，无拘无束，畅所欲言，给大家带来了轻松和愉快。在紧张工作了几天之后，有这样一个活动，对调剂生活的确大有好处。在许多老年人中，都有所谓"话疗"。大家聚在一起，轻轻松松吃顿饭，说说笑笑，天南海北，什么都聊，原来精神上积淀的毛病也就一扫而空了。在这里，大家都应该谢谢郭桃梅老师提出的这个好建议！

原来我想，吃饭的时候还可以顺便商量一点工作，把休闲和工作结合在一起。现在看，这种想法不合适，也很难行得通。吃饭就是吃饭，不要把"午餐会"变成"工作研讨会"。

我原来也想借每周三的大组会——"精品论文报告会"，大家聚在一起，围绕学术界的一些热点问题（那些发表在高端刊物上的文章可能都涉及研究的热点问题）进行讨论，互相启发。但现在看，这个目的也很难达到。学生对报告的积极性有下降趋势，安插老师的讨论更是难上加难。为今之计，还有什么更

好的时间和形式呢？

这几天我一直在思考一个问题。我们课题组是从1999年正式开始脑成像研究的，2003年有了第一批成果。10年来，我们在许多方面开展了研究，也有一些不错的成果发表在国际著名的学术刊物上。明年实验室要进行验收，所里一直要求我们对实验室的成果进行整理，突出我们研究的靓点，形成标志性成果。前两天，舒华老师来电话，希望抽时间在语言组内组织一次讨论。在这种情况下，我觉得有许多问题值得讨论。研讨这些问题靠午餐会不行，靠周三的论文报告会也不行。怎么办？怎样和什么时候才能把大家聚在一起，对共同感兴趣的学术问题交换意见呢？

我想到的问题有：

十年来，特别是近五年来，我们究竟有哪些有价值的发现和学术贡献？这些发现能形成哪些不同的有意义的"故事"？在创新的前提下，如何形成自己的系统研究？

从国际最新发表的重要文献看，哪些问题，特别是跨领域的问题，值得开展研究？在我们原有的工作中，哪些问题值得继续深入研究下去？

如何把基础研究和应用研究有效地结合起来？让我们的研究具有更明确的社会意义和价值。

希望大家发表意见，是否有必要进行这样的讨论？什么时候和如何进行这样的讨论？

这几年由于年龄和身体原因，我感到在许多问题上已经"力不从心"，心有余而力不足。但想起十年来我们走过的艰难研究历程，又很想再为我们事业的发展做一点力所能及的贡献。如果大家觉得没有必要，也请直言相告，不要照顾我的心情。

2010年3月20日

我们需要一个充满朝气、富有创新精神、团结融洽的研究团队

你好！昨晚急急忙忙把信发走了，今天早上醒来，觉得有许多想法没有表达清楚，因此想补充一点意见。

在实验室的建设中，硬件建设固然非常重要，但同样非常重要的是实验室的"软件建设"，这里我指的是实验室的精神文明建设。我们需要一个充满朝气、富有创新精神、团结融洽的研究团队，建设这个团队需要领导者的机智、

宽容和理解。现在实验室人多了，而且都是一个个有特色的"人才"，在这种"人才汇聚的地方"，难免会有"傲气"滋生，互相看不起，这是产生矛盾，影响人际关系的一个重要因素。

近年来，我以"创新"为目标，围绕我们自己提出的阅读模型，指导研究生完成了一些重要而有趣的研究，如"电脑如何改变人脑""背腹侧通路在汉字加工中的作用""情绪对词汇阅读的调节作用""失聪者的阅读问题""口吃的认知神经机制"等。但是，由于学生毕业后都面临新单位工作的压力，只能"业余"进行基于这些数据的论文写作，因此造成数据积压，论文迟迟写不出来。我想了许多办法，但还是解决得不好。为了解决这个问题，在今后2～3年内，我需要和这些学生继续"消化"这些数据，帮助他们尽快把论文写出来。你上次在英东楼跟我说，让我再带一点博士后，这是一个好主意。但在人选上，我需要从严选择，要真正选择"有水平"的人，而不能再背上包袱。

我是1984年开始招收研究生的，前后有26年了。在研究生的培养工作中，我自己觉得最有成就感的还是转向认知神经科学研究后的最近10年。现在我还有4名研究生，博士生和硕士生各两名，到明年这个时候，就没有学生了。上学期刘文利老师让我将自己近年来在研究生工作中的经验整理出来，交给了她，希望能对实验室的研究生培养工作继续做一点贡献。随着自己即将退出研究生培养工作，这些经验也许将逐渐失去它的意义。但只要觉得有用，我还愿意继续整理自己的心得和体会。

在庆贺第26个教师节的时候，我更加意识到一名教师在人才培养方面的意义和作用。我曾经说过，一部好教材可以影响几代人的成长。这是我重视教材建设的一个原因。我主编的《普通心理学》教材现在已经是国内最受师生欢迎的心理学教材之一，每当我外出访问时，每到一处，都会听到那里的师生对这本教材的热情肯定和积极反应。到今年8月，该教材的累计再版次数达到16次，累计发行量已经突破50万册，使用单位超过200个。它不仅是本科生的基础课教材，而且也是研究生入学考试的基本参考书。应该说，这本教材对心理学人才的培养发挥了很好的作用。近三年来，我们在科研工作的夹缝中，迟缓地进行了新版的修订工作，经过这个暑假，工作接近完成，估计年底可以出版。新教材的质量在许多方面都有较大提高，如果有机会，我愿意在适当时候，申报国家级优秀教材奖，以尽到我对实验室的微薄之力。

有人建议我主办一次《普通心理学》教材培训，向全国各地使用我们教材的任课教师，介绍新版教材的特点和教学中应该注意的问题。这件事有没有意义，我还没有想清楚。这半年我们实验室的主要任务是迎接"验收"，因此即使要做，也要等到明年实验室通过科技部验收之后。也许心理学院对这件事更感兴趣，由他们出面可能更好些。

2010 年 9 月 11 日晨

总结我们自己特有的培养经验

昨天感冒，加上眼睛很累，晚上 11 点多就睡觉了。早上起来，又想起一点意见，供参考。我们的工作报告总结了研究生培养工作的经验，但这些经验看上去是"所有"国家重点实验室"普遍"都有的经验，如扩大学生的国际学术视野，把他们放到国内外各种学术场所去锻炼等。我看过外单位的几个本子，几乎都有这几条，也只有这几条，大同小异。建议在报告中总结一点我们自己特有的人才培养经验。我们实验室不少老师的学生发表过很好的文章，这些老师都应该有一些很好的培养工作经验。要把这些经验总结好，写进去，我们的报告才会生动具体，有血有肉，有吸引力。我自己的经验都写在《我的治学经验和研究生培养》那本小册子中，最重要的体会是：一流实验室要有一流研究生，一流研究生要靠导师来培养；做人与治学并重，提倡勤奋、诚实、团结、创新；重视知识积累，用多种方法激励学生的创新精神；导师要以身作则，教学相长，共同创造高水平的研究成果。如果站在全所的高度把大家的经验认真总结一下，这个部分的内容一定会非常生动、精彩。

2011 年 1 月 25 日

发现和选拔人才，组织好自己的研究队伍

你好！看了你昨天发来的短信，心里踏实了许多。虽然还要闯关，但胜利的"曙光"似乎已经在望了。你作为一个大项目的组织者和领导者，我建议除了要考虑研究规划和写一个好本子外，更重要的是要发现和凝聚人才，组织好自己的研究队伍，要有几个真干活、真出活的研究骨干，这些人有本领、有基础能在高端刊物上发表研究成果。我们实验室近年来在这方面花费了很大的力气，除送年轻老师出国培养外，还从国内外引进了一批中青年学者，这些人都有发"好文章"的经历和记录。2009 年，实验室的文章还没有起色，大家很着急，2010 年打了一个翻身仗，一下子就改变了面貌。因为引进的人多，即使走掉 1~2 个，对实验室也不会有很大影响。这是实验室建设成功的地方，值

得大家学习。我们实验室的管理模式比较"民主",鼓励"冒尖",也鼓励实验室内部的合作,因此能调动大家的积极性。希望你要在自己的周围组织好一支"核心"队伍,这支队伍既能"短、平、快"地出成果,也能做一些"长期""持续"的攻坚研究。在申报课题时,有些人拉进来是有好处的,但并不是每个人都能实实在在地做事,出成果。这几年我们实验室流动出去的人不少,一些挂名的人物慢慢退出去了,这样工作才有了确实的保障。

全力以赴忙验收

大家好!实验室的验收工作已于昨日结束,专家组的整体评价是好的,这让大家都很高兴。从去年夏天以来,前后忙碌了几个月,特别是最近1~2个月,实验室几乎是全力以赴准备这件事。从今天开始,大家可以放松一点,休息几天了。这次验收,语言组只汇报了语言加工、学习和障碍的部分成果,情绪调节的内容及我们的阅读模型都没有放进去,原因是有些文章是5年前的工作,不能算作五年内的成果,另一篇文章是研究概念义和情绪义的神经分离,与情绪调节无关。在过去5年中,我们在语言和情绪的双向调节方面做了许多工作,但还没有文章发表出来,因此不能计入这5年的成果。现在验收已经过去,通过科技部的验收应该没有什么问题。我希望你在情绪对词汇和句子加工的调节作用的研究成果,能在未来几年中发表出去,争取成为未来5年标志性成果的重要内容。此嘱!

2011年2月28日

总结好我们的工作

大家好!3月31日普通心理学教材修订稿交出后,从4月1日开始,眼睛就觉得不舒服,一晃就是三天,看不了东西,做不了事情。今天稍微好一点,想起了中国心理学会普通心理学和实验心理学分会即将召开的汉语认知高级研讨会,希望借这个机会总结好我们的研究工作。

我们在语言认知神经机制这个领域已经进行了十年工作,如何总结我们的工作?有哪些经验和教训?以后的研究应该如何规划和发展?研究队伍如何组建?这是我近年来一直在思考的问题。总结好了,不仅是对过去的一个交代,而且会对我们未来的工作有启发。实验室验收时,受到种种限制,大家的想法没有充分表达出来，这次总结可以进一步做好这件事。现寄去的 PPT 文件是去年参加全国心理学学术大会为专题讨论会草拟的报告初稿，最近眼睛不舒服，没有修改它，就原样发给大家了。请大家在这个基础上发表意见。如有更好的替代方案，也请大家提出来。

2011 年 4 月 4 日

实验室建设的两条基本经验

来信收到，谢谢你的提醒。我昨天去三院做了手术后的第二次复查，大夫说，情况不错，不戴眼镜视力为 0.5；三个月后配眼镜，视力还会好一点。新加坡之行只好推迟一些。很高兴你有机会来北京参加我们实验室的学术委员会会议。我原来也是学术委员会的成员之一，现在退了，不是了。我们实验室在管理上的确有一些可取之处，最重要的有两条，一条是凝练实验室的科研方向，形成自己的特色，这样就有了不可替代的地位；另一条是队伍建设，建立和完善自己的实体队伍。这几年，实验室的管理团队在这两方面都下了很大的功夫，特别是在队伍建设方面。实验室重视物色人才，引进人才，采取不同办法留住人才，大胆启用引进人才，处理好两部分人才（"永久牌"和"飞鸽牌"）的关系。在实验室建设中，人才毕竟是最重要的因素，不仅要有领军人物，还要有团队。没有几位领军人才不行；人少了，没有团队也不行。认知神经科学的研究离不开方法的不断更新，实验室特别注意引进方法学的人才，也是一个特色。在生命科学这个圈子里，强手太多，压力很大。我是从多次实验室评估中走过来的，体会也很深。希望你这次能近距离看看，也许对你的实验室建设会有好处。你们学校是一所老牌大学，强手如云，要从他们之中冲出来，已经很不容易，要得到校方的大力支持，就像北京师范大学校方支持我们这个重点实验室一样，可能有难度。但我相信，你的学识和胆略有可能争取到这些支持。期待你成功！

2012 年 12 月 7 日

我关心"协同创新中心"的目标

谢谢来信告诉我研究院近期的一些信息。我关心的是"协同创新中心"的目标，去年 12 月在院里召开的研讨会上，就听说过这件事，觉得还有许多问题需要明确，没想到一年过后，就开始组建"中心"了，发展真的很快啊！我谈过自己的看法，围绕一个产品、一个重大技术问题，搞协同创新相对比较容易，而围绕某些科学问题搞协同创新，难度可能更大。这里涉及不同单位、不同研究者的关系问题。过去我在校内也试图搞过不同系所之间的合作研究，但都没有成功，也是因为共同的目标难以真正确定，不同单位之间的利益难以照顾和摆平。不知现在的中心叫什么名字？共同的研究目标是什么？如何实现协同创新？不同研究者的研究兴趣和特长如何凝聚到一起？你不必急着在回信中介绍和回答这些问题，这样太费时间，等我从新加坡回国后再当面问你。不在领导岗位上，也就不必操这份心。

和解放军 306 医院磁共振室的合作研究

我们大组内有两件事让我一直感到不安。一件是周三的大组会，近年来，几位后来的老师都不积极参加，可能是认为对个人收获不大，这个意见我早从部分博士研究生中就听说了。他们说，文献报告会的质量不高，半天报告两篇，还都是"不明不白"的，不如自己看。自己看还能看明白。我当时就跟她们说，这个活动是为了培养学生的基本能力，包括文献阅读能力、学术批判能力和文献报告能力。报告后老师和同学的点评非常重要，这是个人阅读文献所无法替代的。但是，现在报告会的问题越来越多，多数时候就只有 3 位老师参加，有时只有 2 位老师能到会。如果大家认为，有更好的形式可以代替，我想是否可以取消这个活动。千万不要：①因为是我发起并坚持了 20~30 年的一个活动，就不好意思取消，②不要因为我说过，退休后，我通过参加大组会还能保持和学生的联系，因此不便取消。总之，活动要有实效，不要搞形式主义，更不要因人设事，"过时了"的东西，该取消就要取消。另一件事是每周星期五中午的聚餐。这个活动是桃梅发起的，大家积极响应。桃梅最初的想法也是为我退休后提供一个和大家见面聊天的机会。因此,我在学校时大家就聚;我不在学校时,大家就不聚了。现在由于种种原因,参加的人数也很不稳定,而每次的费用却有上升的趋势。现在有人有了孩子,有人刚买房,要还贷款,有人要攒钱买房子。因此,如果仅仅为了让我高兴,这个活动似乎也可以不再继续下去。建议你们商量一下,实事求是地做一个选择。

来新加坡前,我给院领导分别写过两封信,汇报了自己今后几年的打算。过去了的事情再提也就没有意义了。时间可以冲洗掉所有的一切,我开始习惯了现在的处境。

2013 年 12 月 23 日

对课题申请报告的意见和建议

你好!昨天下午收到你发过来的青年 973 课题申请书。晚上因为有朋友请我吃饭,没有来得及查看。今天上午,比较仔细地看了申请书的前几个部分,整体印象很好。从立项依据,研究目标,到学术思路和研究方案,看去都不错了。比起"优青"的那份报告,要成熟得多。还有几点意见,提出来供参考:

1. 解决口吃问题的紧迫性,似乎还强调得不足。人口和健康问题是"十二五"科技发展规划关注的重大问题。健康问题涉及的问题很多,问题越紧迫(如癌症、心脏病),获得资助的可能性就越大。口吃在国内历来不受重视,这是过去较少得到资助的一个原因。申请书对此做了介绍,但对解决这个问题的紧迫性还有待加强。你了解国外在这方面的投入情况吗?能不能做一点"关注度"差异的比较?

2. 国外有过口吃的影像学研究,也有过基因研究,而本项目"是国际上第一份针对发展性口吃的基因—影像学研究",这是本项目最大的亮点。我理解,基因—影像学研究,并不只是"同时"进行了这两项研究。关键是要说明,两者的结合可能带来哪些问题的突破,有没有自己的假设和预期?如果能进一步说明这个问题,申请书的深度可能更好些。

3. 申请书提出了一个非常有趣而重要的现象,年龄与口吃的关系。已有研究发现,13 岁是一个很关键的年龄。这个年龄也是语言发展的关键年龄。在这个现象的背后可能存在"性成熟"与语言发展和口吃的关系问题,也就是内分泌在语言发展和口吃中的作用问题。联系到男女脑的一侧化差异,和口吃中男多于女,这个问题就更有意思。"基因"可能调控神经系统和脑,进而调节行为;也可能调控内分泌系统,进而调节行为。神经系统和内分泌系统都受到基因的调控，两者的关系如何？不知道学术界有没有人注意到这个问题，有没有相关的研究？

2014 年 4 月 9 日

一切从工作出发，从学生成长出发

你们好！上周三下午，两位硕士研究生分别介绍了两篇文献。到会者只有 6～7 个研究生。散会后，我问一位老师，有多少人没有来。他说，估计一半学生没有来参加。其原因可能是，许多人不做脑成像，对今天介绍的文献听不懂，就不来了。

其实，问题出现在学生身上，根子可能还是在老师身上。从上学期以来，参加周三大组会的老师就越来越少，通常只有 3 位老师。大家的事情很多，有时难免要请假，我没有事，可以每次去。但我的听力近几年下降得很多，会场大，学生说话声音又小，多数时候我听不清楚，只能靠猜、靠蒙来参加大家的讨论。但我想，如果我再不去，一次会只有一个老师参加，这个活动就真的很难维持下去了。我多次说过，要实事求是估计一下这个活动的状况，有用还是没用，究竟有没有收获，要不要继续坚持下去。

现在的情况和十年前不同了，那时只有我一个人是研究生导师，领着一大批学生，因此周三的大会成了我指导学生的一种方式。现在导师的人数多了，每人都有自己的课题，做着不完全相同的工作。为了指导研究生，每位老师都有自己的"小组会"，给学生吃"小灶"。小灶吃饱了，反过来再"吃大锅饭"，就觉得没有味道了。

我退休后，大家也许觉得，要给我安排一点儿事情，不要闲着难受。我理解大家的好意，也非常感谢。从我个人来说，每周参加一次大组会，听听学生报告的文献，的确是一种享受、一种乐趣，也是一种贡献自己经验的机会。但如果仅仅为了我，安排这样一个活动，让大家浪费时间，我会觉得于心不安，于心难忍了。

因此，我希望大家重新思考一下这个活动的安排，有用就保留下去，前提是每位老师都要尽可能参加，并要求学生参加，把它当成培养研究生的一种补充方式和手段，共同努力把活动搞好；如果没用，就停止不要再搞了。我一直不主张因人设事，包括周五中午的聚餐。干什么都一样，有需要才能存在，才能坚持；不需要的东西，勉强坚持下去，就变成形式主义，没有意义和价值了。

周三的大组会是从我发起的,还是由我来提出这个问题,可能更好些。希望大家发表意见。一切从工作出发,从学生成长出发,千万不要做勉为其难的事情。

2014 年 5 月 5 日

第七编 我关心的科学问题

脑科学研究要落实在教育应用上

你好！来信收到了，课题申请的落实情况与我的预期差不多。今天早上，我给舒华老师打了长途（当时我在英国访问），讨论了我们下一步的计划。教育部关心的问题是脑科学与教育的关系[①]。去年我们申报时没有用这个问题，而选择了脑健康问题，结果落选了，这是我一直觉得遗憾的。相反，北京大学申报了脑科学与教育的关系。"脑健康"不是我们的长处，"教育"也不是北京大学的长处，真是阴差阳错，搞颠倒了。今年北大把重点改了，这个改变对他们来说是合理的，体现了北大的长处，但却远离了教育部的意图。现在正是我们调整方向、改变局面的好时机。我支持董奇老师出来主持这件事，也希望学校和相关系、所能联合起来办好这件事情，这是关系到北京师范大学未来发展的一件大事，要特别重视。昨天我给杨雄里先生[②]发了 fax，从种种迹象看，杨先生不会出来主持与教育相关的项目。这时候，北京师范大学出来挑头是合情合理、顺理成章的。我们有今年提交的《脑科学与儿童智力潜能开发》咨询报告做基础，搞一份好的建议书出来，应该不成问题。你应该积极配合好董老师做好这件事。先把报告的整体框架想好，不要先想谁参加，谁不参加。只要课题落在北京师范大学头上，我们就对得起学校了。

教育部关心的是脑科学与教育的关系，这应该成为我们整份报告的出发点。换句话说，脑科学的研究要落实在教育应用上，落实在儿童的健康成长与发展上。同样，教育的实践要有脑科学作依据。前言要从教育呼吁脑科学的角度，讲清楚两者的关系，不要只从脑科学的角度提出问题。具体的研究内容，我在 5 月 24 日给你的信中已经说过，包括：①脑发育与儿童早期发展；②学习与记忆的神经机制研究；③语言的脑功能与母语、第二语言习得；④脑科学与儿童创造力的培养；⑤基于脑科学的儿童智力与人格测量。题目有 5～6 个就可以了，不要搞得太多、太杂。请你们认真讨论一下，我也再想想。

请转告董老师，谢谢他的关心和支持。这封信可以转给董老师和舒华老师看。请抽时间把你们工作的情况告诉我。我回北京的时间，要看国内工作的需要来决定。祝你们工作成功！

1999 年 6 月 4 日

---

① 指在 973 课题申请中教育部关心的问题。当年申报 973 课题，需要由教育部和科学院分别推荐。

② 中国科学院院士，原上海生理研究所所长，1999～2004 年国家 973 课题"脑科学和脑的重大疾病研究"首席专家。

出席第 10 届汉语和其它亚洲语言认知国际会议
(2002 年，台北)

汉字读音和字义的研究

你好！最近大家都很忙，6 月底国家科技部下达了 2004 年国家重点实验室申请指南，在今年计划建设的 19 个实验室中，就有"认知神经科学与学习"实验室。我们在 7 月 15 日前要向科技部提交正式申请报告，有许多事情要在 7 月 10 日前完成。按董老师的估计，申请的成功率很高。这对大家都是一个好消息！

你寄来的材料分成两部分。第一部分是关于字义的，材料看去比较简单。但这里似乎有两类学习，一类是范畴学习或分类学习，经过训练后，被试能根据形声字的形旁确定它的范畴义，这种学习比较容易，对多数"透明字"(指字的形旁比较准确地标出了它的范畴义，如"话""说""语"等字中的形旁"言"，标记出这些字都和言语有关)来说，错误也会比较少。但存在例外，如"嬰"，形旁为"女"，但婴儿有男也有女等。另一类学习是字的精确义的学习，如洋与河的区别，渴和漂的区别等。这种学习困难得多。你在训练时如何要求？采用什么指标检查学习的效果？指标不一样，学习效果会有很大区别。另外，在形旁的意义对照中，"言"的意义为"talk"，也可用"speech"，哪个更好些？

第二部分是关于读音的，这部分材料看去比较复杂。如形声字读音的规则性和一致性问题。在同一组材料中规则字多，一致性高，学习就比较容易；规则字少，一致性低，学习起来较难。如原材料中"返、畈、舨、版、阪、叛"有三种读音，而"侨、娇、骄、轿、矫、峤"只有两种读音，后者比前者学起来可能容易些。能不能都改成两种读音？在一组材料中是少一些读音好，还是多一些读音好？另外，对国外被试者来说，他们都没有学习过汉字，因此字频对他们来说不重要。但字的笔画数，即字形的复杂性对他们来说是重要的。你匹配材料时，有没有笔画数的统计数据？

2004 年 7 月 7 日

口吃的发生机制和矫治

你好！谢谢你的热情来信。我能够理解你的遭遇和由此带给你的各方面的压力和苦恼。

口吃是一个非常复杂的问题。也许，当人类发出第一个称为语言的声音时，口吃就跟语言一起诞生了。有文字记载的口吃可以追溯到几千年前。在过去，口吃被视为魔鬼附体，人们不仅会对口吃者避而远之，甚至会对其施以重刑。在那个可以称为蒙昧的时代，口吃者是没有任何接受治疗或享有尊重的权利的。到了 19 世纪，随着科学精神的传播和科技本身的进步，人们认为，口吃是由舌、喉或咽等发音器官出现异常而引起的。在这个时期，有一些外科医生尝试从外科的角度对口吃进行矫治，有些人则尝试用各种药物进行治疗，其中，不乏成功矫治的例子。但是，总的来说，成效不大。此后，人们逐渐认为，也许口吃不是生理问题，而是一个心理问题。于是，开始从心理的角度来帮助口吃者。在各种心理治疗的方法中，比较常用的如精神分析疗法、行为疗法和认知疗法等。问题是，虽然有一些人在接受某种治疗后有所进步，但是还没有一种矫治方法可以对所有的人产生效果。而且，总的来说，单纯的心理治疗对于口吃的康复来说，收效不大。

口吃的治疗经历了长时间的探索之后，人们不得不开始反思：既然口吃不是一个单纯的心理问题，而针对外周神经系统和发音器官的治疗又收效不大，那么，它的真正病因是否是脑的某些方面的异常。20 世纪初口吃的脑机制研究就已开始。

如你所言，在口吃的脑机制研究中，脑的一侧化异常是历时最长而又争论最多的一个说法。一般来说，人的语言功能定位在左半球，左半球是语言的优势半球。但是对于口吃者来说，其左半球似乎不能完成正常的语言功能，而需要右半球来补偿。因此，口吃者的右半球较正常人来说，会出现活动过强的现象。

但是，问题远没有这么简单。人脑是一个高度复杂的物体。在人脑中，有数以亿计的神经元或神经细胞，有各种神经信使，有无数的神经回路。目前，人们对于脑的工作方式还所知不多。因此，关于口吃的脑机制问题还有许多事情需要去做。

国外关于口吃的研究不仅历史较长，而且也比较成熟。相对来说，国内的口吃研究则较为落后。说到口吃的脑机制研究，历史就更短暂。

说中国大约有1300万口吃患者，是按照1%比例推算出来的。这个比例是国外的，我国目前还没有关于口吃的全面的人口学调查数据。但是可以肯定的是，我国口吃者的确很多。口吃给人们带来了各种不便，严重时甚至会导致口吃者心理和行为方式的改变。这些问题给口吃者，尤其是那些像你一样，正值人生发展的关键时期的青年人，造成了比较严重的影响。口吃带给口吃者的不仅是生理和心理上的痛苦，更是人生发展方面的烦恼。

但是，应当看到，有越来越多的人加入到口吃研究和口吃矫治的队伍中来。其中不仅有大学、医院和科研机构，还有各种社会力量。同时，整个社会对口吃者的态度也逐步发生了转变；口吃者自己寻求帮助的愿望也越来越强烈。这些都是值得我们高兴的事。虽然在口吃研究和口吃矫治方面还有很多困难。但是，在各方面力量的共同努力下，口吃研究和口吃矫治一定会不断前进的。

我们在这个领域的研究，还在进行中。我们主要关注与说话密切相关的一些神经环路和脑的整体工作方式，以及干预对脑的重塑作用。初步结果显示，口吃者脑的活动方式的确与正常人有所不同，他们的某些神经回路可能存在异常。目前的研究还停留在理论探索上，距离口吃矫治还有距离。但我们相信，只要发现了"猎物"，逮住它的日子也就不会太远了！

针对你的情况，我有几点建议，供参考：

①要客观地看待现实。每个人都可能有缺陷，只是缺陷的表现不同而已。你口吃，别人还近视或耳聋哩！不要只看到自己的缺陷，并和别人的优点作比较。这样只会更加伤害你自己。

②调整好自己的心态。不可否认，目前人们对口吃的认识还很初步，对口吃者的态度还不乏轻视、嘲笑等。作为口吃者，一方面要调整自我，尽量不要受到别人的态度的过分影响；另一方面，可以通过其他方式来证明自己的能力，发挥自己的特长。这对于改善人际关系，增强人际互动的能力很重要。同时，还要看到，社会对口吃的态度正在逐步向理性和理解的方向发展。

③积极寻求自助。当一个人陷入困境时，有两种方式可以帮助他摆脱困境，一种是自助，另一种是他助。从某种意义上来说，自助很重要。可以积极寻找比较好的口吃矫治班和口吃矫治资料，以及一些口吃自助手册等，在没有条件外出参加口吃矫治班时，可以通过网络或书籍资料进行自我矫治。

④主动寻求他助。在可能的情况下，不妨参加一个比较合适的口吃矫治

班。虽然国内的口吃矫治班很多,方法也各不相同,但是总会有适合你的。我对国内口吃矫治班的情况了解得不多,无法给你提出具体的建议。

⑤尽早开始矫治。建议你尽早开始口吃矫治,这不仅因为口吃矫治是一个艰难而且漫长的过程,而且因为人的神经系统接受重塑的程度也跟年龄有一定(但是不是绝对的)关系。

上面的建议比较粗略,不知能否对你有所帮助。

我们的研究工作还在进行中。相信我们的研究成果一定会应用到口吃矫治的实践中去,从而更多地造福于广大口吃者!

最后,再次谢谢你关注和支持我们的研究,也希望你能够早日战胜自我,战胜口吃。

2005 年 8 月 17 日

参加国际心联第 28 届学术大会(2014 年,北京)

我为什么对情绪词的研究发生兴趣

你好!论文看完了,因为时间很紧,看得比较仓促。总的感觉不错,说明你用了功夫。下面是我的一些想法和建议,供参考。

我对情绪词研究的兴趣来自于以下的思考:认知是人的心理的一个重要系统,情绪是另一个重要系统。在 20 世纪 80 年代以前,研究者关心认知在情绪产生中的作用,而情绪被看成认知的副现象;20 世纪 80 年代以后,研究者转而关心情绪对认知的反作用,把情绪看成认知的一个调节系统。这些研究在行为水平上都取得了有意义的结果,说明认知和情绪的关系问题是一个重要的科学问题。但是，关于两者的脑机制，特别是它们是如何联系和互相影响的，却还没有很好解决，需要深入研究。

情绪词是词汇系统中一类特殊的词，它兼有语义和情绪义两方面的特点，因此有助于用来研究认知和情绪的关系，包括哪些脑区与认知加工有关，哪些脑区与情绪加工有关，哪些脑区是认知和情绪共同使用的。基于同样的道理，我们也能利用情绪词来研究概念义和情绪义的神经分离。这是我们研究认知与情绪关系的一个特定的问题。

2002年我在青岛召开的认知神经科学国际会议上提出，情绪词可以分成两类：(1)直接表达情绪状态的词。如消极词——悲伤、恐惧、焦虑，积极词——喜悦、欢欣、兴奋；(2)不直接指称情绪状态，但通过指示人的价值、态度、信念等可以表达某种情绪的词。如消极词——死亡、阴险、狡猾和积极词——鲜花、阳光、成就。这样分类不知是否对你有帮助？在词汇中，除消极词和积极词外，还有大量中性词，如位置、学科、瓶子等。

在词汇系统中还存在一类双意义情绪词，这个词是沿用了你后面的提法。但怎样命名更好，还要考虑。因为它既可以称为"双意义情绪词"，也可以成为"双意义概念词"，因此，也许称为双意义词更好些。这类词(如暴君)既有概念义，也有情绪义。在启动范式下，这类词既会受到相关概念义的启动，也会受到相关情绪义的启动。采用这类情绪词，我们有可能在更理想的条件下将概念义和情绪义分离开来。

文章还有一些文字表达问题，见正文批注。

2006 年 5 月 7 日

言语系统的启动时间对言语发展的预测作用

你们好！8月26日上午，我们讨论了近期的一项研究计划，并按我的想法增加了几点意见，现整理如下。

课题名称：儿童出生后言语系统的启动时间对以后言语发展的预测作用。

问题提出：有些孩子说话早，一岁左右就开始说话，个别还有10个月就开始说话的；有些孩子说话晚，要到2岁左右才说话，个别孩子还有到2岁半才说话的。什么原因决定了儿童言语发展这种早期的个体差异？这种差异对预测儿童以后的言语发展有什么意义？言语发展的启动时间与发展速度有什么关系？能不能对言语发展的启动时间进行干预？研究这个问题不仅有重要的理论价值，而且有重大的实践意义。

对研究的基本思考：通过讨论，我们初步明确了以下几个问题：第一，如何界定言语的启动时间？指标是什么？第二，要区别启动时间和发展速度。有的孩子可能启动晚，但一旦启动就能以较快速度发展，而另一些孩子启动晚，发展速度也迟缓。第三，如何保证问卷的可靠性？研究将采用问卷调查和实验相结合的方式进行。为了保证问卷的可靠性，我们拟在问卷中加入"确信度判断"；第四，被试将选择大学一年级学生，这时言语发展已完全成熟了；使用大学生为被试，便于进行随后的脑成像研究和行为实验。这个年龄的被试出生在1988年以后，他们的父母对其子女的言语发展可能有更多的关注。被试在性别上要进行平衡。有效被试不少于100人。第五，后期的测查指标可以有：言语流畅性，阅读的起始年龄，脑的结构分析（VBM）和静息态fMRI分析。第六，要同时收集被试的人口学数据，如家庭人口，父母的文化程度和就业状态，父母与儿童言语交流的情况，抚养人情况，是否有弟弟、妹妹等。第七，对数据采用相关分析和回归分析，得出启动时间与后期言语发展水平的相关和回归方程。第八，要在可能条件下探讨影响言语启动时间的各种因素，并做出解释。第九，吸收个别本科生参加本项研究，争取在明年6月前完成本项目研究。明年内完成论文写作，并投稿。

在此基础上，还可以继续研究阅读的启动时间对阅读能力发展的影响，二语的启动时间对二语能力发展的影响。这样经过3～5年的研究，可以形成一个系统的研究成果。可以开发干预启动时间的方法，制作软件，开办家长培训班等，扩大研究的社会影响。可以争取得到自然科学基金的资助和其他基金的资助。

2006年8月27日

把阅读模型推向国际学术界

你好！很久没有给你写信了，但时常惦记着你。从内部消息得知，我们今年申请的面上基金课题已经批下来，经费数目还不知道。这里有你的功劳。再次谢谢你为实验室，为师弟师妹做出的贡献。等实验室的3T设备调试好，欢迎你来这里做实验。重点课题没有通过。今年只通过3个，心理学的课题只通过了一个，由北京大学心理系韩世辉老师拿到了。明年是否还能用原来的内容继续申请，以后再商量。

假期里，实验室开了一个会，总结工作，展望未来。我想，未来一年我们的主要任务是，把我们提出的阅读模型①推向国际学术界。我们的模型肯定还会有许多问题。但有了自己的模型，就是一个重要的进展。模型不是一成不变的，它需要修改，也一定要修改。修改过程其实就是发展模型。我常常提到Chomsky的语言学模型，从1957年他最初提出的经典模型，到后来的最简方案，几乎每隔几年就要进行一次大的修订。可以说每次修订都是对模型的一次发展。这条经验值得我们学习。你的论文对推出模型非常重要，非常关键，希望一定要写好，并早一点发表出去。最好瞄准影响因子10以上的刊物，才能产生较大的影响。需要提供什么帮助，望随时告诉我。

论文摘要收到了，总的感觉不错。其中有一个问题，不知你如何认识。我们的模型设想了三条通路，第一条是情绪信息直接调节视觉皮层的活动，第二条是通过杏仁核调节视觉皮层，第三条是杏仁核通过扣带回调节视觉皮层。后两条通路都有明确的脑区，而第一条通路中的"情绪信息"不是一个脑区，"情绪信息"是怎样调节视觉皮层？谁在进行调节？这是一条什么样的神经通路？

单老师由于血象太低，又住院治疗了。能不能完成第5个化疗？什么时候进行？现在还不清楚。今后两个月将是治疗中的关键时刻。

×老师非常注意发挥你的作用，这很难得。"时势造英雄"，一个人只有压担子，才能成长得更快。

2006年9月2日

视觉背、腹侧通路在词汇阅读中的作用

你好！你在来信中提出了4个有意义的问题：①梭状回的局部表征。梭状回从后到前是否分别表征汉字的笔画、部件和整字？②顶叶在字形加工中的作用。它负责处理任务难度还是处理空间信息？③中国儿童汉字习得是否遵循由背侧到腹侧的发展变化？④额中回的作用。在汉字加工中，额中回究竟起什么作用？它和梭状回与顶叶的关系如何？这些问题都与视觉腹侧和背侧通路的作用用有关，有重要的研究价值。下面我说说自己的一些想法，供参考。

在当前字词识别的研究中存在一种趋势，把字词识别看成是视觉加工的一

---

① 2006年我们在"中国科学"上发表了一篇论文，该文基于国内外的研究现状和我们近年来的研究成果，提出了一个基于情绪调节的词汇阅读模型。模型提出，词汇阅读存在加工网络和调节网络。加工网络由视觉背侧和腹侧通路组成，这个网络受到情绪和注意的调节。两个网络间存在复杂的交互作用。

种特殊形式。研究者希望把这个领域的研究和基本视觉加工的研究联系起来，这样有可能发现脑的某些更基本的工作规律。我们要敏感地把握住这种新的研究趋势。

在字词识别的认知研究中，一直存在局部表征和分布表征的争论。从局部表征的观点来看，每个字或词都是一个独立的表征单元，对它的加工是整体加工。而从分布表征的观点来看，字词是可以分解为它的组成单元或亚成分的。对英文词汇来说，就是字母、字母组合、音节和词；对汉字来说，就是笔画、部件和字。按照 Cohen 等人的 LCD 模型，梭状回从后到前可能分别表征英文的不同成分，这里存在"脑区内"的局部联合(local combination)。局部联合可能是自动化的，不需要注意的参与。这个看法，是否已经得到实验证实？是如何证实的？汉字的组成成分和英文不同，是否也存在上述的表征方式和加工方式？你希望探讨梭状回从后到前分别表征笔画、部件和汉字。这很有趣。问题是，①如何设计实验在脑区上将三个成分激活的部位分离开来？②如果汉字识别在梭状回已经完成了，而汉字既包含笔画和部件信息，也包含部件的空间位置信息，那么从逻辑上说，顶叶参与空间位置分析，就不必要了。③顶叶损伤的病人，在临床上有什么表现？④如果梭状回只有在顶叶的参与下，才能实现汉字识别，那么梭状回的特定功能是什么？顶叶的作用又是什么？

在知觉和字词识别的研究中，捆绑(biding)问题[①]是长期困惑研究者的一个基本理论问题。有没有一个单独的脑区负责整合呢？记得在鲁利亚提出的机能系统学说中，把视觉和听觉皮层区分成一级区、二级区和三级区。其中二级区和三级区都执行着不同等级的整合功能。以后感受野的研究支持了自下而上的特征分析。从特征检测开始，通过不同层次的整合活动，实现对事物整体的识别。近年来 Booth[②] 等通过词汇识别的研究提出，角回是音义整合的脑区，也相信有整合区的存在。但也有人认为，整合是由各加工单元(神经元或神经元群集)的"同步震荡"实现的。神经元或神经元群集是不同的特征检测器，它们的同步活动可实现对事物的整体识别。后面这种看法，我没有看到相关文献，还需要认真查找。

除"脑区内"的局部联合外，可能还存在"跨脑区"的整合，如梭状回与顶叶的功能整合，这种设想是合理的。这是一种更高层面的整合。这种整合可能是

---

① 人的感觉是对事物个别属性的认识，而人的知觉是对事物整体的认识。人脑如何将个别事物的感觉整合成整体的知觉，是长期困惑研究者的一个重大科学问题，叫捆绑问题。

② James Booth，美国西北大学言语交流和障碍系教授，主要研究儿童语言发展的认知神经机制，和我们有着长期的合作研究关系。刘丽博士、邓园博士和李妍妍博士都是我们和他联合培养的博士生，丁国盛博士也多次访问该校，并保持着合作研究关系。

有意识的，需要在注意的调节下完成。这就涉及顶叶在字形识别中的作用问题。顶叶是负责处理字形的空间信息，如部件或和字母位置的变化，还是负责注意，因而将不同的字形成分整合在一起？已有的许多研究表明，腹侧是探测"是什么（what）"的脑区，而背侧是探测"在哪里（where）"的脑区，背侧和腹侧的这种基本分工，在字词识别中也应该成立。问题是，在字词识别中，where的含义是什么？是指字符的空间位置变化吗？

　　来信中还提到一个问题：顶叶是否是汉字加工的一个特异性脑区？为什么在正常的汉字识别中，经常看到顶叶的激活，而在英文的研究中很少发现这个脑区的激活？×××的毕业论文，希望通过同一实验任务（如将离散的部件或字母，组合成汉字或英文），检测汉英两类被试，并比较他们的结果。发现在汉语被试中引起了顶叶的激活（形的整合），而在英语被试中引起了颞叶的激活（音的整合），出现了脑区的功能分离。只有在这样的条件下，我们才能确定顶叶在汉字加工中的特殊性。

　　你还提出将真、假、非字进行比较，探讨部件位置信息与梭状回的关系。如果三者激活了相同的脑区—梭状回，说明梭状回对部件位置不敏感；如果真字和假字激活了梭状回，而非字激活了另外的脑区（如顶叶），说明非字的位置变化是引起顶叶活动的可能原因。这个设想比较直截了当，容易理解。但有几点还需要考虑：①是否已经有人进行过三类材料的对比研究；②非字引起顶叶的激活，原因是什么？仅仅是由于部件的位置不合理吗？

　　可见，这里存在一系列非常复杂的理论问题，需要我们探讨和回答。希望你把这些问题系统整理一下，写一份更有理论水平的分析性总结。这对提高研究质量非常重要。只有把这些问题想清楚了，才能有针对性的设计相关的实验。否则研究会有很大的盲目性，容易走弯路。

　　还要考虑从哪里切入进行研究。至少有三个选择：①研究汉字的局部表征，和不同字形成分的"局部联合"；②对比真、假、非字的区别，研究对"部件"位置敏感的脑区，③采用汉英两种被试，研究汉字识别中顶叶功能的特异性。再给你两天时间考虑，星期五我们再讨论，具体时间另约。最好你能拿出一个方案来。

2008 年 1 月 14 日

参加国际认知神经科学大会(2005年，纽约)

跨通道整合究竟"整合了什么"

你好！昨天晚上通过了两个研究生的论文答辩。一篇博士论文被评定为优秀论文，几天来的担心总算放下了。另一篇硕士论文，报告做得也不错，只用了9分钟，创造了报告硕士论文时间"最短"的记录。同样，昨天下午的博士论文答辩，答辩人也只讲了23分，讲得很清楚，也算"创纪录"了。说明大家有能力做好论文报告。如果能提早一点把报告写出来，多几次修改，论文和报告的质量会更好些。

××的论文研究了视听跨通道的整合。整合了什么？这是我最关心的问题，也是我最初看到她的论文时，觉得混乱的一个问题。有两种可能的整合，一种是两个通道信息的整合，即词汇的视觉信息与听觉信息的整合，另一种是汉字形音义的整合。本文研究的应该是前者，而不是后者。论文设置了义同、而形音不同的条件，发现在角回出现了语义的整合。问题是，在角回究竟出现了语义的整合，还是视听双通道信息的整合？如果是前者，那究竟是怎样的一种整合？谁和谁出现了整合？是否可以有另外一种解释：当语义一致时，在角回发生了视听双通道信息的整合。换句话说，语义一致是两条通道信息整合的必要条件。只有当语义一致时，两条通道分别呈现的刺激才能整合在一起。如果说，在单通道呈现刺激时，注意是将不同特征整合在一起的"胶水"（Treisman，1965），那么在更高水平的信息整合中，语义可能起更大作用。这种解释可能比仅仅说"出现了语义整合"要好些。

根据上述结果，我们可以大胆提出一个设想：视听双通道信息多水平整合的设想。低水平的整合发生在颞上沟，而高水平的整合发生在角回。前人的许多研究已经证明，角回是一个高级整合区，它可以实现单通道形音义信息的整合，也可以实现双通道视、听信息的整合，或多通道信息的整合。

本研究的创新之处有：第一次研究了词汇水平两通道信息的整合，发现了语义在信息整合中的作用，这种整合出现在角回，而不是颞上沟。我想，如果按以上思路和结构写文章，也许能出一篇很不错的论文，发表在国际刊物上。

以上意见供写文章投稿时供参考。

2008 年 6 月 12 日

如何理解"言语产出"和"言语知觉"间的"失同步"

看得出来，你很着急，但着急的确没有用。现在需要的是冷静的思考和周密的逻辑推理。我对口吃的文献不熟悉，许多具体问题一时也想不清楚。刚看到你在报告中提出的几个假设，觉得很好，很重要，但仔细一想又觉得还有问题，主要是言语产出和语言知觉"失同步"的含义还不清楚。以往的研究分别探讨了口吃者与正常人在言语产出和言语知觉两方面的差异，得到了一些结果，其中有些结果不一致。你想同时研究这两者的差异，直接进行比较，希望发现两者的"失同步"，但什么是"失同步"呢？从已有的研究来看，在言语产生和言语知觉中，口吃者的反应时都长于正常人，从这种"单向"的异常中，能看出两者的"失同步"吗？这是一个基本问题。如果这个问题想清楚了，别的问题才好解决。你曾经用延迟反馈的效应来支持你的假设，但这两种现象究竟有多少相似的地方，可以进行直接的比较？在视觉研究中，"反馈性调节"是一个很有意义的概念。其含意是：视觉不仅依赖于视觉器官的活动，而且依赖于中枢对视觉器官的反馈性调节。换句话说，由感受器输入的外界信息，经过头脑的加工，将通过传出神经调节视觉器官的活动，使视觉器官更有效的感知外部世界。按照这个道理，言语感知会调节言语产出，而言语产出也会调节言语感知，两者在正常人身上的关系模式是"正常的"。当这种模式受到损害时，就可能导致言语障碍，如口吃。这种模式是否能够叫"同步"，我不清楚。当然，这也许只是一种关系模式，可能还有其他的关系模式。这是我希望你思考和回答的问题。过两天我们可以再聊一次，希望听到你的"答辩"：辩护或修改。

2008 年 6 月 25 日

不同文字的阅读既有特殊性，也有普遍性

好！来信收到了，谢谢你提供的看法和意见。你提出的问题很重要，既然讲中文阅读的认知神经机制，那么中文的特点是什么？这一点在摘要中没有显示出来。现在摘要已经交出去了，只能在报告时注意这个问题。从我们的结果看，有三个发现值得注意，不知你的意见如何？①背侧顶叶在汉字的空间分析中显示了更大作用；②在汉字阅读的神经网络中显示了更强的双侧化趋势；③颞上回在汉字阅读中较少出现激活。其他方面我看不出有别的区别，说明不同文字的阅读既有特殊性，也有普遍性。普遍性也许是更基本的特性。还有一个问题，在 Pugh 原来的阅读模型中，区分了前阅读系统和后阅读系统，在后阅读系统中再区分背侧和腹侧通路。但现在的一些研究显示，背侧前额叶的功能似乎与后阅读系统中的背侧通路的功能接近，而额叶腹侧的功能与后阅读系统的腹侧通路的功能接近。听李武老师[①]说，国外有人谈到过这些脑区前后的功能关系，你见过吗？关于阅读的文献的确很多，看看有没有近期发表的综述性文章，阐述了研究的发展趋势，就像你在来信中讲到的那些问题一样。

2008 年 8 月 31 日

电脑如何改变人脑

你好！我把元旦前对文章的意见整理了一下，供修改时参考。要把问题想清楚，要站得高一些，才能写出高水平的文章。主要意见有：①题目要修改，建议改成"The brain could be changed by computer using"；②不要从书写的神经机制切入，而要从脑的可塑性切入。要引证脑的可塑性的研究论文，并进行分析。例如，可以将脑的可塑性研究区分为短期学习训练引起的变化和长期经验的影响；可以研究训练前后的变化，也可以研究具有不同经验的被试对同一认知任务的不同反应，从而揭示经验的影响。这类分析可为本研究提供背景材料。③要讲清楚本研究的逻辑，通过拼音输入和五笔输入的比较，探讨不同输入法引起的脑功能的差异。在此基础上，进一步探讨长期采用不同输入法的两类被试在日常书写上的脑激活差异，如果存在差异，说明输入法经验引起了脑

[①] 北京师范大学认知神经科学与学习国家重点实验室教授，实验室主任，博士生导师，2013～2018 年 973 课题首席专家，主要研究猩猩的视觉学习。

的可塑性变化；如果没有差异，也可以解释为，日常书写是一种更稳定的动作技能，它的改变需要更长的时间。接下来研究两类被试在文字加工中的差异，如果存在差异，说明脑的功能由于输入经验而产生了可塑性改变；④要尝试采用不同的数据处理方法，揭示两类被试可能存在的差异；⑤我们原先的假设是，拼音输入法是基于语音的，应该更多引起与语音处理相关脑区的激活和变化；五笔输入法是基于字形的，应该更多引起与字形处理相关脑区的激活和变化。从上述假设出发，数据处理时要特别关注相应的脑区。与假设无关的脑区，可以不特别关注；⑥争取进行神经网络的分析，揭示在不同输入法经验的影响下，相关神经网络的变化；⑦讨论要围绕研究提出的科学问题（脑的可塑性）来进行，不要就事论事，陷在一大堆被激活的脑区中。

2010年1月3日

文化与脑发展的关系

来稿收到了，从整理数据的角度说，这次比前几次有进步，实验的基本结果已经出来了，这就为以后的提高打下了基础。但是整篇文章看下来，还是有就事论事的感觉，站得不高，看得不远，因而大大降低了研究的理论意义。在过去一年内，我们课题组安排了"百篇精品论文阅读计划"，要求大家仔细阅读和分析一批高质量的论文，从中学习发表高质量文章的技巧。但是，从理论到实践还有一段距离，要学会写一流水平的论文不是一件容易的事情。我们有了一流的实验数据，但不一定就认识到数据的真正价值，更不一定能写出一流的文章。我反复说过，视野太窄，是研究工作的一个大忌。这个道理，大家并不一定真正理解，理解了也不一定就能做到。这方面还真的需要好好提高。

我们进行这项研究的基本出发点，是想研究计算机的出现和使用引起的脑的可塑性变化。但我们没有对比"有打字经验"和"没有打字经验"的两类被试，也没有进行相关的训练，这的确使我们的工作受到了一些限制。但我们是不是就不能提出上述问题呢？我认为，不是的。我设想了以下的研究角度，希望你好好思考，认真采纳。

从20世纪中叶以来，计算机的使用正在改变着人类的社会生活，引起了社会经济、文化和交往等多方面的深刻变化，同时也引起了人类生活方式的改变，使人们从传统的书写方式改变为打字。由于这两种书写方式的差异，计算机打字不仅引起了人的书写行为的变化，而且也可能引起脑功能的相应改变。本文正是基于对这种变化的关注，探讨了计算机打字和传统书写在脑机制上的差异，以及由打字引起的脑功能的变化。

在人类文明的进步中，文字的出现和书写曾经起过重要的作用。它们对人脑发育和脑功能的变化有着重要的影响。计算机的出现更是人类文明的巨大进步。计算机文化作为一种新的文化现象，对人类行为和大脑功能的影响，是非常巨大的。因此我们的研究也将为探讨文化与脑发育的关系，提供新的视角。

拼音和五笔输入法是汉字计算机输入的两种有代表性的方法，不能说只有这两种。两种输入法代表了不同的输入原理。拼音输入法是以语音为基础，而五笔是以字形为基础。我们选择这两种有代表性的输入方式进行研究，也有助于探讨基于语音和基于字形的输入方式引起的脑功能的不同变化。

我想如果我们能把上面这些宏观的想法放进文章中，从这些角度提出问题，阐明研究的意义，就会大大提升文章的吸引力，突出研究的重大理论意义，使文章上升到一个新的水平。

基于以上的想法，文章的讨论部分要大改，要从就事论事这种状态跳出来，站在更高的水平上来俯视我们的数据，揭示文章更深层的意义。这样文章的质量才能真正上去。

以上意见供修改论文参考。

2010 年 3 月 10 日

首届中国口吃研究与矫治研讨会（2005 年，北京）

30 年我们究竟做了些什么

大家好！昨天发信后又想了想"专题讨论会"问题。原来我没有怎样想，提出问题的初衷仅仅是想让大家都有机会去趟上海，且借机向国内心理学界介绍我们近几年的研究。以后××提出把它和 75 岁生日联系起来，心意是好的，我很感谢。但我一直对国内学术界、工商界、文艺界名人出传记、组织"生日"研讨会一类的活动没有好感，更何况我对自己工作成就的评价并不高，实在没有什么可以特别称道的。因此我提出要以问题为中心，而不要以人为中心开展一次讨论。问题是，如何选择问题才真正有意义？近半年来，我一直在思考一个问题，我们进行汉语认知研究已经有 30 年，而汉语认知神经机制的研究也有 10 年了。我们究竟干了些什么？哪些是我们对学术界做出的真正贡献？经验是什么？遇到过哪些问题？这些问题是如何解决的？今后有什么打算和预期？相对于其他领域的研究来说，国内的汉语认知研究从人数和成果来看，都有些"弱化"的趋势，许多后来的领域都显得更有活力，更能吸引年轻的研究者。面对竞争激烈的学术研究环境，我们的出路在哪里？如果我们能围绕这些问题组织一次专题讨论，会后再整理出 1~2 篇有关的文章，争取发表在国内外学术刊物上，也许能产生实质性的作用和影响。至于说，与个人相关的活动，还是不要扯在一起为好。关于合作单位，从已有研究的成果和影响来说，华南师大的张积家老师等是最佳人选，他在汉语认知研究的行为实验方面积累了大量成果，有许多不错的经验。如果我们把研讨的范围扩大一些，包括行为实验研究，那样问题就解决了。由于时间短，参与人数有限，问题不一定一次说得清楚，我们可以把这次的专题讨论当成一个开端，以后有机会再继续进行几次，这对大家也许是有益的。以上意见请转发大家，供大家讨论。

2010 年 7 月 16 日

汉语字词的特点

你好！文章的初稿看过了，总的感觉不错，问题比较明确，结果比较清楚，讨论和结论也言之成理。但还有一些问题，提出来供参考。这半年我的眼睛一直不舒服，不能长时间看东西，这影响了我阅读文献，也影响了我仔细看你们的文章。想了许多办法希望改善视力，收效甚微，也只好这样了。人在自然规律面前，有时是很无奈的。大到地震、海啸，小到个人健康，不服是不行的。

文章的主要问题有：

关于汉语字词的特点。文章谈到了汉字形义映射中的一对多（one-many）现象，这是对的，但道理讲得不够清楚。由于汉语的音节数较少，在用文字标志语言时，出现了大量同音字。这些字具有相同的读音，但有不同的意义，如即、及、级、几、鸡……。在语言交流中，区分这些字词的意义，只能基于字形，而不是它们的读音。换句话说，字形，而不是语音在区分字义中有重要作用，这是汉字和拼音文字的一个重要区别。在以往的文献中，周晓林和谭力海都曾对这个问题有过很好的表述，提出过相应的模型（可参考《汉语认知研究》一书中周晓林的文章）。也许正是这个特点，使得在汉字阅读中，更多依赖于形义映射的途径来通达语义，而音义映射的途径相对不重要。如能把汉字的这个特点表述得更突出些、集中些，是否更能引起读者的关注。

关于汉字的定性。文章似乎认定汉字是一种表意文字，因此认为形义的一致性要高于形音的一致性。但事实上，在国内外语言学界，大家的意见并不一样。据我所知，至少有几种不同的主张：①汉字是一种表意文字，它的表意度高于表音度；②汉字是一种意音文字，其中的形声字既能表意，也能表音，但都不是很精细和准确；非形声字中的会意字（如林、休）和指示字（如刃）的表意功能较好，而表音功能很差；③汉字是一种表词文字，它标示汉语的词素或语素。在古汉语中，一个字对应一个词；在现代汉语中，多词素词占优势。相比之下，第一种提法受到了越来越多的批评。

词素或语素障碍，是否等同于语义障碍？我记得 10 多年前读过的一些文献（见 L. B. Feldman 的文章），其中 morphology 的概念和 semantics 的概念是不同的。前者指构词学的知识，而后者指词汇的意义。词素（或语素）是指词的构成单位。所谓词素障碍是指不能选择一个适当的词素来构成词，它属于 morphology 的障碍，而不完全等同于语义障碍。如远和眺可以组成一个词，而远和挑就不能组成词；斑和马可以组成词，而斑和牛不可以。具有语素障碍的儿童，可能知道远和眺、挑的意义，但不知道如何把它们组合成一个适当的汉语词汇。

文章在谈到 Siok 等（2004）的文章时提到，"this study did not directly compare the phonological to semantic task, and therefore could not determine relative deficits in Chinese dyslexia"，给人的感觉是，本文将关注两者的直接比较，这是本文的一个特点。但是，①从后文看，文章关注的是两组被试在不同任务间的差异，而不是两种任务的差异；②实验结果发现，两种任务的激活模式基本相似。在这种情况下，对 Siok 等人论文的讨论就没有意义了。Siok 等采用了语音和语义两种任务，我们也采用了语音和语义两种任务，区别究竟在哪里？我们研究的特殊意义在哪里？这才是我们需要关注的。

2011 年 8 月 19 日

语言障碍也要"从娃娃抓起"

可以想见，工作量的确很大，不是一般人能够承受的。你提到的阅障和口吃儿童的比例确实让人吃惊，如果加上其他语言障碍，包括失聪、唇裂、失语症等，这个比例会上升到20%或25%以上。在发达国家，这个比例是否要低一些？十年前我在英国访问时听李嵬教授说过，英国对语言障碍问题一直很重视，可以说是"从娃娃抓起"的，情况应该会好一些。当年我看过一份材料，澳大利亚的语障比例为15%，这是指全民各种语障说的。应该比较一下，并公布出来，才能引起社会的重视。

2012年4月29日

老龄人语言功能的退化

你好！非常高兴地看完了你的这份申请报告，它的意义不限于是否能拿到一个重要的课题，还可能开辟一个重要而有希望的研究方向。随着老龄人在人口比重中的增加，社会老龄化的问题越来越成为全社会关注的一个重要问题，因而也理应成为研究者关注的一个重要问题。你从语言产生和理解的角度切入，研究老龄人语言功能的退化问题，不仅考虑到社会的重大需求，也结合了原来的工作基础。这个方向可能比口吃研究具有更重要的意义和更好的发展远景。这是我支持你申报这个项目的一个重要理由。报告考虑得很细致，整体上应该可行，期待有一个好的结果。下面是对这个报告的几点具体意见和建议：

研究选用汉语声调为研究材料，是有特色的。但是，为什么要选择声调为研究材料？理由说得不充分。声调是"语言老化"最敏感的指标吗？有没有前期研究的证明？

根据我自己的体会，"语言老化"可能与"听力下降"和"视力下降"有很大关系。听力下降直接影响语言理解和交流；视力下降直接影响阅读。在选择老年被试时，如何控制听力和视力的变化，是应该考虑的一个重要问题。

为什么选用2~5岁的儿童为被试？文献依据是什么？

报告中多次说到，声调和摩擦音涉及不同的神经机制，这已经有明确的结论吗？如果已经很明确，我们比较研究两者的神经机制的意义在哪里？如果还没有明确结论，行文中就只能说"声调和摩擦音可能涉及不同的神经机制"。

在言语运动学习中，被试者学到的是什么？言语运动？还是言语知觉？看去不清楚。"言语能力习得"和"言语运动学习"的关系是什么?

在国际合作中,英方进行脑机制研究的条件如何?有没有前期的工作基础?

2012 年 7 月 3 日

出席中国心理学会第十届全国会员代表大会
(2009 年,济南)

说话早晚对语言能力发展的影响

你好!2 月 26 日的来信早收到了,谢谢你详细介绍了宝宝的情况,看来孩子的发育是正常的,这是为人父母最关心的一件事情。孩子存在个别差异,这是我们早就熟知的,也有一些经验性的发育"常模",用来衡量孩子的发育水平。但对孩子早期发育的许多问题,科学家知道得还很少。就拿语言发育来说,我觉得至少有三个互相关联的问题。第一个问题是,说话早晚的原因究竟是什么?基因决定还是环境决定,或者是两者的交互作用。大家的说法很多,但真正的科学依据可能并不多。第二个问题是,说话早晚对后来语言和阅读的发展有何影响。目前只有一篇文献探讨过这个问题,结论倾向于说话早晚对后来语言和阅读都有影响。但这个研究的设计也还有问题,在实际生活中,我们看到的是,说话早晚对口语和阅读的影响可能不一样。这需要有更多更好的实验才能回答这个问题。第三个问题是,如何帮助说话晚的孩子开启他的语言功能。现在网络上可以查到的建议很多,大多是依据父母和幼儿教养员的个人经验,既不规范,也无法真正检查训练的效果。此外,语言发育的性别差异问题，训练的最佳时期问题，也都值得研究。最近在新加坡见到曹凡博士[①]，她已经是一个孩子的妈妈了，很快又会有第二个孩子，她告诉我，第一个孩子出生后，对其语言发育，做了持续详细的录音，这应该是很珍贵的资料。我相信这是一个非常值得研究的科学问题，也是广大父母迫切希望了解的一个问题。可能的话，可申请一个国家基金，坚持做下去，应该会有不错的前景。

2013 年 3 月 3 日

[①] 本科毕业于北京师范大学心理学院，并取得硕士学位。后在美国西北大学取得博士学位，师从 James Booth 教授，主要研究儿童语言发展的认知神经机制。

第八编 工作和生活感悟

紧张干活之余，真能体会到静的好处

你好！非常高兴收到你的来信。和别人的来信相比，你的信最短，提出的问题也最容易回答。来美国已经 10 天了，时间过得真快。每天上午，我都要抽出 1～2 小时来回答大家提出的问题，下午看论文，到外边走走，的确比在学校时轻松了许多，但并没有体会到"休假"的真正含义。San Jose 地广人稀，干什么事情都要跑很远，我和单老师都不会开车，出门几乎离不开别人的帮忙。"休假"离不开玩，而"玩"在这里并不是一件容易的事。"玩"不了，只好继续干活。这里的环境很安静，在紧张干活之余，真能体会到静的好处。这是在北京很难得到的一种"静"。

现在回到工作上来：①谢谢你们完成了行为实验，只要基本结果好就行，意外是不可避免的。②磁共振成像（fMRI）实验可以先做 2～3 人，把结果分析出来，根据结果再进行一些调整（如果结果不错，也可以不调整）。不要急于一下就把全部被试做完，这样比较稳妥。③事件相关电位（ERP）实验也可参照上述要求来做。一个实验比较有把握了，再做另外一个，免得结果不好，大返工，既浪费人力，也浪费经费。④你们设置的基线比较多。春明说，先多设一点，数据多一点，以后主动。希望你们征求一下丁老师的意见，按他的建议去做。

2004 年 4 月 27 日

相聚在北海公园

高校的收获季节

你好！我于5月12日从美国回到北京，还没有等我来得及"倒时差"，一大摊事情就铺天盖地压了过来。一年中的5~6月是高校的"农忙季节"，也是一个收获的季节。我记得最忙的一年，在一个多月的时间内，看了28篇博、硕士论文。回来后，工作和生活系于一身，虽然有些紧张，倒也觉得有趣。

今天中午所里召开工作会议，商量申请国家实验室的有关事宜。会上我听说你已经应聘在××师大工作了，他们不仅给你提供了研究条件，而且提供了不错的住房。我想你的选择会有自己的理由，为你祝贺。但一想到你没有回到自己的母校工作，心里总有一点遗憾，你能把情况给我说说吗？至少当别人问到我时，我不会一无所知。

2004年5月25日

人的一生有许多站台，前一站的结束就是后一段路程的开始

你们好！昨天我们组内的3位研究生顺利通过了论文答辩，他们的工作得到了答辩委员会专家很好的评价。在这里，我代表全组老师和同学对他们表示衷心的祝贺！在收获的时候，才能更体会到"耕耘"的艰辛和收获后的喜悦。

在参加昨晚的答辩会后，今年的"麦收季节"就告一段落了。参加答辩的老师很辛苦，有答辩任务的同学更辛苦！我想在下周安排一个小时，请大家谈谈参加今年答辩会的收获、体会和感想，也谈谈如何展望未来一年的工作。希望大家认真想想，并切实做好下一年度的安排。明年答辩成绩的好坏，将取决于从现在开始的一切工作和努力。

人的一生有许多站台，前一站的结束就是后一段路程的开始。希望大家继续努力，奔向下一个努力的目标，奔向人生光辉的前程和大路！

2004年6月3日

你的作业像一面镜子

你好！很高兴读完了你的作业"我的导师"，也让单老师欣赏了你的作业。首先谢谢你比较准确地描述了我的生平和愿望，也谢谢你真实地反映了你和同学们的一些心态和感受。我没有照镜子的习惯，因此常常忽略了自己的衣着和妆饰，但你的作业恰像一面镜子，让我好好审视了一下自己，想想自己哪些事情做对了，做好了；哪些事情做得不好，还有缺点。今年9月底，我回了一趟长沙，参加母校建校百周年庆典。为了参加这次活动，我应老同学的要求也写了一篇"作业"，题目叫"理想、学习、友谊"。它简要地描述了我们中学时代的点滴生活，对"补充"你的作业也许有好处，因此附在信中，也希望你看了开心。我喜欢你这篇"原汁原味"的作业，即使有些"矫揉造作"，有些"瞎编"，但总还是你和大家真实的感受，因此我会好好保留它的。

2004年11月22日

长江后浪推前浪，世上新人赶旧人

你好！昨天我在自己的研究生中搞了一次"大家谈"活动，围绕"从毕业论文撰写和答辩中学习到什么"，请几位应届毕业生介绍了自己的心得。会上我也公布了近两年写给研究生的一些信件，大家反应不错。今天上午，我把它整理成了一篇文章，希望你过目，必要时可以发给大家。在适当的时候，我还想在实验室系统介绍一下我的研究思路，让研究生了解我们做了什么，今后打算要做什么。我的介绍可能不那么"精彩、动人"，但我想试试。具体日期，要看单老师近期的检查结果，最晚是下学期开学。这次申请重点学科，请舒华老师"出马"是正确的，整个报告，我都参与了修改。报告已经写得差不多了，下面的事情就不是我们的了。总的说来，心情是平静的，但在没事的时候，还有点"失落"。长江后浪推前浪，世上新人赶旧人，这是自然界的规律，也是人类社会的发展规律，任何人都难以违抗。最近体检，除眼睛、耳朵和牙齿有毛病，另有脂肪肝和前列腺稍大外，其他方面都还好。这是让我值得宽慰的地方。按照现在的身体状况，还可以做一些事情。

2007年6月21日

我刚到美国的时候

你好！来信收到，谢谢你的建议。来信中讲到你在美国学习生活的情况，看来有些不习惯，不适应。其实，你们现在出国学习比我们当年出去时好了许多。记得我从国内刚到美国时，情况比你更"惨"。那是 1979 年 9 月 27 日下午，我从华盛顿乘火车到达纽约①，由中国驻联合国代表团的一位官员去接我，然后由他领我去住处——Central Park（纽约市曼哈顿区市中心的一个大型公园）西侧的一栋楼。他为我准备了一张行军床，由司机帮我扛到了 14 层，那是一栋黑人居住的大楼。我住的房间有 20 多平方米，里面除了一张摇摇欲坠的小桌子外，没有任何别的东西。官员走后，我检查了一下室内的"设备"，发现除水龙头有水外，煤气没有气，电灯也不亮。我急忙下到大楼的地下室找到房屋管理员，问这是为什么，好不容易才听懂了他说的意思，前一位房客没有交够房租就走了。要想供气供电，必须补交这笔房租。我当时只有从华盛顿大使馆领到的 200 美元。担心钱不够，没有交。这样只好忍受几天没气、没电的日子。记得那天是星期六下午，我信步来到街上，街上人很少。开始我没有找到超市，看到一些饭店，不敢进去，不知道价钱如何，会不会挨宰。后来遇到一位好心的人，他开车经过，看到我在街上徘徊，便停下车来问我，需要什么帮助，我才问清楚了超市的位置。在超市里我买了面包、果汁、蜡烛和火柴，还买了一口锅，一把锅铲，一个碗、三双筷子、一把牙刷和一支牙膏等。当我提着一堆从超市买到的东西走"到家"时，已经累得什么也不想吃，不想喝了。我从箱子里拿出一条毛毯，铺好床，便躺下了。

第二天是星期天，我起得很早，决定去拜访一位不认识的中国"朋友"，那是一位在哥伦比亚大学物理系学习的中国访问学者。我住的地方离哥伦比亚大学只有 5 个 block，我想走去更可靠。那天下着小雨，我打着伞就上路了。街上看不到人，显得过于安静。到了 120 街，我看着手里拿着的那位朋友的门牌号，从东到西和从西到东一家一家找过去，可就是没有找到那位朋友的门牌号。好不容易等到一位在街旁等着开车的老人，问了他，才知道这条街很长，往西走被公园隔断了。他还告诉我，有两个办法过去，一是乘 bus，从公园南端绕过去，一是步行穿过公园到达另一侧。我自然选择了步行。我穿过公园往东走，公园里人更少，只有 1~2 个人在遛狗。我顾不上和他们打招呼，一直往西走去。雨停了，空气很新鲜，昨天的疲劳已经消失。公园的西侧是一些台

---

① 1979 年 9 月我以访问学者身份被派往纽约哥伦比亚大学心理系进修，时间两年，导师是美国科学院院士、著名知觉心理学家 Julain Hochberg 教授。

阶，我爬了上去，举目一看，哥伦比亚大学就出现在自己的眼前。那位朋友住在学校附近，很"容易"就找到了他。寒暄了几句后，他问我是怎样找到他的，我讲了早上的经历。他听了非常吃惊地说，这么早你怎么敢一个人从这个公园走过来，这里经常发生凶杀事件，美国人都很害怕，更不要说刚到美国的外国人了。说话的样子有点像武松过了景阳冈让别人惊讶一样。他还告诉我，9月30日晚上中国驻联合国代表团有国庆节庆祝活动，问我想不想参加。我说当然要参加。10月1日，国庆节的早上，电有了，煤气也有了，我和Hochberg教授也联系上了，以后的日子才渐渐好起来。

关于你延期的问题，我完全理解和支持。1~2年的国外经历对人的一生来说的确显得太短。想当年，我在国外只待了两年，觉得时间短了些。大学期间我们学的是俄语，"文革"后才把英语捡回来。如果出国后能在国外多待1~2年，自己的英语水平也许会比现在好些。这些年，我觉得有很多研究思路可以做研究，但英语水平限制了自己向更高水平的刊物冲击。因此，从长远考虑，有机会在国外多待一些时候是值得的。至于所里如何安排，希望你写信和他们联系，遇到机会我会替你说话的。

衷心祝贺你顺利解决了副教授职称问题。我们已经开过会，同意你明年可以带硕士研究生。如果你要延长在国外的访问时间，明年不在国内，招研究生的事也要和他们说说。

2007年6月30日

耽误了哪一头都不行啊

先说说单老师的情况。12月下旬单老师住进广安门医院了。经过了一个多星期的检查和准备，1月8日开始化疗和靶向治疗。化疗用药是二线药-泰索帝，靶向药是托人从美国带回来的Avastin。后一种药主要用于直肠癌，也有少数病例用在妇科癌症。我们别无选择，只好试试看，希望有效果。前一段时间，单老师的食欲显著下降，肝区和腹部胀疼，肿瘤指标急速上升，看了很着急。最近两天食欲有些好转。这些药都有副作用，医院特别注意对病人进行观察和检测。这里的病人相对少一些，大夫和护士对病人的态度好得多。我隔一天去医院看单老师一次，和大夫联系治疗的问题，其他时间还在学校，处理学生的事情。所里要成果，学生要毕业，找工作，我耽误了哪一头都不行啊。大家都理解我现在的处境，但我心里还是过意不去。这样是累一些，但还能坚持下来。回到研究生中讨论课题设计，我可以暂时忘记家中的事情，也算是一种调剂！

昨天研究所办公室通知大家，希望考虑今年申请课题的问题。现在有几种选择：①继续我们去年的申请－自然科学基金重点课题。按照今年的基金指南，资助重点是神经系统功能和重大疾病，共有3项资助，竞争肯定很激烈。②化整为零，以我的名义申请一项面上课题，内容仅限于"阅读能力的神经判别模型"。③除自然科学基金外，还可以申请社科基金。

2007年11月6日

未来属于你们

您好！材料收到了，谢谢！材料评定费用，没有问题，我很高兴支付。你出国是联合培养，我自然也要尽一些力量，否则我就失职了。×××的确很不错，责任心很强。最近几位博士生的开题报告，都是她张罗的，做得很好。如果你愿意她帮助你，就让她帮你好了。另外一件事情，实验室的教育部创新团队已决定给语言组45万元，鼓励实验室内外的合作和学术带头人之间的合作。从这个意义上，研究阅读困难自然是一个最好的选择，这也是我今年决心再报一次重点课题的原因。即使重点课题批不下来，我们也可以用实验室内部的经费开展这项工作。最近我和丁老师讨论了队伍组织的问题。我们至少可以组织一支10人左右的队伍，专心做汉语阅读困难的神经机制研究。从实验室长远发展出发，我们应该主动做好研究方向的凝聚工作。5年后，我们的工作加上舒华老师那边的工作，北京师范大学在阅读困难方面的研究就可能在国际上有更大影响。在这5年内，我可能要退休，但只要做好这件事，我也就心安了。单老师的病情已经很严重，多处转移，在几番努力没有效果后，她的信心开始动摇，几次提出不再治疗。但我们不愿意"轻言放弃"。本周内可能要服用另一种进口靶向药。今天上午检查血液生化全项，如果肝功能还能承受，就可以开始了。可惜正赶上Booth教授来访，我可能没有很多时间陪他。我不怕工作劳累，但单老师的病却使我感到有点"心力交瘁"。未来是属于你们的，希望好好干！

2008年3月17日

在我为"成果"拼搏时，她却病倒了

近一个月，单老师的病情日益恶化，虽经多方设法，仍无法控制病情的发展。3月24日大夫约我谈话,等于发出了病危通知,随时都有生命危险。近三年来,我和单老师一直在和自己的命运进行顽强抗争,有过许多的幻想和期待,也经历了无数次的打击和失望。我知道"凡人该有死"的真理,但理智和情感有时是无法统一的。多少年来,都是单老师支持我的工作,关心我的身体,催着我看病治病,而我对她的照顾不够。我们只有过一次值得回忆的英国之行和一次美国之行,也共同去过一次张家界和桂林,仅此而已。我原来期待,在我退休之后,一定要陪单老师游山玩水,到处玩玩,没想到还在我为"成果"拼搏的时候,她却病倒了,而且是这种令人恐惧的疾病。我很快冷静下来,决心依靠自己的努力战胜疾病。我读了许多有关治疗癌症的文章。其中一篇文章提到战胜癌症的4个条件:一是病人的信心和毅力,二是有一个好的家庭作后盾,三是得到科学有效的治疗,四是有一定的经济实力。我相信自己具备这4个条件,因此一定有能力战胜它。第一阶段的治疗比较顺利,在手术和7次化疗后,病情得到有效控制。但没有想到,这种情况维持的时间不长,治疗后不到3个月,病情就复发了。接着进行了第二阶段的5次化疗,又看到了不错的效果。但在三个月后,病情再次复发。这时原来的主治大夫已经失去治疗的信心,我们不得不选择了另外一些治疗手段,如介入治疗,射频治疗、高强超声聚焦治疗和各种生物治疗、激素治疗,还长时间配合服用了中药和各种据说是"效果非凡"的保健食品。结果是越治,问题越多,越大。近半年来,我们又让单老师服用了几种靶向治疗药物,如易瑞沙、阿瓦斯丁和多吉美,仍然控制不住癌症的发展。经过这样的努力,不仅医生失去信心,认为已经没有治疗价值,剩下来"要做"和"能做"的不过是一些关怀性治疗,让病人少受一些痛苦;单老师自己也多次表示不再继续治疗,免得人去财空,对家庭带来太大的损失。近几日,单老师的情况和前几天差不多,有时清醒,有时糊涂。由于血色素太低(5.6克),血氧浓度低,脑部供血不足,因此影响了说话能力和感情表达。面部麻木,没有表情,开始出现了一些幻觉,常常把梦境当成了眼前发生的事情,让人看了,听了很难过。她完全失去了生活自理能力。我几乎不敢相信,这就是与我朝夕相处了30多年的单老师。女儿临时请假回来了,可以帮我照顾单老师,但她毕竟有工作,还带着一个孩子,不能长期请假;儿子对妈妈很孝顺,他已经从新加坡回国工作,每天从实验室下班后,就直接去医院病房照看他妈妈,有时通宵达旦,第二天还要回实验室工作。这种情况也让我很不安。我原来想,我一人多承担一些,不要因为单老师的病影响了孩子们的前途,但现在我也觉得心力不支了。原来我一直不服老,现在才真正认识到"老"之已至了。三年来,我用日记记下了我的这些经历。原以为这是一部"向绝症宣战"的记录,胜利一定属于我们,但现在我真不敢想象会出现怎样的结果。我不相信命运,但又不能不接受命运的安排。最近我的心情不好,身体也出现了各种毛病，如视力和听力问题，腰腿疼痛问题等，因而常常想到"退"，但又舍不得那么多可爱而懂事的学生，舍不得那些曾经吸引我的待探索的学术问题。我会努力调整好自己的心态，望放心。

2008 年 2 月 27 日

她留下了许许多多遗憾

你好！谢谢你的来信。单老师走后，我在整理她的照片时，找到了你和单老师的合影，她常常惦记着你们，可惜在上次见面后，没有机会再见到你们了。单老师离开了我们，留下了许许多多的遗憾。我做了许多的努力希望留住她，让她有机会住进我们共同购买的新居，再看看她所熟悉的地方，所熟悉的朋友和学生。但肿瘤发展得太快，使这一切愿望都落空了。单老师走后，在北京工作的许多"老学生"不约而同来到家里，其中有陈宝国、陈鹰、陈华峰、张令振、杨珲、何芳、王工斌、伍芳辉、高立群、鲁忠义、姜涛、江泓等，他们一起动手，帮我料理了单老师的后事。在单老师病危时，李荣宝、林勇明、王翠翔和许多在京外工作的同学、专程去医院看望了她；单老师走后，黄合水、宁宁又专程从福建和苏州来北京到家里进行悼念，丁国盛在出访英国前，还提前为丧葬活动作了准备。我还收到来自海内外许多"老学生"的来信和来电，这包括谭力海、张素兰、张积家、王春茂、蒲洁、刘颖、徐伦、徐世勇、刘聪慧、罗倩、许多、丁国盛、郭桃梅、王立新、祁志强、秦雷、刘丽、杜彦鹏等，这一切使我得到很大的安慰。再次谢谢你的来信和对单老师的关心。附件中是我写的一份材料：我心中的会文。这是 4 月 22 日下午赶写的一份材料。当时我写这份材料，是想第二天带到医院去，念给她听，帮助她增强"生"的愿望。没想到第二天上午，当我赶到医院时，她已经病危，神志昏迷，没有精力听我写的东西。到那天晚上，她竟离开了我们。她走后，我无心再写别的东西。在告别会前，我加上了她去世的消息和我当日的心情，就把它当成悼念文章了。

2008 年 5 月 28 日

人的一生往往忽视健康的投资，这种教训要吸取

你好！近来情况怎样？几次开会，都说你病了，不能来。最后的诊断结果是什么？真让人担心。健康第一，这是千真万确的。没有健康就没有生活的幸福，也没有事业的发展。这个道理我想你是明白的，问题是如何才能得到健康的身体。人的一生往往注意智力的投资，事业的投资，而忽视健康的投资，这种教训要吸取。

我们今年申报的重点课题，还是失利了，非常非常遗憾！这是第二次失利。以后还有没有机会，我也不清楚。这两天收到许多老师的来信，鼓励我继续冲刺。我希望还能有机会试试。附件中是我写的一份小结，供参考。

2008 年 7 月 29 日

与研究生同游慕田峪长城

我还能干什么

你好！两个学生的材料都看过了，的确都不错，可以考虑招收进来。最近在课程建设中与×××联系比较多，她不仅有能力，而且很负责任，也是一位不错的学生。只可惜我明年不能继续招收博士研究生，不能把她留在我们实验室。听她说，已经和舒华老师联系过，舒老师愿意要她，这让我安心了一点。最近，两位早毕业的硕士研究生来信或电话，希望报考我明年的博士生，我只好据实告诉，让他们很失望。一位同学甚至在电话中出声地哭了，让我也很

难受。

上星期我看了自然科学基金委转来的评审意见，6位评审人中，4人赞成，其中两人评价很高，建议优先资助。其中一位境外评审人还说：本项目有很高的创造性，其质量类似或高于他所评审过的许多国际重要基金项目，如美国的NSF、NIH，英联邦的MRC，加拿大的SSHRC、NSERC等。两个人不赞成，主要理由是主持人的年龄很大，担心完不成。这种评价对我影响很大，它意味着我再怎样努力也是白费功夫了。加上学校又停止了我明年的招生，想再拼搏也有困难。

在这种情况下，我必须冷静地思考今后几年的"定位"问题，我应该干什么？还能干些什么？有三件事我想是可以干，而且可能干好。一个是修订普通心理学教材，一个是主持好认知神经科学的课程建设和教材建设，第三个是完成《心理学书系》的主编工作。近几天，我还想到一件事，也觉得很有意义，就是组织研究生编写一部著作：《阅读的认知神经机制——一种新的阅读观》。近5～6年来，我们在这方面有了较多的积累，只要略加整理，就能把这部书编好。附件中是我提出的一个设想，如果你觉得可行，我想我当主编，请你当副主编，用半年左右的时间把初稿写出来，争取一年内出版发行。明年的"汉语和其他亚洲语言认知国际会议"将在北京召开，如果在会议前能出版此书，也算是我们对这个领域的一点贡献。今天上午我和组内其他几位老师交换了意见，他们都赞同，也很有信心。几年后，等我们在这个领域的论文发表得比较多了，还可以再出版一部文集。这样我在研究上大概就可以安心划个句号了。

记得大学毕业时，班上许多同学都表示要为国家健康工作50年，到今年8月30日，也就是我这次住院检查的前几天，我已经顺利实现了这个愿望，与班上许多同学相比，已经很幸运。有没有遗憾呢？当然有。我有过很多设想，其中有些设想看来是难以实现了。

2008年9月23日

在人的一生中，"事与愿违"的时候很多

你好！9月23日来信早已收到，你一定惦记着我的回信，对吗？我一直希望你能读我的博士生，继续留在我这里，和我们一起从事共同感兴趣的研究。但在人的一生中，"事与愿违"的时候很多，有些事情一旦错过，就难以弥补。

2008年对我们国家来说是忧喜参半的，有许多大喜事，也有许多让人揪

心的事情(如南方冰冻、四川地震、奶粉事件、矿坝倒塌等)。对我个人来说，它是灾难性的一年。新年伊始，我就陷入与病魔苦斗的深渊中，接着那不可抗拒的时刻到来了，我觉得几乎一切都黯然失色。在随后的两个月中，我天天看着单老师的照片，很难从痛苦的记忆中摆脱出来。7月初，接到基金委的通知，准备了自然科学基金的重点课题答辩。今年的申请书比去年好得多，我的准备也比去年充分得多，但最后还是避免不了失败的结局，原因是有的评审人认为，主持人年龄太大，担心完成不了。8月中旬觉得身体不舒服，大夫让我住院检查，9月2号住进三院，做了系统检查，包括心脏、大脑、呼吸、肝胆脾肾等，发现了不少问题，如动脉硬化、腔隙性脑梗(陈旧)、夜间呼吸暂停、脑血管供血不好等，这些问题虽还不严重，但毕竟给自己敲起了警钟。就在这前后，研究所按学校意见通知我明年不再招收新的研究生。9月底荆其诚老师的突然逝世，又给我带来了新的悲痛。多年来我一直与命运抗争，但最后还是只好在自然规律面前"认输"了。

　　来信中你提出想去香港中文大学读博士学位，我非常支持你的想法，也完全相信你的能力。希望你注意自己的身体，一定要在身体健康的前提下，去实现自己对事业的理想和追求。与身体健康相比，其他都要放在服从的地位。如果需要推荐信，望告诉我。

2008 年 10 月 10 日

国家发展很快，让人感到振奋

　　你好！提纲收到了，谢谢！最近去武汉参加了中国心理学会全国理事会。会后去武当山玩了两天，接下来应邀去江西师范大学访问了一天，讲了一次课。过去没有到过庐山，一位朋友安排，在从武汉去南昌途中，顺便看了庐山。可惜那天雾太大，还下着小雨，只好雾里看花了。这几年因家中有病人，很少外出，这次到外边走走，感觉挺好。国家发展得很快，江西师大的新校园比北京师范大学好得多，让人感到振奋。昨天收到罗倩的来信，知道你要和××都要去旧金山参加认知神经科学大会，几个人有机会聚在一起，一定很高兴。

2008 年 11 月 24 日

我的事业和研究生紧密联系在一起

　　昨晚给研究生报告后，回家看了大家送给我的纪念册上的留言，很感动，也很激动，这是比什么都珍贵的一件礼物。谢谢你，也谢谢大家的热情、关心和鼓励。由于自己的研究生一天天减少，心中有时难免有点伤感和惆怅。但一到昨晚这种更大的研究生群体中，这些负性情绪就一扫而光了。20多年来，我的事业是和研究生紧密联系在一起的，没有他们，我会觉得心中空荡荡的。昨天会上，学生提出了许多很好的问题。我整理了一下，大致有：如何理解研究工作要从大处着眼，小处着手？对跨学科进来的研究生有什么希望和要求？怎样才能有效地积累知识？你们在大学阶段就很勤奋，而我们有时很懒，支配你们的动力是什么？怎样才能写出高档文章？如何解决写作上的困难？如何处理事业、家庭和生活的关系？对语言专业毕业即将出国的学生在研究上有什么建议？当时我做了回答，但由于这两年我的听力下降，有些问题没有听清楚，也就没有回答。希望你帮我回忆和整理一下，有没有遗漏什么？我想抽时间做一点书面回答，作为我对大家留言的回报。不知你的意见如何？再次谢谢大家！

2009 年 12 月 5 日

生活充实，是最重要的收获

　　你好！上周四下午就从广州回来了，回来后忙着处理学生的毕业论文和答辩，没顾上给你去信。昨天粗略看了一下6位博士生的论文，感触颇深，真是长江后浪推前浪呀！这次广州之行，是近几年内较长、也较紧张的一次学术访问，在广州短短三天内，在华南师范大学、北京师范大学珠海分校、广州大学和广州外语大学做了四场学术报告，主持了一次博士生论文答辩，参加了一个教学计划座谈会，还出席了刘鸣校长和莫雷副校长的两次宴请。过得很紧张，的确有些累，但心情是愉快、积极、充实、开心的。这几年由于岁月流逝，精力不足，思想深处总有一些消极的东西，也许就是老年人可能常有的"即将退出历史舞台"的感受，对自己的"未来"失去了信心，自以为从此只能"无所作为"了。这次出访的最大收获，就是重新找回了一些积极的感觉，发现了自己的知识和经验尚有可用武的地方。生活是充实的，这是最重要的收获。大家尊重我，愿意听我讲点自己的经历，原因可能就在这里。人总是要老的，这是自然规律，任何人都违抗不了，这个道理我清楚，我会自己处理好未来的道路，请你们放心。

2010 年 5 月 30 日

人的事业总有画句号的时候

你好！很久没有和你联系了，相信你一切都好！今年 5 月底，积家邀请我去华南师大主持博士论文答辩，并顺访了广州的几个大学。会上和会下，我们都常常谈起你，从积家那里也得知了你的一些近况，包括西安会议的情况。8 月 17~21 日即将在京召开的认知神经科学大会，更让我们有了见面的机会。今年 3、4 月间，韦钰老师（原教育部副部长，中国工程科学院院士，现在中国东南大学教授）和马原野老师（昆明动物研究所研究员）都先后来信，邀请我参加 8 月份的大会，并提供报告。我征求了儿女和亲友的意见，最后没有接受他们的邀请。原因是，今年学校已按规定动员我退休，我自己也觉得年龄大了，体力和精力不如以前，再努力也不过如此。人的事业总有画句号的时候，有人早一些，有人晚一些。相对于我同时代的人来说，我比他们多干了 10 年到 15 年，这对一个人的学术生命来说，已经是很难得的了。原来希望，等我退休后，陪单老师到处玩玩，没想到她竟先我而去；也想过享受"天伦之乐"，但儿女不在身边，女儿还在美国；单老师去世后，儿子又回新加坡工作了。他喜欢那边的气候，也喜欢那边的学术环境，只好尊重他的选择。本来儿子希望我 8 月份去新加坡，但 7 月份他回来探亲住了 10 天，8 月份我就不想再去了。因此，我想借这次大会的机会，见见你，见见来自台湾学术界的一些新老朋友们。昨天我报名了，是团体报名的。主要是访友，有些报告就不听了。祝大会顺利召开，并取得圆满成功！

2010 年 8 月 4 日

什么决定了我的成就水平

你好！很高兴这么快就收到你的回信，而且是一封热情洋溢的回信。有人曾经问我，我是怎样"保健"的，我说，有三条，一条是不服老，保持一种年轻的心态；二是多和年轻人在一起，特别是和学生在一起，相互学习，教学相长，尽量不加入"老年人"团体，包括什么同学会、校友会等等，三是只向前看，不回忆过去发生的事情。单老师生病后，我开始写日记，从2005年7月坚持到现在，但是我只写，不回看，只把想到的、看到的抒发出来，不让它干扰"当下"的生活。但是，近年来，随着自己年龄的增长和过去几年中经历的许多事情，一种向"命运"妥协的心态还是出现了。有许多事情"不服"是没有用的。在这种心态下，回忆往事的时候就相对多了起来。记得2005年鲁忠义等人发起为我过了一个比较隆重的生日活动，单老师和我都参加了。会上大家让我讲话，希望我讲点生活中的体会。我当时说，一个人的成长有四个条件：时代、机遇、勤奋和帮助。以后我又多次介绍过我的这些体会。我这一代人赶上了半个好时代，但浪费了学术生命中最有价值的一半光阴（约25年）；我遇到过许许多多的机遇，让我有机会出国学习、访问，有机会得到各方面的锻炼，但也失去了许多机遇，有些机遇是失之交臂的，过去了就再也无法挽回；我比较勤奋，有自知之明，知道自己的长处和弱点，对自己不敢稍有懈怠；我接触和结识了学术界的许多朋友，得到过许多人的帮助，包括领导、朋友，特别是学生的帮助，我的每一项成果都是老师和学生集体智慧的结晶。但我生性如此，不爱求人，特别是不愿为自己的事情求人，没有为自己的发展编织必要的人际网。老话说，谋事在人，成事在天。其实，成事也在人，只不过是不同层次的人罢了。相对于下层的人来说，处在上层的人，对"成事"具有决定性的作用，自然也就成了"天"。头顶上没有"天"，许多事就做不好，申报基金、获得奖励、评选模范，都是这样。想开了就这么一回事！因此在这4条中，除第3条外，其他几个方面我都有缺点、不足。这4条综合起来就是我的人生，决定了我的成就水平。2003年我们的工作刚有起色，正想"大干一番"，没想到单老师又病了，而且是"不治之症"，这也是天不助我，使我无暇再为自身的发展努力了。我常常处在"进与退"的矛盾中，我想继续超越自我，想在单老师离世之后，再做一点有益的事情，但体力和精力都使我不得不退了下来，只好寄希望于后来的几位年轻老师了。我对退休是有思想准备的，对个人来说，也没有什么不好的地方，因此我无怨无悔。校领导找我谈退休问题，我是从心里愿意接受的。在我同时代的人中，许多人比我聪明、比我有能力，但他们没有遇到我的那些机遇，因此早早离开了自己喜欢的工作岗位，相对于他们来说，我幸运多了。这也许就是我"知足"的原因。去年罗倩的论文获得"全国百篇优秀博士论文"称号，也算是对我研究生培养工作的一点肯定。单老师走了，儿女又不在身边，有些话就没处诉说了。去年在济南参加中国心理学会全国学术大会，见到了几位朋友，有机会说了一点自己近年的心情。放暑假了，闲在家里无事，只想和你聊聊天，希望不会耽误你的时间。

2010年8月6日

人老了，也不要"饱食终日，无所用心"

谢谢你寄来的照片，两张集体照不错，但后排几位同学的前额上，有投影仪投射的光线，明暗不均，有点马赛克现象。几张单人照，由于我的原因，都有缺陷，可能让大家失望。报告前一天，我的计算机出了毛病，拷不上文件，很晚才睡觉。报告当天，会议室有点凉，我讲着讲着就有点像感冒了，耳朵、鼻子都不通畅，讲话时有点累，精神状态不好，这从照片上就能看出来。请转告一下和我合影的几位同学，如果他们愿意，我找机会再和他们合影一次，给大家留个"好"纪念。我在小册子里说过，现在我自己的研究生已经不多了，因此非常希望有机会和别的老师的更多的研究生保持联系和接触。请你把我的Email地址转发给大家。希望大家有什么问题，无论是学术的还是生活的，都可以找我交换意见。我愿意把自己在工作生活中的体会告诉大家，力所能及地给大家一些帮助。人的年纪大了、老了以后，有些事就做不来、做不好了，但总还有一些事情可以做，否则"饱食终日，无所用心"，日子过得也没有意思。在所里研究生中，你们是第一批看到我编写的小册子《我的学术道路和研究生培养》，大家对它有什么意见和反映，也请随时告诉我，包括批评的意见。我愿意听到各方面的意见，才能让自己有所进步和提高。听说你练过武术，哪方面的？适合老年人操练吗？有时间教我两套。

2010年12月20日

有些坏事就发生在意想不到的时候

你好！今天这边已经是圣诞的除夕——平安之夜了，虽然我不过这个节日，但在大洋彼岸，却是比新年更热闹的一个节日。有没有朋友邀请你去家里过节，或者几个朋友在一起聚聚，吃一顿丰盛的晚餐。遥祝你节日愉快，工作顺利，万事如意。一人在外，最重要的是安全。随时都要防患于"万一"。前几天，歌华有线派人来学校"标清换高清"，本来是件好事，没想到在我拿着旧机顶盒去换新机顶盒时，被一位老太太从我身后拉过来的购物小车绊倒，摔了一大跤，整个身子摔在了水泥地上。所幸我的骨头还比较结实，心脏也算健康，没有出大问题。这是万万没有想到的事，4天了，腿还疼，腰也有点扭伤了，可能还需要休息几天。我说这件事，是想告诉你，有些坏事就发生在意想不到的时候，如果有了准备，许多事情就不会发生。去Booth教授那边后，工作进行得怎样？有时间处理失聪者阅读的数据吗？时间过得很快，要科学安排好时间。工作很重要，但也要注意劳逸结合。比如，从圣诞到元旦，就可以放松几天。大家都休息了，你想干也没有地方干啊。

2010 年 12 月 24 日

在"抢救生命"的同时，也在抢救自己的事业

您好！我是 1954 年考入北京师范大学的，1958 年留校任教，"文化大革命"后于 1979 年被派往美国哥伦比亚大学心理系和华盛顿大学心理系进修了两年，是系里第一批出国学习的老师。回国后连续 11 年（1982～1993）担任了心理系副系主任和系主任工作。出国前研究知觉，回国后选择了"语言认知"这个方向，一干就是 10 多年。90 年代末，当我快到退休年龄时，我选择了认知神经科学的研究方向，开始了汉语认知神经机制的研究。开始时，困难重重，压力很大，经过几年的努力，从 2003 年起，才有明显的转机，有了第一批不错的成果，得到国内外学术界的好评。但是就在我庆幸自己的工作有所进展的时候，2005 年，老伴经检查发现得了卵巢癌，发现时就已经是晚期了。我不愿意放弃刚刚开始的事业，又非常珍惜自己的家庭，在"抢救生命"的同时，也在抢救自己的事业。正是在这种双重"煎熬"下，度过了非常艰难的 3 年。2008 年老伴终于因治疗无效离开了我和我的孩子，留下我一人继续在为事业拼搏。在这个过程中，我一直得到学校、院所各级领导的关心和支持，内心非常感谢。近年来，我一直生活在"进"与"退"的矛盾中，我还有一些未尽的心愿，如争取在更好的国际学术刊物上发表我们的成果，争取获得更高的奖项，为学科、为学校做出更多的贡献。但年龄和精力又让我不得不服老，自知已经难以像年轻时那样，继续拼搏了。我不善交际，也不注意或不愿意去编织自己的人际网，这也影响到自己更好的发展，但我对学科的热爱和对学生的热爱，使我不会终止在这两方面的继续追求和努力。我相信，一流的实验室需要有一流的研究生，而一流的研究生需要导师来培养。近年来，我的精力主要放在研究生的培养上，希望用自己的经历和经验去影响和帮助自己和别人的研究生，进而对学科发展和人才培养有所贡献。

最近认知所让我整理了近年来自己培养研究生的一些资料，编辑成了一本内部刊印的小册子《我的学术道路和研究生培养》，准备发给研究生阅读，希望对培养研究生，提高研究生质量起到一些作用。

在新年即将来临之际，衷心祝贺您节日健康、快乐，万事如意。

2010 年 12 月 24 日

"自我保护意识"太差

你好！来信收到了，知道你一切顺利，一切平安，很高兴，放心了。摔倒后没有伤着骨头，不幸中的万幸，因此没有放在心上，该开会的时候照样参加，该出席的答辩会照样出席，但 4～5 天下来，腰腿还是不大舒服，特别是影响了我每天的常规锻炼，才知道这次"被摔"的影响也不算小。被人绊倒时，"肇事者"只说了声"对不起"头也不回就逃之夭夭了，姓名电话都没有留下，连相貌怎样都没有来得及看清楚，说明"自我保护意识"太差，是一教训。失聪者的阅读数据有 Booth 教授把关，自然可以放心。但为什么只关心梭状回（大脑枕叶的一个脑区，与形状、颜色和文字识别有关）？有文献依据吗？近一个时期，我们整理了实验室各方面的数据，包括正常人词汇加工、词汇学习和情绪对词汇加工调节的数据，觉得用双通道模型来总结、概括和指导我们进一步的研究，是比较好的。因此我觉得除梭状回外，不妨也看看背侧通路的激活情况，包括顶上和顶下小叶的激活等。失聪者与听力正常的人相比，有些脑区可能激活不足，另一些脑区可能过度激活，这样得到的结果可能更有意思。这些意见供你们参考。

2010 年 12 月 25 日

进与退的矛盾

你好！我早就从实验室的几位老师那里知道了你对工作的想法，也从接触中感受到你心态上的某些变化。抛开个人的感受，你们的选择可能是对的、合理的。北京这边的确有许多不确定因素，这也是我一直担心的问题。你性格比较内向，不爱"表现"自己，和实验室的人接触不多。现在你决定去外地工作，我完全理解，对你们尽快稳定下来，以求进一步的发展，也有好处。让我写推荐信，当然也没有问题。但讲到个人的感受，还是舍不得你离开北京师范大学，离开我们这个研究集体。你清楚，最近这几年，我集中了课题组的主要力量，研究了情绪和注意对阅读过程的调节，希望能做一点有我们自己特色的工

乌镇一日游

作，在国际学术界产生较大影响。几年过去，虽然我们有了许多不错的数据，但成果却没有发表出来。我原来希望，你能帮我把这些成果尽量发表出去，不要造成数据的积压和浪费。等成果积累到一定数量，还要进行更深入的理论建构，写出有分量的英文文章，争取发表到国际刊物上。现在你要离开，也就意味着我的上述心愿要完全落空了。这几年我的心情不稳定，常常处在进与退的矛盾中。年纪大了，有些事情确实干不动了。你的离开也许就是我的学术生命真该画句号的时候。这几年，我没有照顾好你，为你创造更好的发展空间，这也是我感到遗憾的地方，希望你谅解。离开北京师范大学前，剩下几个月时间，还想干些什么，能干些什么？等你从外地回来，我们再商量。

2011 年 1 月 11 日

把自己的爱投向实验室和学生

你好！下面介绍一点情况，并说说自己的心情。

20世纪90年代中期，陈霖老师①首先意识到在国内发展认知神经科学的必要性和重要性。我当时和陈霖老师的关系比较近，对他提出的视觉拓扑学理论也很欣赏，因此参加了他主持的国家自然科学基金重点课题，以及他建立的认知神经科学实验室的许多活动。当时对这件事情关心的还有唐孝威院士、陈惟昌老师和翁旭初老师。1997年我联络了校内数学系、生物系、化学系和电子系的一些老师，建立了北京师范大学脑与认知科学中心，我当主任，舒华老师和数学系刘来福老师当副主任。电子系裴留庆老师，生物系魏群老师担任学术委员会正副主任。在学校的支持下，开展了一系列跨学科的学术活动。这是国内高校第一个认知神经科学的研究中心。1999年1月，我和北大沈政老师，中央教科所朱法良老师，联合主持了第111届香山科学会议②，主题是"脑高级功能与儿童智力潜能的开发"。教育部韦钰副部长、杨雄里院士、张厚粲老师、董奇老师和我都在会上做了报告。会后，韦钰部长代表国务院副总理李岚清，委托杨雄里院士和我负责起草咨询报告《脑发育与儿童智力潜能开发》，杨先生负责"脑"的部分，我负责"儿童"部分。1999年3月初，报告完成，交到了教育部。3月下旬，我去英国访问，时间半年，杨先生也于4月初去美国。6月上旬，李岚清副总理要听汇报，李葆明老师和董老师代表课题组汇报了课题研究的基本内容。董老师讲得很好，给李岚清副总理和韦钰副部长留下了不错的印象。2000年，我们举办了一系列国际学术会议，包括第九届汉语和亚洲其他语言认知国际会议、语言脑机制与语言障碍高级研讨班，还联合香港大学，北京市多家医院举办了《功能磁共振成像技术及应用》国际会议。前两个会议是我主持的，后一个会议是董奇老师、谭力海老师和我共同负责的。这些活动为我校开展认知神经科学的研究，包括语言障碍的研究，奠定了很好的基础。

我在语言认知方面的研究，是从1981年开始的。当时我正在美国哥伦比亚大学心理系进修，研究的题目是运动知觉中的"似动"。后来通过荆其诚老师的介绍，访问了St. Louis华盛顿大学心理系，在J. A. Stern教授的实验室进行了阅读中眼动的研究，这是一项研究汉英双语者阅读的研究。1983年，文

---

① 中国科学院院士，生物物理所脑与认知科学国家重点实验室主任。因提出视觉早期加工的拓扑性质理论，对现代占统治地位的"由局部性质到大范围性质"的理论提出挑战，在国际学术界有重要影响。

② 香山科学会议是由国家科技部（原国家科委）发起，在科技部和中国科学院的共同支持下于1993年正式创办，并相继得到国家自然科学基金委员会、中国科学院学部、中国工程院、教育部等部门的资助与支持，是一个不定期召开的高层次学术研讨会。每年都要召开多次。会议着重探讨科学前沿、展望未来发展趋势、讨论最新突破性进展、交流新的学术思想和新方法、分析新学科的生长点以及交叉学科的新问题。

章发表在 Pavlovian Journal of Biology Science, 1983, Vol. 18, 94~102 上。这是我的第一篇英文论文,也是第一篇关于阅读认知机制的文章。回国后,1984 年我在心理系组织了第一个研究语言的小组,用自己组装的单片机(Z-80),开始了汉字识别的研究,并在当时的几个国内会议上,报告了我们的研究结果。

1999 年,我从英国回来后,才正式启动语言的神经机制研究。当时国内的研究条件很差,我们的技术力量和基础知识也很差。很多东西都需要一点一滴向别人请教。我们学校的规定是 65 岁退休,我这时已经到了退休的年龄。但年轻时对巴甫洛夫高级神经活动学说的兴趣支持我毫不动摇地选择了这个新的研究方向。当时,我们面临了很大的压力,除了有许多新的东西要学习以外,还有来自外界的许多批评意见,有人认为心理学家搞神经机制的研究是浪费钱,没有意义。头几年我们没有论文在国外发表,也是很大的压力。2002 年,我和魏景汉老师合作发表了一篇 SCI 的文章,严格讲,这不是我们实验室自己的文章。2003 年以后,情况才好转,每年都能发表 3~4 篇 SCI 的文章。这期间,我邀请了许多国际著名的学者来学校访问,如 Desimonn 教授、Hoxby 教授等,在认知神经科学领域开始建立起新的国际合作关系。你清楚,这种关系对研究工作的开展是非常重要的。正是基于这些研究,我们的成果"汉语信息加工的认知神经机制研究"才获得 2005 年的教育部科学与技术进步重大贡献一等奖。同一年,我们还获得国家级教学成果二等奖。

正当我满怀信心去计划自己未来事业的发展时,2005 年 5 月我从美国访问归来,就发现单老师的身体不好了。7 月底,我 70 岁的生日宴会刚刚过去,一个噩耗突然降临,单老师得了卵巢癌,而且是晚期。当我得到这个不幸的消息时,我的第一感觉就是,它将改变我和我的家庭未来的一切。这时实验室刚刚建立,各方面的事情很多,而单老师又是一位"比较守旧"的女性,宁愿自己承受疾病带来的一切痛苦,也不愿意耽误家人的工作。面对这种困境,我一方面要尽力"抢救生命",另方面还要维持和发展刚刚有些进展的研究工作。在这种异常艰难的条件下,我不得不放弃读文献,不得不掉刚刚建立起来的许多新的国际合作关系,不得不减少和学生"摸爬滚打"的时间。2008 年,单老师离开了我和她的儿女。儿女都在国外,都有自己的事业,我只能独自面对随后发生的一切变化。这几年我的成果不多,成果的质量也没有达到我预期的水平,使得在这次整合标志性成果时,出现了一些困难。近年来,我一直有一种危机感,努力想从危机中走出来。但前几年的负面影响太大,虽然有课题组内大家的积极支持,也难以摆脱岁月造成的损失,最后只能向"命运"低头。这是我的遗憾和感到惭愧的地方。

国家重点实验室是 2005 年建立的,正好就是这一年,单老师病了。几年来，实验室发展了、壮大了，而我却失去了单老师，在老年时失去了特别需要的家人的温暖。但也许正因为这样，我把自己的"爱"投向了实验室，投向了自己的学生，希望尽自己的力量还能为实验室和学生做一些力所能及的事情。刘文利老师去年建议我编辑《我的治学道路和研究生培养》，我答应了，就是从这种心态出发的。

这次心理学院举办院庆，让我提供个人资料，包括获奖清单。我得过不少奖，包括"全国优秀教师""北京市优秀教师"和"国家级教学成果奖"和"教育部科学技术进步重大贡献一等奖"。每一个奖励的背后都有我自己的辛勤工作。我不会、也不愿意"宣扬"自己，没有给自己留下后路。这次去福州，荣宝帮我分析了原因，认为我没有注意编织自己的人际网，没有在有条件的时候，争取到应有的东西。这是一个教训，值得你们吸取。在今天中国的现实社会中，只靠认真和勤奋是不够的，这种人"不吃香"。我不想学别人，也学不来，这就决定了我的命运。2009 年以后我们课题组就"实存名亡"了。希望今明两年内，你在科研上能有一批好的成果出来，这样在我彻底退出学术舞台时，就没有遗憾了。

2011 年 1 月 11 日

学术生命多了 10 年，满足了

你好！三天前的短信收到了，谢谢你！科技部对我们实验室的验收已于昨天结束，结果比较好。专家组对实验室的整体定位、研究进展、队伍建设和实验室管理都给了较好的评价，也提出了一些非常中肯的意见和建议。董奇老师课题组的两项工作都得到较高的评价，一个是他们在 Science 上发表的文章，一个是他主持的中国儿童青少年心理发展的大型调查和数据库建设。近几年新引进的一批研究人员在知觉学习方面的研究，也有不错的表现，他们的不少文章发表在 PNAS、Neuron 等刊物上。方法组在静息态脑成像方面的方法学及应用研究，也有特色。语言组这几年的工作一般，没有特别出彩的东西，但因为做的年头较久，属于传统项目，还是作为成果由舒华老师代表大家汇报了。罗跃嘉老师课题组在情绪调节方面发表的文章较多，他本人又是实验室主任，因此他们的成果也在验收时汇报了。上一次评估，我们的成绩不好，这一次大家都比较重视，验收材料准备得比较认真仔细，实验室的环境也搞得比较整齐、干净，硬件方面没有出什么问题。

验收后，大家心里的一块石头落地了。在此之后，学校可能会又一次和我谈退休问题，并正式通知我退休。对我个人来说，什么时候退都一样，人都有这一天，我又有什么特别的地方！和心理学院不少老师相比，我的学术生命多了 10 年，也该满足了，你说对吗？闲着没事时，常常收到许多朋友的电话，觉得很温暖。非常感谢他们！再次谢谢你的关心。担子很重，竞争很激烈，希望你走好每一步，希望你一切都好！过去没有帮上你，今后就更难有所作为了！

2011 年 2 月 28 日

年纪大了，只想做点有益的事情

你好！看了你的"大作"，很好，与我的想法不谋而合。在前两天召开的汉语认知高级研讨会上，我应邀报告了近年来在脑成像方面的研究，重点在阅读方面。因为年龄的原因，以后这种机会可能不多了，因此我简要介绍了从 1981 年以来的三次选择和三个愿望，第一次是从知觉研究到汉语认知，起点是 1981 年，第二次是从语言的认知研究转向认知神经机制研究，起点是 1998 年，第三次是从口吃入手开展语言障碍研究，起点是 2003 年。当时没有转化医学的观念，但是我意识到，基础研究最后还是要走向应用，或者为应用提供强有力的依据。第一阶段以行为实验为主，做了一点计算机模拟，当然都用了测时技术，或叫反应时记录技术。第二阶段主要采用脑成像技术，特别是 fMRI，但在进行脑成像研究前，我都要求学生做一点行为实验，有了比较好的行为实验结果，才敢做脑成像研究，这样既可以锻炼学生操作实验的能力，又可以为脑成像结果提供某些参照。第三阶段也是以脑成像为主，但有部分行为实验。和上面的逻辑一样，行为实验是某些脑成像研究的"开路"工作。我们办过多届口吃矫正班，主办过多次国际口吃日活动。30 年来，我一直没有放弃这个领域，离开这个领域，但做了几次重要的调整。从道理上，我意识到这种转变和调整的重要性，但由于年龄和其他方面的限制，心有余而力不足，许多事情想到了，但没有做到或做好。看了你的"大作"，使我更感到这种转变的必要性和重要性。

这次会议的发起，原因也比较复杂。去年 11 月中国心理学会在上海召开了第十二届全国心理学学术大会。事前我和积家商量，决定在大会期间举办一个"专题讨论会"，题目是汉语认知研究的回顾和展望，应邀参加者有舒华老师、杨玉芳老师[①]和鲁忠义老师共5人。举办这个讨论会的目的，从我个人讲有两个：①退休前对30年的工作有一个交代和思考；②进一步吸引一批年轻人参加语言认知神经机制和语言障碍的研究。这几年认知神经科学的许多新兴领域（知觉、情绪、社会认知、人格）涌现出来，吸引了许多年轻人，而语言认知领域却有某些"不景气"的趋势，这是我感到忧虑的地方。但直到会前几天我们才得知，由于学会工作上的失误，这个专题讨论没有成功举行。在大家的建议下，今年才改由普心和实心分会来主持召集。我年纪大了，只想做点有益的事情，对工作上的失误常常愿意采取比较宽容的态度。会议上的报告有一部分是行为实验，但大部分还都是脑成像研究。中国人太多，大家的水平不一致，阳春白雪和下里巴人的事，都要有人去做。只要大家都有事情做，能发挥各自的特长就好。勉强去做，力不从心，浪费人力和钱财，最后也是一无所得。

今天忙着评审，抽空写这几句，算作昨晚的信的一个补充。

2011年4月24日

科学地评价和了解自己，其实是一件很难的事

你好！来信收到了，谢谢你热情的称呼和期望！我是研究认知的，对"自我"一类属于人格范畴的东西，知之不多，不敢妄加评说。从常识的角度说，探索自我，科学地评价和了解自己其实是一件很难的事情。我们常听说，"只有自己最了解自己"，其实不然。一个人常常高估或低估了自己，前者容易骄傲，后者容易自卑。因此才有另外一种说法，别人是自己的一面镜子。没有镜子，自己不知道自己的模样；照了镜子才知道自己的美丑。因此别人的评价对认识"自我"也是很重要的。但是，别人的评价有时候也不客观和公正，你可能听说过邹忌讽齐王纳谏的故事。战国时期齐国的谋士邹忌用一个比喻劝说齐王广开言路，从而使齐国日益强大。邹忌说，由于有人偏爱你，有人惧怕你，有人有求于你，因此会对你做出不真实的评价，让你受到蒙蔽。来信中问到"自我探索"的问题，但我不知道你把探索"自我"当作一个研究课题，还是当作你个人的修养问题，这两个问题是既有联系，又是有区别的。

2011年5月15日

[①] 中国科学院心理所研究员，曾任心理所所长，中国心理学会理事长，主要研究语音加工和语篇理解。

没有学生的老师还算什么老师

你好！18 号的信早看到了。上一周（从 17 号到 21 号）在外面参加一个项目评审会议，不在学校里，前天学校安排了一年一度的体检，昨天就开始进入研究生毕业论文答辩的高峰期了。最近看东西比较多，而且只能在电脑屏幕上看，眼睛觉得很累。这两天尽量不用计算机，因此迟迟没有回信。你的文章收到后，我只做了很小的补充（见附件），就这样发给《心理科学》编辑部吧。今年我希望留下一位博士研究生，但没有成功。我还有两位博士生，明年毕业，以后就没有学生了，学校还没有正式通知我退休，但种种迹象表明，退休已经为期不远了。退休后，没有学生了，这是我担心的一件事。"师"和"生"本来就是相依为命的，没有学生的老师还算什么老师。7 月份我打算去新加坡住一段时间，9 月初回北京。到时候看情况再安排以后的事情。你近来的工作怎样？研究中有新的进展和突破吗？希望早日看到你更好的成绩和喜讯。我现在的身体状况还好，除眼睛、耳朵、牙齿、腿关节这些老年性疾病外，还没有发现大的问题，望放心。

2011 年 5 月 24 日

要把健康掌握在自己手中

你好！近况如何？甚念！上星期为了检查眼睛，忙了两天。接下来又为血糖问题，折腾了两三天。5 月 21 日，在参加评审后的第二天，去炮兵总医院进行体检，发现空腹血糖正常，餐后两小时血糖偏高（8.1）。这件事本来没有放在心上，但上周二，校医院的一位大夫建议我在去新加坡前再查一次血糖，没想到，一查变成了 9.4。校医院只能采指血，怕不准确，上周五又去了一趟三院，周六结果出来了，10.1。虽然还不是糖尿病，但已经偏高了。于是我开始自我探索和控制。经过这几天的努力，我终于明白了，一切取决于吃什么、吃多少、吃了以后是否运动。吃馒头、面条，一顿超过 2 两，而且吃饭后不动，餐后血糖就偏高，如果吃杂粮，粗茶淡饭，饭后又到外边走走，问题就不大。过去我一直为自己的血糖正常"骄傲"，什么甜东西都敢吃，没想到现在不行了，自己必须严格控制了。这件事给我一些启发，①许多病其实是自己吃出来的，年纪大了以后，稍不注意，就可能出问题；②早发现，早注意，就可以避免问题向严重方向发展；③要把健康掌握在自己手中，想办法排除危害健康的一些因素；④自然界真会拿人开玩笑，过去想吃没有钱；现在有了点钱，又不能吃了。去新加坡前，眼睛和血糖问题都基本清楚了，这样外出探亲、访问也就没有了顾虑。

儿子的房东六六（电视剧"蜗居"的作者）一家人 7 月 15 日要回上海工作，把房子留给他一个月，一个月后，儿子还要另找住处。因此我只能 7 月 15 日去新加坡，8 月 14 日回京。今年后半年的时间还没有计划，日本名古屋的会议（第 14 届汉语认知国际会议）不想去了，1999 年去过一次，再去意思不大；加上日本地震的后续影响，许多地方可能还不方便。中国心理学会在西安要召开第十四届全国学术会议，增补"后任理事长"，我要过去捧场。你的课题什么时候能正式下来？准备什么时候正式启动？要不要我们过去给你助兴？

对文章有什么评价和意见？近几年我的学生有一些不错的选题，结果也有意思，但写不出好文章，主要问题是"就事论事"，不能"见微知著""从小见大"，不能从数据中提出有重要价值的科学问题，因而限制了文章的档次。我们见面时你讲的一些体会，都非常好，我多次介绍给他们，让他们学习，但实践起来就不容易了。

2011 年 7 月 7 日

实验室的采摘活动

在泰国的感受

你好！我去过大峡谷和拉斯维加斯，但没有去过黄石公园。黄石公园很美，是早有耳闻的，应该说你抢先了。从 1979 年算起，在过去 30 多年中，我去过美国10多次，竟没有到过黄石公园，真有点遗憾。这次在泰国清迈，林勇明陪我们去了温泉公园。这里有从地下直接喷发出来的温泉水，带着浓烈的硫黄气味，比北京温都水城那种人造温泉不知要好多少。我们5人租了一个专用的池子，是临时放进的新鲜温泉水，可以自己调节水的温度，比国内许多人泡一锅"老汤"更好了许多。价钱只要300泰铢，约合人民币60元，真便宜！公园内有一个特殊的景区，3道温泉的热蒸汽从地下喷发出来，很壮观。这使我想起从电视上看到的黄石公园，许多人远远地观看从地下喷发出来的热蒸汽，应该比我们看到的更加壮观了。你一定照了照片，给我寄一张，并说说你的感受。清迈的水果不仅品种多，而且价格也特别便宜，几个泰铢就能买到一把芭蕉（需要放一放才好吃的），15个泰铢（约合人民币3元）就能买一斤山竹，真恨不得一下吃个够。在大家的劝诱下，我第一次吃了榴莲，味道还真的不错，吃完后闻起来也不觉得那么臭了。不知道是否存在味觉对嗅觉的正效应。勇明特别欢迎你去，因此你一定有机会，只是时间问题了。说起这些来似乎比讨论文章更有兴趣，下次谈文章就没有这么吸引人了。

2011年8月17日

为人师和为人父一样，操心是难免的

你好！回京已经整整10天了，除讨论了一个学生的实验数据外，大部分时间都用来补写"香港之行"的日记。从2005年单老师得病后，我就开始记日记，5～6年下来，竟有了60～70万字。这本日记陪伴我走过了单老师得病后与病魔斗争的日日夜夜和失去单老师后那段悲痛的日子，也记录了在同一时间内北京师范大学重点实验室从初建到发展的过程。就在我给你们实验室做报告的那天上午，我收到了学校人事处的通知，让我正式办理退休手续。去年4月，韩震副校长代表学校找我谈退休问题，这件事一直让我处在"欲进不能、欲罢不舍"的境地。也许由于实验室验收的需要，并给我一段"观察"和"考察"的时间，这件事居然拖延了一年多时间，让我有可能在这段时间内做了一些自己愿意做的事情。现在尘埃落定了，今天填写了退休申请表，心情反而平静下来。我希望把日记继续写下去，陪伴我过好退休后的日子。还记得我在你那里的第一次报告，当说到对未来的展望时，我说过的话吗？"我希望做这些事情，但可能做不到了"。在去南方前，研究所的一位老师动员我领衔社科基金重大课题。我当时意识到，如果我接受这个项目，并申报成功，也许对继续我的研究事业有好处，学校也可能不会急于让我退休，但我征求了课题组内几位年轻同事的意见，大家的积极性都不高。我不愿意因为个人的原因把大家绑在这件事情上。于是主动放弃了这个选择。人的一生总会有一些遗憾，不会尽善尽美的，我有自知之明，知道自己的优缺点，"命里有时终须有，命里无时莫强求"，求不到的东西就不要强求了。这次去你那里，除了对你的工作表示支持外，也是希望能对几位年轻同事有些帮助，让他们直接感受一下你那种敢做"大事"、敢挑重担的精神。也许我更应该让他们自己去闯荡天下，而不要替他们想得太多。但为人师和为人父一样，操心是难免的。下周我要去西安参加心理学会全国学术会议，三两天就回来。下一阶段如何过，还在思考中。我的姑父和3位表弟妹将于10月15日来京参加姑父的画展。姑父刘颂燿是马来西亚的华裔，一生酷爱绘画，有"岭南画家"之称，和华南师大的刘颂豪教授是兄弟。他的子女都在加拿大、美国和香港。很多年没有见到他们了，这次能在京见面，是很难得的。你16日来京，住几天？希望有机会见到你。

2011 年 10 月 10 日

在新的方式下更好地生活下去

大家好！今天上午我给已经毕业、在校外工作的"学生"们发了一封信，宣布了自己退休的消息。值得欣慰的是，一个小时后就陆续收到了他们的回信。看了这些信，心里暖洋洋的，几天来有些灰暗的心情好了许多。比起大家年轻、乐观的心态来，我的心态似乎差多了。大家祝贺我"光荣退休"，但我自己却感受不到"光荣"在哪里，更体会不到"退休后的欣慰"。退休并没有在我内心引发"光荣"和"欣慰"的体验。退休是大多数人一个必经的人生阶段，应该是很自然的事，但这件事落在自己身上，有时还会觉得烦闷和空虚，不能很快适应过来。因此尽快找到一种适应退休的生活方式，在新的方式下更好地生活下去，享受生活的另一半意义和乐趣，也许才是一种最好的选择。荣宝建议我办一个博客，这个建议很好。今年九月底我在香港大学力海实验室访问时，和春明也议论过这件事。希望能够早点办起来。还有许多好的建议，我也会很好考虑，并一一答复大家。再次谢谢大家热情洋溢、充满温情的回信。

2011 年 10 月 11 日晚

"退休"的矛盾和苦闷

你好！谢谢你的来信。从去年 4 月韩震副校长代表学校和我谈退休问题后，我就一直陷在"退休"的矛盾和苦闷中。我想继续干一点事情，再实现我的 1~2 个愿望，但动力似乎已经不足，干劲已经不大了。从我对你那篇文章的态度，你可能早觉察到了。很抱歉！现在尘埃落定，退休已成事实，心情反而渐渐平静起来。祝贺你找到了新的工作岗位，是在 St. Louis 的华盛顿大学医学院吗？我去过那里，那是 1980 年我访问华盛顿大学心理系期间，由该系系主任 John. A. Stern 陪我去的。我们拜访了 SE. Perterson 教授，请他介绍了在语言方面的第一篇磁共振成像研究，就是后来发表在 Science 上的那篇文章。John 比我长 10 岁，现在应该是 87~88 岁了。那时我住在他家里，朝夕相处，合作进行了汉英双语阅读的眼动研究。其成果后来发表在巴甫洛夫生理学杂志上，这是我第一篇用英文发表的文章。我们保持了 20 多年的联系，单老师生病后，联系才中断，但还时常想起他。John 的身体很好，现在应该还健在，不知你能否从 yellow book 上查找到他现在的住址和电话？[①] 没想到 30 年后，你能去 St. Louis 的华盛顿大学医学院工作。世界真的就这么大，许多想不到的事情都会出现的。那边的条件应该很好，对你未来的发展应该非常有利。真为你高兴！听桃梅说，你们想回国做一点兼职工作。这很好。×××现已全职回国工作，在北京大学，你们可以和他联系。现在美国的经济形势不是很好，大学的研究经费大大削减，给不少华人学者带来了困难。如果能在国内找到一份不错的兼职工作，也是一个比较明智的选择。这样探亲也更加方便。祝健康幸福！

2011 年 10 月 12 日

希望把"学术之门"风风光光地关上

你们好！在昨天下午的大组会上，我宣布了一个消息，国庆节前我收到校人事处通知，要求我填写退休申请书，这意味着我已于今年十月一日正式退休，我的正式学术生涯基本上画了一个句号，以后将开始另一种生活方式。你

[①] 万万没有想到的是，2013 年当我旅居新加坡时，一个偶然机会，竟从网站上发现，John Stern 已经于 2010 年 4 月 3 日与世长辞了。为此我写了一篇博客"怀念我最要好的美国朋友——J. A. Stern"，发布在新浪网上，表达了我对他深切的怀念。

们两人是我的"关门"弟子，也是我最后需要直接关心的两个学生。希望保持我们的联系，继续努力完成自己的毕业论文，并争取在毕业前做出更加优异的成绩，为你们未来的发展铺平道路；同时也希望你们用自己的成绩把这张"学术之门"风风光光地关上。让你们以后回忆起来，仍然感到自豪和骄傲。

2011 年 10 月 13 日

尽快适应新的变化

你好！来信收到，谢谢你的关心，有大家在心理上的支持和安慰，我会尽快适应这种新的变化。希望你的毕业论文能尽早写成文章发表，为学科的发展再做一点贡献。需要我什么帮助，可以继续告诉我。我留下了一批费用，足够你们发表论文用。我决定出席西安会议，机票已经买好，是 20 号晚上 6 点半的。你知道会议安排我们住在哪里吗？如何到达？收到过一些通知，但没有印象了。西安见面再聊。

2011 年 10 月 13 日

退休也许真是一件好事，是一种新的生活方式的开始

你好！谢谢你及时而又富有建设性的建议。昨天晚上我已经开通博客，而且立即收到许多反馈意见，真的很高兴。最重要的是，我发现了一个新的天地，找到了一个新的空间，让我继续有所作为，而不致昏昏然、戚戚然了此余生。你的意见是对的，人不能只为工作而活，而且也要为享受生活而活，这是真实生活两个不可或缺的方面。这方面你比我做得好，也比你的许多师弟师妹、师兄师姐做得好，值得我和大家学习。我们这一代人"被浪费"的时间太多，年轻时的大好光阴都流失在无尽无休的"运动"中。等我们在事业上要起步时，却已经是年到花甲了。为了把已经丧失的时间夺回来，我们只能牺牲生活的另一半内容，过着"苦行僧"似的生活，这样才能勉强赶上时代的步伐和学科快速发展的进程。等到自己发现生活还有另一半内容时，却已经"人去楼空"，一切都为时晚了。我有过后悔，但已经无济于事，只能在我对后学者的培养中，采取比较宽容的态度，希望他们比我们这一代好些，更好些。在这个意义上，退休也许真是一件好事，是一种新的生活方式的开始，我可以按照自己的

特长和兴趣做一点适合自己做的事情，弥补一下前大半生的不足和缺陷。再次谢谢你的来信和建议。

2011 年 10 月 14 日

人的一生总会留下一些遗憾，不是想做的事都能做到

你好！谢谢你的来信和鼓励。这两天忙着开通新浪博客和思考博客的主题，没有及时回信，望见谅！昨晚 9 点我终于发出了第一个博客，心情一下轻松了许多。这几天，在大家的热情帮助下，我的内心经历了一次新的洗礼，一次从原有的生活方式中跳出来，走进一种新的生活方式的转变。这次选择对我来说，既有思想准备，又缺乏足够的思想准备，一旦发生，就还有些突然和震惊。9 月 16 日我应邀访问了香港大学脑与认知科学实验室，除了对他们的工作表示支持外，也希望对下一步开展合作研究有所帮助。就在我对未来的研究还有所期盼、有所憧憬时，9 月 23 日上午我收到了校人事处的通知，让我填写退休申请表。这无异于一瓢凉水泼在了火热的心头。23 日下午，我和春明应邀在实验室介绍我们的研究工作，包括已有的研究成果和对未来的展望。那次报告我讲得很轻松，有点出乎我的意料，是近年来我报告得比较成功的一次。但是当我讲到"对未来的展望"时，刚看过的退休通知书的阴影还是难以抹去地冲击着我的内心。我只能说："对未来的展望只是我的一些愿望，我估计是难以由我自己来实现了"。报告会上，我没有公布自己退休的消息，但我已经没有勇气再说什么大话了。人的一生总会留下一些遗憾，不是自己想做的事都能做到。博客开通后，很快就收到了一批"读者"的关注，并留下了热情洋溢的评论，这让我既高兴，又感动。时间会冲刷一切的，包括所有荣誉和奖励，金钱和房屋，贪婪和罪恶，也包括所有烦闷和懊恼。再次谢谢你！

2011 年 10 月 14 日

退而不休

你好！很高兴收到你 10 月 11 日来信。这些天我一直在忙着自己新开通的博客，希望有一个好的开始。我每天写一篇博文，想到什么写什么，其他时间就是休息和处理其他事情。许多烦恼都是闲出来的，有事干，有成就感，生活

也就变得充实起来。你说退休是一种新的生活的开始，起初我不理解，不觉得有什么挑战性，现在才有了一点体会。最近看到自己博客的点击率逐渐上升，等级也在慢慢上涨，心里还真有点高兴。看来只要退而不休，生活就还会有意义。你的文献和实验数据收集得怎样了？希望注意忙里偷闲，劳逸结合。有时间可以看看我的博客，消遣一下。有两张照片寄给你，一张是几年前在颐和园照的，另一张是从迪士尼乐园回港岛时在动车上拍的。希望你喜欢。我明天去西安开会，23号回京。

2011年10月19日

希望与更多的人分享自己的感受

几天前收到了你的电话，非常感谢你为我安排的一切。退休后，因为没有闲着，每天要做很多事，倒也不觉得寂寞和无聊。但有时想想，自己多年努力所从事的"事业"，就这么"无声无息"的结束了，终止了；在北京师范大学人们的视线中就这样一点点淡化、褪色，最后走向遗忘，心里总还有些伤感，有点不甘心和不平静。因此我才下决心到处走走，并在博客上讲述自己的经历，希望与更多的人分享自己的感受。几天前在校内专家餐厅吃饭，见到钟秉林校长，他关心地问我："你最近在干什么？"我说："办博客，到外地走走，讲学"。他说："办博客，好啊，把你的博客地址告诉我，以后我不当校长了，有时间也办个自己的博客。你为什么不在校内也讲讲"？我说："校内大家的水平高，有什么可讲的！而且'墙内开花墙外香'么"。他迟疑了一下，然后说："是啊，这也可能是中国特色"。因此，听了你的安排，我的心里觉得很温暖，很感激。最近我在博客上写了"对'情'字的新理解"，没有点名道姓，实际上也想表达一下对关心过和正在关心我的所有人的感激。知道你们要为我举办"从教50年"活动后，昨天和前天我写了一篇文章，题目是：我的选择和探索—求学和治学50年，是一篇回忆性的文章，把自己想到的一些事情写在了文章里。文章太长，似乎不好在博客上发布，还没有想好如何处理，也许分成几个小篇文章，分别发出去。如果你有时间，可以帮我看看；如果没有时间，也就算了。

你现在手上有经费，这个我知道，但希望你一定要注意花钱的游戏规则，不该花钱的地方一定不要花。"枪打出头鸟"，一个人出名后，各方面都要小心谨慎些，特别是在经济问题上，不能出任何问题。因此我的出访和"待遇"问题，你不必过于操心，我支持你的事业，并不希望换来任何回报，这种心情我想你一定清楚。因此希望你一定把事情做好，不要分心干些"不重要的事情"，5年后，你能做出高质量的研究成果，我就心满意足了。这是心里话，希望你明白。

2011 年 12 月 4 日

计划编一部高端刊物论文集

你好！我希望编一部高端刊物论文集。附件中是我初选出来的 30 篇文章，因为去年和今年都有一段时间，我不在学校，有些重要而有趣的文章可能不在这个范围内。希望你看看，并做一些补充和调整。选择文章的原则是：①文章大都发表在 Nature、Sience、PNAS、Neuon、Current Biology 等顶尖级刊物上，个别文章发表在 Brain 上；②以语言的文章为主，适当涵盖记忆、注意、思维、情绪、人格等方面的文章；③文章的补充材料目前没有收入，需要时可以补上。有的文章标上了报告人的姓名，有的没有，你能补上吗？文章定下后，再研究下一步如何做。

2012 年 5 月 15 日

希望大组会能坚持下去

你好！今天中午聚餐，到了 7 个人，聊到快 2 点。原来的聚贤庄现在改成了白鹿饭店，还是原来那位老板开的，但加盟到白鹿集团，生意顿觉好了许多。周末去吃饭，要排队等候才能入内。吃饭时，大家自然都想起你，很久没有见到你了，当妈妈后，会很忙，但另有一番乐趣。对吗？席间大家也议论到下学期大组会的安排问题。××"光荣退休"了①，他干得不错，受到大家欢迎，对他自己也是一个很好的锻炼。关于下学期大组会的负责人，大家觉得×× 是一位比较理想的人选，因此希望你能支持她出任下一届的"不管部"部长。我原来的学生比较多，因此从我的学生中担任这项工作的人很多，以后其他几位老师的学生都接任过这个工作。这次从你那里出一个学生也是大势所趋，众望所归的事情。大组会坚持了 20 多年，希望能继续坚持下去，这是大家的愿望，也是我的愿望。

2012 年 7 月 6 日

---

① 每年我们大课题组都要推荐一位研究生负责学生活动的组织和联络工作，时间一年。这件工作对学生是一种很好的锻炼。学生把工作的接替也叫做"光荣退休"。

日记成为我继续前进的一种支撑力量

你好！来信收到了，谢谢你！北京已经开始热起来。一个月前，我从新加坡回来时，还要穿羽绒服，现在有不少人已经开始着夏装了。从冬过渡到夏，只经过了一个很短的春天。这就是现在的北京，和我 1954 年刚到北京时大不一样。5 月 3 日女儿彭悦从美国回来看望我，住在北京师范大学，带我看病，配眼镜，帮我干了不少家务活，明天将回美国，我又该一人过日子了。从 5 月 19 号开始，将参加一些学生的论文答辩，一直要到 6 月 10 号左右。

单老师病后，我开始写日记，原来希望这部日记将记载我们战胜疾病的成功历程，但事与愿违，面对着病魔一次又一次的反扑，我最终不得不接受那个严酷的事实。单老师离开后，日记陪伴我走过了 5 年艰辛的岁月，也成为我继续前进的一种支撑力量。后来有了博客，我才有了更好的精神寄托。我还清楚地记得，单老师病后，你和你爸妈来家里看望她，给了她很大的鼓舞。单老师的病在发现时已经很严重。她能坚持 2 年多的时间，除了她本身的坚强之外，大家的支持和关心也非常重要。

寄来的材料看了，解释的确有些简单。你有更好的解释吗？

2013 年 5 月 11 日

颐和园春游

生活中会有许多始料不及的事情发生

你好！很高兴收到你的来信，它把我带回到9年前的回忆中。知道你现在在大学工作，有了自己的专业，生活也稳定了，祝贺你了。人的一生会有许多机遇，也会有许多始料不及的事情发生，这些都会影响甚至决定一个人的选择，其中会有许多选择是无奈的。9年来，我的变化也很大，8年前，我的老伴病了，5年前，她离开了这个世界，就像你的母亲离开了这个世界一样。一年多前，我从北京师范大学退休了。退休后，接受学生们的建议，开始写博客，每个月5～6篇，积累起来竟有了100多篇。老伴生病期间，我开始写日记，原来希望这是一部战胜疾病的"胜利者"的日记，但最后还是失败了。我写过几篇博客，讨论"选择"问题，一篇叫"不怕和不悔"，另一篇叫"什么决定了人生的轨迹"，你可以上网看看。你有写日记的习惯，这很好，希望坚持下去，它会帮助你在人生的道路上走得更加稳健和顺利。再次祝你好！

2013年6月2日

"修理门面"很费时间

你好！6年前，我在口腔医院镶了上下两口牙，几年来用得还不错，牙齿"好"，"吃嘛嘛香"，对健康的确很重要。可惜几个月前，右侧的一个犬齿突然断了，另外一个也松动了。周二到口腔医院看了看，大夫建议我拔掉两个，修补两个，然后重镶。今天去了三院，一狠心把两个坏牙一次都拔了。下星期去补牙，然后再重镶。年纪大了，"修理门面"还真的很费时间，决心不好下，有点无可奈何的感觉。缺牙短齿，一是影响吃饭和消化，二是影响"形象"，三是影响语言表达，一些字发音不清楚，别人听不懂。无论是在校内外讲课，还是出席会议，都增加了精神和身体负担。我身体"里面的设备"还好，别人担心的四高（高血压、高血脂、高血糖、高尿酸）我都没有，因此拔牙、镶牙，做白内障手术都不成问题。现在大家都提倡种牙，6年前，口腔医院的院长也劝我种10颗。306医院的副院长是口腔科大夫，也劝我把牙齿修理好。那时单老师正在治病，时间和经费都很紧，我没有顾上。现在还值不值得种牙，倒成了一个问题。今天问三院口腔科的大夫，他只说了半句话"这么一大把年纪了……"，后面半句话没有说。但我明白，他认为我不值得花钱种牙了。

2013年7月4日

我的新规划

你好!谢谢你很快给了我回信,也谢谢你的理解和支持!

退休后我一直在"探索"如何度过我的退休生活。在经历了短暂的苦闷之后,我迅速做出了自己的选择。我没有选择去老年活动中心,也没有选择回家享受天伦之乐,而是按照自己的兴趣,选择了自己力所能及的学术活动,包括到校外讲学,参加学术会议,写作和发表博客,进行教材修订等。两年下来,先后落户新浪网和科学网,写了180多篇博客,修订出版了《普通心理学》教材(第四版),精神基本上是充实的,没有虚度年华的悔恨。但是随着年龄的增加,一些老年问题也增加了,例如眼睛动过白内障手术,容易疲劳;听力逐年下降,交流中出现一些困难;开会听报告,别人说的听不清楚,无法参与讨论,因而引起过烦恼。加上没有学生了,身边的一些年轻老师也都纷纷自立、有了自己的事业和家庭,想照顾我也顾不上。我想再干一些事情,也就觉得心有余、力不足了。对一个一辈子只会搞学术,别的方面一无所长的人来说,这种变化也自然带来了一些消极情绪。

最近我考虑了一个个人计划,在未来三年(2014~2016年)中,我还想做以下几件事情,这些事情完全是个人的选择。

编辑出版"个人文集",包括上封信中提到过的两本文集:《选择与探索》《做人与治学》。除此之外,还想整理2005~2008年间的日记,编辑出版另一个文集《一位肿瘤患者家属的日记》。现在患肿瘤的人很多,患者本人和家属都为此陷入深深的无奈和悲痛中。这本日记将系统表达一个肿瘤患者家属在与疾病抗争中的真切感受,希望能对这种疾病的预防、护理和治疗起到一些参考作用。

进一步完善《普通心理学》教材,争取三年内累计发行量超过100万册。《普通心理学》教材是国内发行量最大,最受欢迎的一部心理学教材。到目前为止,累计发行量已经接近80万册,其第二和第三版分别于2004年和2012年获得北京市优秀教育教学成果一等奖、北京市哲学社会科学优秀成果一等奖,对心理学人才培养已经发挥了重要作用。在此基础上,我希望第四版能申报2016年的国家级优秀教学成果奖。

继续写博客,通过博客做一点心理学科普工作,把基础研究的成果用通俗形式介绍给普通读者,特别是对心理学有兴趣的年轻人,使更多的人了解心理学、对心理学发生兴趣,吸引他们投身心理学的研究。

2013年11月5日

让更多的人了解心理学

小家伙，一个很好的名字！亲切，多少还带点调皮和顽皮，我喜欢这个名字。那天在回家的路上，我问你，你的文笔怎样？你说还可以。因为没有见过你写的东西，听听也就过去了。今天看了你的来信，让我相信你的自评是正确的。写东西思路要清楚，要知道自己想表达什么，要想清楚了再写，把自己的想法说明白，说顺当，条理清晰。你今天的回信，就让我有这样的感觉，所以很高兴。我想，我们可以先想好一些题目，然后选择1~2个先试试。你年轻，耳聪目明，不像我眼花耳背的，你可以先试试，或者可以按照我的建议先试试。我有这个想法，是从写博客开始的，特别是我在科学网落户后，发现我在科学网上发表的有关心理学的文章，受到了许多非心理学专业人士的关注，他们对许多心理学问题的兴趣甚至超过了心理学专业的人。这使我想到，写一点东西，通俗准确地介绍心理学，让更多的年轻人对心理学发生兴趣，让社会上更多人了解心理学，也许是一件很有意义的事情。上学期我和一位研究生讨论过这件事，也选择了一批文章，后来因为他忙于毕业论文、找工作，这件事就中途停顿下来。你现在还是本科生，在北京师范大学的日子还很长，也许你的参与能帮我较好的实现这个愿望。万里之行始于足下，我们先试试，你看怎样？

2013年11月16日

选择什么文章做科普

你好！来信中提出选择什么样的文章，把它改写成科普文章？我的意见是：

①要选择发表在高档刊物上，大家认为确实很有特色的文章。一般来说，发表在这些刊物上的文章，质量都比较好或者很好，这就是为什么我强调要读这些刊物上的文章。我们不是以"刊物"论质量，高刊物的文章可能也有不好的，但那是个别的；低档刊物的文章也有很好的，就像1957年乔姆斯基的代表作就受到许多好的出版社抵制，只好由一家没有名气的出版社出版一样，但那也是个别的。好刊物的评审更加严格，评审人的水平也相对高一些，这是不能不承认的；

②要选择自己有体会，有感悟的文章。有些文章本身可能不错，但离我们

可能比较远，听了觉得好，但没有自己的心得体会，这种文章不要写，即使写也写不好。

③要选择自己感兴趣的文章。例如，这几年我一直对儿童语言的早期发展很有兴趣，包括说话早晚对后来语言和阅读能力发展的预测作用；儿童的社会化程度与语言发展的关系；哪些因素可以预测儿童语言能力的发展等等。

建议你从下周起，选一篇试试。你选好了告诉我，我会提出自己的建议的。

2013 年 11 月 16 日

把已经发现的东西通俗地传播给不做这种研究的人

你现在参与的一些研究领域，也是我过去研究过的领域，因此从这些领域选题是可以的。我想通过写作和发表科普文章，介绍和宣传一下我们实验室的研究成果。这些成果多数发表在国外英语期刊上，在国外有一定影响，而在国内反而不为人所知。我介绍过卢春明老师和蒋静关于言语交流的研究，也介绍过我们在情绪调节方面的研究。下一步我想介绍丁老师和我在双语切换和抑制机制方面的研究，以及在口语手语方面的研究等。这些研究要和国外的研究结合起来介绍。由于专业性比较强，要把这些研究通俗地介绍出去，是不容易的，你可以试试。还有我们在口吃方面的研究，从 2003 年算起也有 10 年了，我们可以写点通俗文章进行介绍，以便后来者更容易进入这个领域。写科普文章不能像写文献综述一样，只罗列这些研究，而要讲成一个故事，把这些研究串起来，难度可能也较大。做研究是面向未来的，要去发现前人还不知道的东西，而写科普文章是基于过去的，要把已经发现的东西通俗地传播给不做这种研究的人。它可能开启人们的研究兴趣和智慧，并激励后来者去做好某种研究。

2013 年 11 月 17 日

科普文章要引人入胜

我们实验室关于双语的研究可以追索到 1981 年我在华盛顿大学心理学系的研究，当时我用眼动记录技术研究了汉英双语读者和英语单语读者阅读英文和中文时的眼动模式。接下来是 1985 年我们关于汉英双语者词汇表征的研究。

有两篇文章发表在心理学报上。1999年在我访问英国期间,参加了由 Newcastle 大学语言系李嵬老师主持召开的双语会议,感悟到这个领域的发展前景,才进一步开展了双语加工的研究。在我的建议和指导下,1999~2001年间,我们采用脑电技术和近红外技术研究了句子理解中汉英双语者两种语言的比较,以后用行为实验研究了双语切换问题,用脑电和反应时技术研究了汉英双语者加工词汇的时间进程,用 fMRI 研究了语言切换的神经机制,以后我们又进行了手语口语双语者的研究。还有董奇老师的学生王亚鹏关于双语切换神经机制的研究,文章已经发表在国际刊物上。现在找到两篇文章,都是文献综述,不是我所说的科普文章,对不研究这个领域的人来说,可能读不懂,也不喜欢读。这些成果能不能写成科普文章介绍给读者?写科普文章,要有自己的切入点,要重新构思,要做到引人入胜。写科普文章是一个重新"创作"的过程,不是简单地复述,不是通常意义上的文献综述。

2013 年 11 月 18 日

做"科普"工作的意义

你理解得很好。我想做的工作就是,对临近学科有志于研究工作,但不熟悉心理学的人做一点"科普"工作,让他们更好地了解心理学、喜欢心理学,甚至愿意投身心理学的研究,从而进一步提高心理学在科学大家庭中的地位。为此我们要选择发表在高端刊物上的文章,要介绍我们自己的研究工作,展现发生在研究成果背后的种种事情,要把文章发布在科学网上。我把它叫作"高级科普",可能就"高"在这里。其实,这种科普对正在学习心理学的人来说也有意义和价值,可以增强他们学习心理学和从事心理学研究的信心,可以启发他们进行新的探索和研究。为了做到这一点,应该选择我们最熟悉、最喜欢的领域来做,这样才能说得清楚,说得准确,说得有自己的体会,也就是你所说的"更有味"。科普文章决不能出现科学上的错误,不能胡编乱造,否则就可能给心理学帮倒忙了。近年来我写了一点科普东西,写作中就有过这种担心。因此,每次写完一篇文章,我并不急于发表,而是"放"一段时间,多看几遍,有时还要请课题组内的老师或同学帮我看看,征求他们的意见。的确没有问题了,才发表出去。文章在网上发布后,还要看看网友的评论,一旦发现问题,就赶紧进行修改。比方,在一篇文章中,为了强调某项成果的水平,我提到过论文的影响因子,受到网友的批评,我立即就把相关的文字删除了。的确,也还有另一类科普,是写给一般老百姓看的,或者是给"家庭主妇"看的,就像美国的芝麻街节目所服务的受众一样。这类科普也很重要,但是我做不了,做不好,它需要不同的本领和学识。

2013 年 11 月 18 日

"老之已至"的标志

你好!看来你已经多次都没有收到我的信件了。你可能给我说过,你有两个信箱,其中的 gmail 信箱已经不用了,但我忘了,发信时常常随便选定一个,这样就把信件发到另一个你不用的信箱中了。好在没有什么重要的事情,关系不大。

在上次的信中,我告诉你要来新加坡。原计划去福州参加李荣宝老师等召开的心理语言学学术会议,但考虑到种牙后说话有些不舒服,听力也不好,只好放弃了。这些年,由于身体上的种种原因,在进与退的选择中,常常选择了"退",这也许就是"老之已至"的标志。新加坡现在是雨季,几乎天天有雨,或大或小,但不像中国南方的梅雨季节,小雨淅淅沥沥下个不停,让人心烦。这里的雨经常都是阵雨,下得很快,停得也很快,雨过天晴,照样阳光明媚,比较舒服。唯一的缺点是,空气有些潮湿,这对我的皮肤病不大有利。

上次的信中我还谈到《文集》出版的事,原来的想法从题目到内容都还有一些问题。题目偏大,内容也不够集中。上个月我下决心做了一次大调整,题目改成《选择和探索》,内容删去了原书中的第三和第四部分("心理学漫话"与"感悟人生"),新增加了一个部分"学科和实验室建设",收录了近 10 年来我给学校各级领导的部分信件,这些信件包括了我对学科和实验室建设的意见和建议。调整后内容集中了,学术味道增加了,篇幅也从原来的 40 万字减少到 25 万字。附件中是新文集的目录,寄给你帮我看看,把你的意见告诉我。这次来新加坡,我的"任务"就是加工这本文集。希望回去后能交给出版社,争取明年 7 月初能和读者见面。

2013 年 11 月 21 日

让教材尽可能完善些

你好!谢谢你的来信和提出的问题。教材修订后会有问题,这是我预料到的,但会有"很多"问题,则是我始料不及,并且感到很不安的事情。从去年教材出版发行后，我听取了多方面的意见，已经做了几次"校对"。希望你把自己看到的问题都告诉我。有一个解决一个，发现一个解决一个。争取让教材尽可能完善些。你身处教学第一线，每天要跟学生打交道，对问题会更加敏感。在修订工作刚开始时，我就提出要总结教学工作经验，包括原教材中有哪些问题需要处理和解决。但因为很久不担任教学工作，有些问题就变得"视而不见"了。信中提出的两个具体问题，因为手头没有教材，也没有可以参考的东西，只好等一个月后回到北京再说。

这次来新加坡，觉得体力和精力明显不如今年年初，更不如2011年了。前两天看到去年8月我在云南丽江拍摄的照片，一张是骑马的照片，另一张是登玉龙雪山的照片。如果现在再让我骑马和登山，我还有当时的勇气吗？

我校出版社早就有心让我们新编一本《普通心理学》（通俗版），或者出一套教参资料，2~3年前，我们已经开始了这件事，后来因为教材修订稿变化较大，暂时停了下来。今年10月出版社的责任编辑找过我，希望我们继续做这件事，不知道你的意见和建议如何。

2013年12月18日

东西写好后，就有惰性，明知有问题也不想变动

谢谢你非常仔细地看了文集，并提出了很好的意见。第一部分有关中学的那两篇文章，因为是不同时期写的，内容侧重点不同，但有些地方的确有交叉和重复，在发表口述历史时，因受篇幅限制，我把它合并了，重复的感觉好了，但内容丢失了许多，这次偷懒，就把两篇都放上了。看来，有问题就躲不开你的眼睛，很好！我决定把它再合并起来，重新写一下。第二部分有关论文评审的内容，也还有同样的问题，要不要合并，重写一篇，我再考虑一下。问题较多的还是第三和第四部分，你的意见启发了我，我想索性把它们合并起来，就叫"学科和课程建设"，从现有文章中选择10~15篇，放在一起，有些信件也以文章形式出现，这样可避免全书在风格上前后不一，有文章，有信件，看去不统一，完全属于信件的内容就都删去。不知你以为如何？桃梅说，书名不太好，它只概括了第一部分的内容，使人觉得这是一本关于个人成长过程的书，不知你觉得怎样？心理学院乔志宏老师看过我的"口述历史"，曾建议我出一本"个人回忆录"性质的书，我不想这样做。一来是，这种东西现在已经不少了，加上一本意思不大，二来是，写个人回忆需要作者本人的知名度较高，以我的成就，写出来也没有人愿意看，第三，许多回忆录都是请别人代笔

的，代笔者文学水平比较高，写出来的东西容易有吸引力，我没有条件这样做。因此，我只想在这本书中讲点个人的经验和体会，希望对后人有所帮助。自己的东西写好后，就有惰性，没有外力的推动，明知道有问题，也不想变动，正所谓"当局者迷"，这就是我为什么把初稿发给你们，请你们提意见的原因。也许再修改几次，东西就可能看得过去了。还有一个问题，定稿后，要不要请人写个序言之类的东西，有意思吗？再次谢谢你！忘了告诉你，感冒已经好了，像普通感冒那样，经历了从发生、发展到康复的全过程，不多不少，一共七天，吃了点感冒冲剂，休息了几天，就好了。儿子希望我晚点回去，替我办了个 long term visa，5 年内什么时候都可以来，不必每次办签证。约好 1 月 22 日去移民局，钱都交了，这样我想 2 月 10 号左右回去。回程确定后，我再告诉你。

2014 年 1 月 10 日

生日庆祝活动

引导初学者走进心理学的殿堂

很高兴你用真名、真姓，给我讲述了你的一些真实想法和感受。我常常收到一些"匿名"信，或者只告诉我他们的网络昵称，如小佛爷、哈佛的种子、青山绿水、刀舟子等，于是我只好面对这些没有年龄、没有性别的朋友，聊起自己的想法，提出自己的建议。退休了，有时间了，聊天，特别是和年轻人聊天，就成了我的一种乐趣，一种享受，当然在这些东西的背后，也还有一种社会责任。上小学和中学时，我喜欢化学，上大学后才选择了心理学作为自己的发展方向。因为读的是学校教育专业，自然多读了一点有关教育方面的名篇、名著。以后我长期从事心理学的基础研究，但一直没有忘记自己是一位老师，一位引导初学者走进心理学殿堂的启蒙老师。退休后，待在家里，就把回答大家提出的问题，当成了自己的一种乐趣，一种责任了。

读了你的来信，非常喜欢你清晰的思路和通顺的文字，这是做许多工作都需要的一种基本功。你说你一路走来，还算顺利，中小学的成绩也都"还可以"，这一点我相信，这从你对问题的表达中就可以看出来。一个人要有理想，有目标，也要踏踏实实从"当下"做起。两方面都很重要。不要说50年前，我想不到自己现在会是怎样的情况，就是10年前，也预见不到现在的样子。人生的道路是自己走出来的，路就在眼前，就在"当下"。年轻的时候，是长身体、长知识的时候，多花一点时间在身体锻炼上，多花一点时间在学习和课内、外阅读上，这就是"当下"最需要做的事情。许多东西不能只靠课堂学习，要按照自己的兴趣多读一点课外的东西，在广阔的背景上，逐渐形成自己的核心兴趣，因此"主动性"是学习者最重要的品质。

上海是个世界级别的大城市，也是一个商业气息很浓的城市，选择去上海念书是对的，就像我当年选择来北京念书一样。但不要被外间的花花世界所迷惑，放松自己，放纵自己，把人生最宝贵的年华花费在没有意义的事情上。现在社会的变化很快，学校教育也是这样，多年不做行政工作，对现在的办学思路也不甚了解。应用方向是许多年轻人喜欢的选择，但要记住任何应用方向都有它的基础，因此还是要注意打好基础。

我的眼睛去年动过手术，最近常常不舒服，不能长时间看屏幕上的东西。今天的信就先写到这里。

2014年1月20日

姑父离开了人世

你好！你们去缅甸了，我把文集的事搁置了一段时间，今天早上醒来后，突然想到一个新的方案，见附件。

文集出版的申报计划，来新加坡前就报给出版社了，但现在还没有消息。不知是否接受？在我的计划中，还有《怡情集》《书信集》《日记》等。整理要花费时间，整理好了，有没有地方出版还是另一个问题。整理这些东西的工作量比我原来想象的大很多。我现在没有学生帮忙，就只好干多少是多少了。

最近我在广东顺德的那位画家姑父，离开了人世。2011年10月，他在北京办画展，2012年底，我和春明去顺德看望他，2013年他在家乡提前举办90岁大寿庆典，这一切好像还都发生在昨天。当时看去他的身体不错，去年下半年突然发现得了前列腺癌，半年不到就走了。我的姑姑几年前因肺癌去世，姑父有6个儿女，除一个女儿因癌症夺走生命外，其他都在境外或国外工作。大家很忙，顾不上照顾老人。病重后住在医院的特护室，大家只能轮流过去隔在门外看看，临终时儿女都回单位工作了，只有一个长年照顾他的保姆在身边照顾。不知老人当时的想法怎样？最近网页上有不少关于他生平事业的报道和不少悼念他的文章，有兴趣可以看1～2篇。姑父的影响比我大，社会上关心他的人比我多，但就家庭情况来说，我是不是有点像姑父？

姑父艺术家的天性，让他喜欢无拘无束，自由自在，独来独往。他把所有的时间和精力都倾注在他的绘画上，倾注在社会慈善事业中。他不会珍惜夫唱妇随的恩爱夫妻生活，也不会享受儿孙绕膝的天伦之乐，这样他才有更多的时间从事自己喜爱的艺术事业。这是他的选择！孰是孰非，孰优孰劣？真不知如何评价！

2014年2月12日

人要善于从烦闷中解脱出来

谢谢你的意见和对我近日心情的理解。你说得对，人要善于从烦闷中解脱出来，才能健康地活着。而解脱的办法，除了写日记以外，就是找亲人、找朋友"发泄"了。过去心里烦就和单老师说，现在她走了，对着照片效果就差多了；女儿和儿子都有自己的"烦心"事，我不愿意再给他们增加烦恼，结果只好一再麻烦你。你的性格好，心态好，对许多事情都看得开，想得通。你对文集的意见很好，我看还是保留原来的结构，删去第三部分中的一些文章，就可以了。昨天写了一篇新的博客"当噩耗传来的时候"，追忆我和姑父一家人的关系以及我对姑父人生和性格的理解，是在纪念他，也是在拿他当面镜子，对照自己。现在寄给你，感兴趣可以看看。按照荣宝的说法，我们的人生可能都不够完美、不够全面。我们干了一些事，算是"贡献"，但少了点什么。我常常羡慕你、荣宝和积家，你们对人生的理解可能比我更好，更全面些。可惜时间不能倒流，否则，我也许会变得更加聪明一些。当然这里有时代的因素，大局使然，个人无能为力。本来不想说，又说起来了，赶快打住！回去的航班，我问清楚了再告诉你。是上午 9 点多起飞,下午 3 点多抵京,出机场应该是 5 点左右。

2014 年 2 月 13 日

在明白和糊涂之间,也有一个选择问题

你好,回信非常好!谢谢把你处事做人的态度告诉我,与我分享。其实,这几年烦心的事不仅有家庭内部、儿女的事,也有家庭外部、国家社会的事。几年前,一位老师告诉我,有一本很好的杂志叫《炎黄春秋》,建议我有时间看看,还说我们过去都过得很糊涂,看了会变得明白一些。我订了一年,几乎每一期都看了,从中的确了解到许多过去闻所未闻的事情,也觉得自己明白了许多。过了一年,我打电话给她,想说说我对一些文章的看法,没想到她却说:"我已经不看这些文章了,因为看多了,心情压抑,年纪大了,不如看点轻松的东西,如作家的回忆录等"。接下来我也跟着退订了。退休后,看了对周有光先生的介绍,很感动,周先生也说早年过得糊涂,后来才明白了许多事情,因此在他晚年的文章中,有一些评论社会诟病的内容。

我们这一代是从 30 年代过来的,经历过 40 年代、50 年代社会剧烈的动荡变化,也形成了某些特定的认识和思维模式。每个人都生活在社会上,因此不能不关心社会的事情。现在网络资料很多,常常有同学和朋友给我寄来各种资料,看了不是增加希望,反而让你丧失信心。因此,在明白和糊涂之间,也有一个选择问题。郑板桥说,难得糊涂;周有光说,要活得明白些。似乎都有道理。今天上午看了美国驻华大使骆家辉离任回国前在人民大学的一个演讲,感触很多,觉得有道理,但再想想几天前看过的戴旭的文章,似乎又被泼了一瓢冷水。在中日关系问题上,也是这样。

近几年许多中国孕妇想方设法花费巨资去旧金山和塞班生子,为的是得到美国的国籍;许多中国富人移民去加拿大,也常常给人带来消极的感受。中国究竟怎样了,中华民族究竟怎样了。为什么会变成这样?散沙一样的民族什么时候才能真正凝聚起来?半个世纪前,我就学习唱过"东亚睡狮已醒了,大家来把国土保"的歌曲,难道过了半个多世纪,这头狮子反而又睡过去了。

我年纪大了,常常觉得许多问题跟不上形势,想修正自己的一些看法,但习惯的思维模式又难以跨越。大家都知道你的消息很多,而且有你自己的看法。有时间希望听听你的意见。今天的信说的是大问题,你不必花时间给我回信,见面后再说。

元宵快乐！

2014 年 2 月 14 日

写科普文章是一个"再创作"的过程

你好！干什么都是先难后易。干几次，有了体会，就会觉得不那么难了。不信，你试试。根据我自己的体会，写科普文章，不是文献搬家，而是一个"再创作"的过程，有几点想法供参考：

①想好切入点，也就是选择一个问题，把文献的内容摆进去，围绕自己的问题，把"故事"讲好。

②抓住文献的靓点，进行展开式的介绍，而忽略原文的细节。对做研究来说，细节很重要。许多实验的成败，往往和这些细节有很大关系。而科普文章是面向"大众"的，不要把研究的细节说得太多。说多了，读者反而看不懂。

③要有联想。即从文献出发，联想起相关的一些问题。这样文章读起来可能更有味道。

④要有自己的体会和评价。这样文章才有深度，让人受到启发。你的评论也许不正确，或不完全正确，这关系不大，作为一家之言，能说出来就好。

⑤行文要流畅，要通俗易懂，必要时可以加入一点俏皮话，增加文章的风趣。

我也是一边写，一边总结自己的体会。只有这样，才能不断改进自己的写作，而且会越来越顺手。欢迎你继续尝试，并且把自己的体会告诉我。

2014 年 4 月 7 日

写科普文章的要求对写学术论文也有用

你好！看了你写的文章，你有自己的观点，并且希望按照自己的观点来组织材料，这很好。但整个文章看下来，还不集中，不通俗，还不是一篇很好的科普文章。下面是几点改进的意见：

①你的文章切入点太大，离题较远。原文的题目是：语言加工的双侧脑基础。为了"切题"，选择从"侧化"切入，可能更好些。就像原文中所说的，在语言功能的神经科学和神经心理学的研究中，认为左半球是语言功能的优势半球

的看法，已经有150年的历史了。但是，后来的许多研究也相继发现，右半球在语言理解中有作用。因此两半球的关系问题是语言脑机制研究中的一个重要问题。PNAS上的这篇文章，正是在这个问题上提出了一种新的理论假设——语言的双侧脑基础，并且用一个实验，非常巧妙地证明了自己的假设。

②文章的第5~6段，介绍了Marslen Wilson等人的研究，但不够深入浅出，不能让人一看就懂。原因是"该细的地方不够细"，没有展开。对不研究这个问题的人来说，没有吸引力。比方，为什么加工嵌入式词干，需要选择和决策过程？加工英语的曲折词，就具有语言的特异性？这是整个研究的逻辑。把这个问题解释清楚了，下面的结果才好理解。

③由于切入点太大，讨论中涉及的问题，也就不够集中，头绪太多，没有理清楚。写这种文章要结合自己的体会，读后受到的启发和帮助。要求仍然是，要说的问题就要说清楚，重要的地方，不能一带而过。比方文章中说，他们的设计"是否可靠地探测到语言的特异性和一般性加工，尚待商榷"，这种不着边际的话最好不要出现。如果要说，就一定要具体指出，在哪些方面，还不准确。

我本来想动手帮你修改文章，但刚一动手，又停下了。决定还是把意见告诉你，如果你有时间，就自己动手再修改一遍。你正在帮我整理文集，可能看到我在文集中的一个主张：要自己修改自己的文章，这是最好的学习。这样学到的本领才真正是自己的本领。中午在专家餐厅见到心理学院的冯忠良老师，他早就退休了。记得在他的教育心理学著作中，提出过"能力是知识内化的结果"。自己修改自己的文章，就可能完成"内化的"过程，对提高自己的写作能力非常重要。

以上是写科普文章的一些要求。这些要求对写学术论文也有用。上述意见供参考。

2014年4月15

"老化"是自然规律，不服不行

你好！从新加坡回来已近3个月，时间过得很快。回来后下决心把缺的牙齿种上了，现在吃饭方便了很多，但说话还不习惯，就像大舌头一样，有些音发不出来，要费很大力气，如/s/，/sh/，/c/等。这样讲课、开会发言都受到影响。问医生，说习惯了就好。但经过了一个多月，情况不见改进，难免有些思想负担。看来这又是一个教训，不要轻易相信医生的话，即使是大医院的医生也是这样。过几天我再去找医生看看，能不能调整得好一点。

人的健康状况似乎也有一个从量变到质变的过程。2012年8月我应邀去云南丽江参加一个学术会议。会议结束后，我们游览了玉龙雪山。有人不敢去，我不但去了，还和大家一起登上了4591米的"高地"。那一次还骑马游览了茶马古道，感觉非常好。时间只过了一年多，现在觉得膝盖已经不行了，走路不能急，也不能多；过去能走1万步，现在必须控制在8000步以内。以前我不"服老"，但"老化"是自然规律，不服不行。

这半年我整理了两本文集，一本是《选择和探索——治学与育人感悟》。该本文集主要基于过去两年写的一些博客文章和北京师范大学校刊刊登的"彭聘龄口述史"。第二本是《做人和治学》（书信集）。第一本已经交给出版社，估计7月初可以出版。第二本还在整理中，希望今年年底能够出来。在整理过程中，忽然想起1999年我在英国访问期间给你的一些信，讨论双语研究的信。因为当时的文件都保存在Newcastle大学的计算机上，没有带回国。不知你还能不能找到那些信，内容有没有意义。如果你能找到，帮我看看它的意义和价值。如果还有点意思，希望能发给我。找不到，也没有关系。我已经选了300多封，约19万字，数量上应该差不多了。

2014年5月13日

把我们这一代人的理想和追求，告诉还在成长的一代

你好！我很想知道你的想法，希望你找机会继续给我写点什么。我和你们生活的时代相差了半个世纪，许许多多方面都不同了。我时常觉得自己跟不上时代的发展，有让我高兴和振奋的，也有让我失望和困惑的。我努力想了解自己的儿女，了解比我年轻的老师和朋友，了解像你一样的年轻人。我羡慕他们，但同时又担心他们。我整理这两本文集《选择和探索》《做人与治学》，就是希望把我们这一代人曾经有过的理想和追求、喜悦和悲伤，内心的种种冲动和留下的许多遗憾，告诉现在还在成长的一代，希望他们从中接受我们的经验和教训，找到属于自己的生活道路，让自己的人生过得充实、丰满和有意义。

由于不可抗拒的自然规律，人总是要老的，总有一天会失去工作和思考的能力，甚至生活自理的能力，因此，我希望把我的想法尽快一点整理出来。两本文集肯定还有许多不足的地方，我只能尽力做得好一点。在整理《做人与治学》时，得到了不少老师和同学的帮助，给我出了许多很好的主意，我很感谢他们。

2014年5月18日

健康问题带来的烦恼

　　来信和文章都收到了，谢谢！人都有惰性，上年纪后，惰性更加厉害，只记得旧的东西，对新的东西就变得不那么敏感了。这半年，主要忙着自己的两本文集，第一本是一些短文汇编，第二本收集了300多封给学生、朋友和同事的信件。两件事看去都是整理旧货，没有什么创新价值，但工作量并不小。原来的一些文章都是零零星星写的，想到什么写什么，没有规划和计划，等到整理时才发现，出现了不少"缺口"，该有的没有，不必要的却一再出现，因此既要补充，也要删除。删去比较容易，补充就相对难了，这费了很多时间。至于书信集，是从几百封近千封信中，筛选出来的，这件事比选文章更麻烦。每封信都要从保存的网络版上复制，要看、要取舍，要做文字修改和润色。我没有学生了，丁老师派了一个学生帮我做一些校对和排版的工作，但原始资料只能由我自己提供，别人插不上手。也许由于用眼太多，刚刚做完白内障手术半年的眼睛又发花、看不清楚了，看报纸需要用放大镜，看国外刊物的英文文章就更加觉得困难。最近去医院看了眼睛，说是后膜又出现了白内障，要打激光。为了改善生活质量，我下决心打了激光，效果还不错，恢复到前年刚做完手术的水平。但这件事提醒我，以后要特别注意保护自己的眼睛。另外一个问题就是听力，也让我感到郁闷。我喜欢参加周三下午的大组会和每两周一次的实验室组织的 Happy Hour，但因为听不清，也就听不懂，成了一个大问题。看到大家热火朝天的讨论，自己却无法参与，心里很不舒服。几次下决心不去参加了，但又舍不得。2008年我就配了助听器，但那像是"皇帝的新衣"，戴不戴没有区别，完全没有用。我多次找过厂家和专卖店，但他们只给你推荐新的产品，希望你买，不好好给我调试和修理旧产品。如果再买，又怕花了冤枉钱。第三个问题，就是说话吃力，这个问题已经有2年多了，但近半年比较严重。别人听不出来，但自我感觉不好。特别到了晚上，一天累下来，身体疲倦了，就更加明显。儿子喜欢晚上给我来电话，聊天，可是我有时真不想说话。看过耳鼻喉科，说是慢性咽炎，吃了不少药，不见好，最近做了CT和喉镜，没有发现大的问题。大夫说我"中气"不足，动力不够，没想到西医也用上了中医的概念。如何解决，大夫也说不清楚。如果再加上皮肤瘙痒，鼻子在睡眠时不通畅，人的五官我几乎都有毛病。心理学院主管研究生工作的老师，希望我下学期给研究生开一个专题课，不限内容，讲什么都可以，我本来想试试，借这个机会，讲讲我对一些心理学问题的认识和再认识，但一想到自己的身体状况，就又退缩了。丁老师和陈老师都劝我不要再讲课，他们的意见也许是对的。人的愿望和追求不能都实现，带着一些遗憾离开这个世界，是很正常的现象和事情，人人都这样，我又何必为难自己？不敢死盯住屏幕，打字时可能出现错误，望原谅。

2014 年 6 月 20 日

后会有期的时候少，而后会无期的时候的确很多

  最近我在整理和修改第二本文集《做人与治学》，原来只想收集写给"学生"的信件，后来扩大了一点，把写给"朋友和同事"的信，也放进去了一些，但没有放写给领导的信。在定稿前，我想请你看看，希望关注几点：①收集和整理的这些信件是否真正有价值？值不值得出版？②内容中有没有不合适的地方，或比较敏感的问题。我删去了收信人的姓名和部分表述不当的内容，但熟人一看还能猜出收信人是谁。我希望这些信件不会造成对收信人的任何伤害。③信件中我加了不少注释，其中有些是技术性问题，这些注释是否准确无误？④插入图片是否合适？⑤有没有突出的文字问题。⑥其他建议。你在上一本文集中贡献了许多宝贵意见，从现在收到的反馈看，效果不错。这里有你的一份功劳。再次谢谢你！这本文集本来想有桃梅和刘兰芳协助就可以了。但为了对读者负责，还想请你再看看。不知能不能抽出时间？

  受你的影响，前天我也看了韩寒编写和导演的电影"后会无期"。整个电影显得有些"压抑"和"悲凉"，因此和人们通常所期望的"后会有期"能带来的希望相反。但事后仔细想起来，又觉得真实的生活可能就是这样，后会有期的时候少，而后会无期的时候的确很多。每个人都遇到过许多"后会无期"的事情，原来以为"后会有期"，因而无所谓，不珍惜，结果没有想到"一次"告别竟成为"永远"别离。电影通过几个很偶然的故事，道出了这个道理，让观众从"失望中"猛醒。这可能就是这部电影的价值所在。这个电影说教的成分多了点，故事情节并不很有趣，如果抽去那些滑稽可笑的内容，就成了看他写的文章了。

2014 年 8 月初

基于过去，服务现在，面向未来

你好！来信收到了，很高兴你读了文集，谢谢你对它做出了真诚、知心的评价。看了你的来信，我才知道，我们不但有近似的研究领域，还有许多相似的童年兴趣，真的很难得。我没有学成化学，有时难免有点后悔，但路是自己走出来的，事前许多事情谁都难以预料。只要没有虚度一生，心情还是平静的。

从进入大学后，我对心理学的现状一直不满意，因此很想做一点事情改变心理学在科学大家庭中的地位。从行为实验到计算机模拟，再到脑成像研究，在我内心深处都是希望心理学能像化学、物理学那样真正"硬"起来。1997 年以后，我决心开展脑成像的研究，开始了这条对我个人来说更为艰难的道路，经过几年拼搏，终于看到了效果。可是命运常常会作弄人。2003 年当我们有了第一批自己的成果后，2005 年，单老师就病倒了，而且是那种"不治之症"，中间相隔还不到两年啊！这对我的事业和家庭都是一个沉重的打击。2008 年单老师走了，我用了大半年的时间来平息我心头的悲痛，接着又重新振作起来，希望继续我已经开始的事业。2008 年，2009 年我连续两年都申请了自然科学基金重点课题，但仅仅因为我"年龄大，担心他完不成"，两次课题都没有通过。2009 年我停止了博士研究生招生，2010 年 4 月学校找我谈话，正式通知我退休。2011 年 10 月，我正式办理了退休手续，满打满算，这段时间也没有超过两年。我说过，我不信命运，但又不能不屈服于命运的安排，我的"振兴"愿望只好到此为止了。

退休后，我思考过应该干点什么：没有研究生了，新的研究如何做？如果继续整理已有的数据，写点文章发表，我想不会有突破，意义也不大了。这时我决定写博客，总结自己在工作中的点滴体会。博客不需要审稿，没有篇幅限制，想写什么就写什么，这比较适合退休人员的特点。开始我只想写点和学生有关的事情，后来写作的内容扩充了，想到什么就写什么。一年多竟写了 100 多篇。去年，校刊编辑部采访我，整理发表了"彭聃龄口述历史"。接下来有人建议我写"回忆录"，我说我不喜欢写这种东西，也写不好，原因是：①我的家庭没有什么可以称道的地方，说多了不好；②写回忆录难免会遇到一些"敏感的"问题，说不清楚，不如不说；③现在"回忆录"很流行，但不少回忆录只有历史价值，现实意义不大。正是基于这些考虑，我才决定出版文集，采用现在这种形式，通过总结个人在学习和工作中的经验、教训和体会，让后人有所借鉴和参考。我希望自己的文集能够"基于过去，服务现在，面向未来"。文章尽量采用散文的形式，一篇一个主题，述说自己的所见所闻，所思所感，而避开过去写学术论文的死板格式。

除了已经出版的这本文集外,我还有另外几个出版计划,希望能在未来几年中完成。原来以为,只要有"原始资料",整理起来会比较容易,但动手后就发现,困难远比原来设想的大得多。近年来自己的健康状况开始下降,特别是视力和听力都不好。视力下降影响阅读,听力下降影响与别人交流,因此在写作和文章整理中,常常有"江郎才尽"的感觉。我只能努力去做,究竟能完成多少,现在不敢确定。我只想按照自己的状况做一点力所能及的事情。上个月,有些"学生"想给我过生日,我没有答应。我的"70后"是在不平静中度过的,我希望自己的"80后"能够平静一些。

你从院的行政工作退下后,一定会有一些感触和体会。正像我在一篇文章中所说的,"退"可能为另一个方向的"进",提供了最重要的保证,这就是时间。这是最珍贵,也是自己最能把握的财富。希望你从进、退中总结好自己的经验教训,选择好自己未来的发展方向。你年轻,未来的路还很长,相信你通过自己的努力会走出一条属于自己的生活道路。

衷心期待你的成功!

2014 年 8 月 8 日晚

节假日来访

人活着总要做点事,做点有益于子孙后代的事

你好!来信收到,非常感谢你的理解和对文集的评价!退休了,从科研和教学的第一线退了下来,没有了学生,没有了课题,就没法继续做研究了。但人活着总要做点事,做点有益于子孙后代的事。按照我的实际情况,我选择了这个新的"方向":通过写博客,整理自己在人生道路上的种种经验和教训,把自己的感悟告诉大家。这些感悟其实并不新鲜,我说到的这些事就发生在我们

的身边，出现在每位老师的日常工作中，只是大家现在都忙着做研究，出成果，没有功夫闲下来进行整理。我退了，才有机会来做这件事情。如果这件事能对学生培养起到一点作用，我也就心满意足了。我现在正在整理第二本文集《做人与治学》，收集和整理了近20年的一些信件。在新文集的序言中，我这样写道：改革开放后30年来，在科研和教学中，我做了一些事情，发表了一些论文，出版过一些教材和专著，通过这两本书，我希望能把发生在这些成果背后的东西，展现给读者"。这是我今年的工作计划，希望得到大家的支持。

2014年9月3日

几天内几千人读了自己的博客很受鼓舞

谢谢你的回信和对写科普文章的意见。你的意见和建议很细致、中肯，我非常喜欢。这几天忙着文集（二）出版的事，出版社希望书中收集的照片，分辨率要尽量高一些，印出来才清晰。这件事说起来容易，做起来很费时间。计算机保存的许多照片，特别是外出讲课时别人拍摄的，都经过处理，在屏幕上看去不错，印出来就不清楚了。折腾了4—5天，才基本搞定了。过几天能出清样，春节前后我的家庭作业也就有了。人忙一点比闲着好。现在最担心的是眼睛，做过手术后，眼睛容易疲劳，工作时间长了，不是干涩，就是疼痛，只好被迫停下来休息。

我写科普文章，设想的读者人群是心理学专业的大学生和临近学科对心理学感兴趣的人群，而不是跳街舞或广场舞的大妈、大婶们。不同层次的人群，关心的问题不一样，所用语言也不一样。我比较熟悉大学生和在学术界工作的人，语言也比较接近。每个人都有自己的专业局限性，如何让心理学专业的学生了解某个特定领域的研究，让非心理学专业的人了解心理学的真正状态，让他们对心理学发生兴趣，进而激发他们从事心理学的愿望，这就是我想做的一点事情。我现在离开了心理学第一线的研究，不可能再做那些"高大上"的事情了，但是不是还能做一点普及工作呢？我有这个愿望，也希望尝试一下，如此而已，做到哪里算哪里，能做到什么程度，还没有很好的想过。

你看过的文章，我换了一个标题：物种交流的生物—社会学意义——从羊群、犬独说起，分别在科学网和新浪网发表了。像过去一样，新浪网上文章的点击率不到30人，而科学网上已经1000多人了。上一篇文章也是一样，新浪网上只有100多人，而科学网上多达8000人。因此，科普的东西在科学网上似乎更受到欢迎。每当想起，一篇文章出来后，几天内会有几千人阅读它，心里的确还受到了鼓舞和安慰。

2015 年 2 月 2 日

我们的研究成果终于登上了 PNAS

早上起来，打开手机，在微信朋友圈内看到了蒋静发布的一条最新消息："请允许我激动一下！硕士阶段的工作被 PNAS 接收了！感谢所有为这篇文章做出了贡献的人，尤其是卢老师，你帅呆了，酷毙了！"微信附上了 PNAS（美国科学院院刊）的接收函，上面显示的论文题目是：Say the right things at the right time：Leader emergence through interpersonal neural tracking。这是蒋静在北师大攻读硕士学位期间所做的一项工作。她在攻读硕士学位期间的另一项工作 Neural synchronization during face-to-face communication 发表在 Journal of Neuroscience（2012 年）上。

看到这个消息，我情不自禁的立即在微信"评论"中给蒋静写了回信："刚看到你的这个好消息，真为你高兴，也为卢老师和整个语言组高兴。祝贺你，更要感谢你，是代表整个课题组祝贺和感谢你！"

两年多前，蒋静被派往德国留学。从她的微信留言中，常常能看到她一人在外孤独、无助、囊中羞涩的困难处境，但这些困难都没有压倒她。当论文被 PNAS 接收后，她第一个想到了自己的导师，并深情地感谢自己的导师。她的激动和喜悦的心情，跃然纸上，同样会感染我们大家，提升我们为做出更好的科研成果付出更大的努力。

希望和大家分享，并得到大家的反馈。相信会有更多更好的成果出现在今后的岁月中。

2015 年 3 月 3 日

后　记

去年3月，当第一本文集《选择和探索》送交出版社后，我开始整理这本文集《做人与治学》（书信集）。经历了半年多时间，终于在近日脱稿了，心情一下轻快了许多。在这个过程中，我遇到和处理了几个问题。

第一个问题，也是最重要的问题，就是值不值得出这本文集，也就是出这本文集的意义和社会价值的问题。几年前我看过查斯德菲尔德的《教子书》，在开始整理这本文集时，又参考了陈垣老校长的孙子陈志超编注的《励耘家书——陈垣与子弟》和傅雷的《傅雷家书》，这些人或是著名的外交家，社会活动家，或是著名的教育家或艺术家。他们留下的书信由于他们成功的事业和知名度，就相应具有了更大的社会价值。我只是一个普通的教师，一个普通的科研工作者，难免会遇到"人微言轻"的问题。如果我的书信有意义，自然愿意出版；如果意义不大，不出版也就罢了。后来我把初稿送给几位年轻老师和学生，征求了他们的意见，结果得到了肯定的反馈，并鼓励我出版这本文集，这样我才下决心要做好这件事情。

第二个问题是如何选材。这本文集收集了300多封信件，这些信件是从过去20年中1000多封书信中选择出来的。这些信有的是纸质文件，存放在尘封已久的信封中；有的存放在计算机的文件夹上，有的存放在电子邮箱中。由于时间隔得太久，要找到它们，把它们汇集在一起，本身就不容易；要从中选择出适当的信件就更加困难了。我要一封、一封看过，再决定是否收入文集中。有些信件开始放进去了，以后发现不合适，删掉了；后来觉得可用，又重新放进来，经过了多次反复，入选的信件才最终确定下来。人常常有一个毛病，对自己写的东西，舍不得"割爱"，总希望多收集一点放进文集中。我也有这个毛病。选入不容易，删掉就更难。这时候，别人（读者）的意见就特别重要了。我本着"把读者放在心中"的态度，做了这件事，基本上是满意的。

第三个问题是文集的结构。我读过的几本书信集，都是按写作的时间顺序编排的，这样整理起来相对容易些。但征求了大家的意见后，否定了这种做法。经过多次调整，我把信件按照内容分成了几个部分，每个部分再按时间顺序编排，这样读者可以按照自己的兴趣，有选择地阅读其中的某些信件；从每个部分，也可以读到相对集中的内容，这同样方便了读者的阅读。

第四个问题是如何让文集方便更多读者阅读。信件的针对性比较强，每封信都有特定的写作背景，不了解写作的背景，读起来会觉得困难。另外，我的研究方向是语言的认知神经机制，信件中更难免涉及许多专业性的内容。为了方便更广大的读者阅读这本文集，我尽量删去了专业性太强的内容，同时通过"注释"，提供了信件的写作背景。

第五个问题是文字的润色和修改。原信中有些地方表达得不够清楚，可读性不好，整理时我进行了必要的文字加工，希望读者能在一种比较轻松的气氛中阅读这本书信集。

在半年多的时间内，能够比较顺利地解决以上这些问题，的确得益于几位老师和学生的无私帮助，在此再次感谢他们。

彭聃龄
2015 年 3 月 7 日